© 2019 Calebasse Edizioni
ISBN 978-88-943760-1-2

LINEAMENTI DI STORIA DELL'ARCHITETTURA GRECA

CALEBASSE
ricerche

ARCHITETTURA RELIGIOSA

INTRODUZIONE

1. La pòlis

Con l'espressione "architettura greca" ci riferiamo in particolare all'architettura delle città-stato greche (*pòleis*), dalla loro formazione nell'VIII secolo al volgere del IV secolo, allorché le *pòleis* perdono di fatto la loro autonomia politica per l'affermarsi dell'egemonia macedone. Come data-simbolo della fine dell'età della *pòlis*, si assume convenzionalmente il 323, anno della morte di Alessandro Magno.
L'arte e l'architettura greca vengono in genere suddivise in tre fasi principali: la fase di formazione (1100-650), la fase arcaica (650-480) e la fase classica (480-323), il cui inizio coincide con la fine della seconda guerra persiana. Dopo il 323 ha inizio una fase nuova, detta ellenistica.
Anche la diffusione geografica dell'architettura greca, fino a tutta l'età classica, coincide con quella delle città-stato e comprende la Grecia continentale (o madrepatria greca) e le aree di espansione colonizzatrice attraverso il Mediterraneo e fino al Mar Nero. Fra queste, le due più importanti sono, ad oriente le isole dell'Egeo (Cicladi) e le coste della penisola anatolica (Ionia), ad occidente le regioni costiere dell'Italia meridionale (Magna Grecia) e della Sicilia.
Scrive Gustave Glotz: "*La principale caratteristica della Grecia antica, la ragione profonda di tutte le sue grandezze e delle sue debolezze, fu che essa visse divisa in una miriade di città costituenti altrettanti Stati*"[1]. Tutte le espressioni della società e della cultura dell'antica Grecia, dalla politica alla religione, dalla filosofia alle diverse forme artistiche, si comprendono nella loro specificità, solo se considerate in relazione a quella forma

originale di organizzazione politica, a quella vera invenzione che è la *pòlis*, che di esse costituisce il "terreno di coltura".
La *pòlis* greca è una comunità di dimensioni demografiche e territoriali limitate, la cui politica è fondata sui due valori dell'*autonomia* ("libertà di vivere secondo le proprie leggi", cioè diritto all'autodeterminazione) e dell'*isonomia* ("uguaglianza di fronte alla legge", ma anche "uguale partecipazione di tutti i cittadini all'esercizio del potere").
Rispetto ai popoli non greci il valore dell'*autonomia* fa da fattore unificante. I Greci hanno l'orgogliosa consapevolezza della loro identità collettiva, di una civiltà comune che li differenzia dai non greci (i "barbari") e che si celebra nei grandi santuari panellenici (Olimpia, Delfi, Istmia, Nemea).
Ma, all'interno del mondo greco, questa passione per l'indipendenza fa di ogni *pòlis*, per piccola che sia, uno Stato sovrano, costituendo un fattore di frammentazione. I conflitti, spesso sanguinosi, fra le città-stato sono una costante della storia antica dei Greci. Solo l'incombere del pericolo persiano riesce, per lo stretto tempo necessario, a riunire le città greche in uno sforzo comune. Come è stato più volte rilevato, anche la geografia, con la tormentata e frastagliata morfologia della Grecia continentale, favorisce tale frammentazione politica. In compenso il culto dell'*autonomia* porta con sé il beneficio di una grande varietà di espressioni locali all'interno della comune identità culturale: "*Ciascuna pòlis aveva la propria fisionomia, la propria personalità, la propria vita. Con le sue istituzioni e il suo diritto, i suoi culti religiosi e le sue feste, i suoi monumenti e i suoi eroi, con tutte le sue maniere di concepire e di applicare i principi politici ed economici, intellettuali e morali di una civiltà comune, ogni città contribuiva a dare a questa civiltà una varietà infinita di espressioni*"[2].
Per quanto riguarda l'organizzazione politica, la novità essenziale della *pòlis* consiste in una concezione del potere legata al concetto di *isonomia*. Il potere non è inteso, nella città-stato, come la prerogativa di un soggetto rispetto al quale gli

altri sono in posizione subordinata e passiva. Il potere non appartiene a nessuno in particolare, ma tutti i cittadini vi devono poter partecipare. Come dicono i Greci, il potere è posto "nel mezzo", "al centro", e rispetto ad esso tutti i cittadini sono equidistanti. "*Tutti quelli che partecipano allo Stato si definiscono homoioi, simili, e poi, in modo più astratto, isoi, uguali. Nonostante tutto ciò che li oppone nel concreto della vita sociale, sul piano politico i cittadini si concepiscono come unità intercambiabili all'interno di un sistema la cui legge è l'equilibrio, la cui norma è l'uguaglianza*"[3]. Ovviamente il concetto greco di cittadinanza non ha i caratteri di universalità di quello moderno. La cittadinanza nella *pòlis* è da intendersi come un'attiva militanza (non solo militare) a cui è chiamata solo una parte della popolazione maschile adulta. Inoltre essa varia di estensione, con il passaggio dalla fase oligarchico-aristocratica a quella democratica della *pòlis*. Ma il concetto di *isonomia* è tutt'uno con la *pòlis*. "*Prima di assumere questo valore pienamente democratico e di ispirare, sul piano istituzionale, riforme come quelle di Clistene, l'ideale d'isonomia ha potuto tradurre o prolungare aspirazioni comunitarie che risalgono molto più indietro, fino alle origini della pòlis. Numerose testimonianze mostrano che i termini di isonomia, di isocratia sono serviti in cerchie aristocratiche a definire, in opposizione al potere assoluto di un singolo (la monarchia o la tyrannis), un regime oligarchico in cui l'archè è riservata a un piccolo numero con esclusione della massa, ma in cui essa è divisa ugualmente fra tutti i membri di questa élite. Se l'esigenza d'isonomia ha potuto acquistare tale forza, alla fine del VI secolo, se ha potuto giustificare la rivendicazione popolare di un libero accesso del demos a tutte le magistrature, questo indica indubbiamente che essa era radicata in una tradizione egalitaria molto antica, che rispondeva anche a certi atteggiamenti psicologici dell'aristocrazia degli hippeis. È infatti questa nobiltà militare a stabilire per la prima volta, tra la qualificazione guerriera e il diritto di partecipare agli affari pubblici, un'equivalenza che non sarà più messa in discussione [..] È notevole che le due grandi correnti che si oppongono nel mondo greco, l'una di ispirazione aristocratica, l'altra di spirito democratico, nella loro polemica, entrambe si richiamino all'equità, all'isotes'"*[4].

Il problema, per la politica della *pòlis* fondata sull'*isonomia*, è come garantire nelle istituzioni e nella pratica l'equidistanza rispetto al potere. Sia le leggi che la morale individuale concorrono a questo. Non è un caso che le leggi scritte, non più pensate come decreti divini immutabili o arbitrarie imposizioni di un sovrano, ma come regole razionali e condivise, appaiano in Grecia insieme alla *pòlis*. Ma accanto alla forza delle leggi si afferma anche una morale individuale della moderazione e della misura, contro le pulsioni sfrenate di dominio. "*In un periodo di crisi sociale e di effervescenza religiosa, la Grecia costruisce un'etica della saggezza, della sophrosùne: rifiuto del lusso, condanna della ricchezza, dell'eccesso, della violenza; esaltazione della moderazione, del controllo di sé, della giusta misura [...] Quest'ideale morale, attraverso l'azione dei legislatori, si orienta verso le realtà sociali e tende a modellarle. Si tratta di rendere il gruppo umano equilibrato, armonioso, unito, di razionalizzare le relazioni sociali, di misurarle, di imporre loro un modello geometrico. Così la riflessione morale sfocerà nell'istituzione del Diritto e in riforme politiche come quelle di Clistene*"[5].

Tocchiamo qui il nucleo profondo della cultura greca. Essa si fonda su una visione pluralistica del mondo, concepito come una molteplicità di potenze (che si parli del cosmo, del mondo degli dei omerici, degli Elleni divisi in *pòleis* autonome, o della singola *pòlis* costituita da cittadini liberi e fra loro uguali). Per essa, "ordine" non vuol dire gerarchica subordinazione, ma "armonia", relazioni equilibrate che si stabiliscono fra soggetti autonomi sulla base di leggi razionali e che si può attuare solo se ciascuno rispetta i propri limiti, se non cade nel peccato d'orgoglio e tracotanza (*hybris*). Ma quest'ordine armonico non è garantito per sempre; va conquistato e difeso contro il rischio, mai definitivamente scongiurato, di cadere nel disordine, nel caos. Quindi per i Greci il lato oscuro della

realtà, è parte integrante della loro visione pluralistica di un mondo che, come comprese Nietzsche, si muove tra i due poli dell'*apollineo* (il principio dell'ordine, della forma e della misura) e del *dionisiaco* (il principio della dismisura, che tende a confondere l'ordine e la chiarezza delle forme).
In conclusione la razionalità e la misura, l'equilibrio e l'armonia, prima di essere le ben note qualità dell'arte classica, sono valori radicati in profondità nella cultura greca. Sono i valori morali e politici che la *pòlis* in ogni suo atto o creazione che abbia una valenza pubblica e politica contrappone alle spinte disgregatrici che continuamente l'attraversano, mettendone a rischio l'esistenza.

2. Religiosità greca e cristiana

Il dio giudaico-cristiano è trascendente. Non appartiene al mondo, è il suo creatore. La religione cristiana screditta il mondo, considerandolo macchiato da una colpa originale e vede la salvezza nella trascendenza. Per i Greci il mondo è l'orizzonte ultimo di ogni valutazione e non oggetto di valutazione; gli dèi Greci sono stati generati dal mondo; uomini e dèi sono due razze diverse che lo abitano su piani gerarchicamente distinti.
Il Dio cristiano è uno e onnipotente; gli dèi Greci sono molti e ciascuno incarna una diversa potenza che esiste nel mondo e nell'uomo. Secondo i cristiani, l'uomo (in quanto anima immortale) è stato creato ad immagine di Dio; gli dèi olimpici dei Greci sono "ad immagine dell'uomo", sono antropomorfi, "*sono le immagini ideali di attività o virtù umane*".
Essere religioso per l'uomo greco non implica avere fede in un Libro o in certi dogmi, ma rispettare gli dèi, onorarli praticando i culti e i riti prescritti dalla tradizione della propria città. Significa cioè avere riguardo per la dimensione sacra che

attiene ad ogni atto della vita individuale e collettiva, perché, in ogni atto si mettono in gioco le potenze del mondo, ha luogo la lotta fra l'ordine e il caos, fra la civiltà e la barbarie. Per questo "*la religiosità dell'uomo greco non imbocca la strada della rinuncia al mondo, bensì della sua estetizzazione*"[6], è un modo di conferire a tutti gli atti della vita, dai più ordinari ai più solenni, attraverso i riti della tradizione, una "forma" che sia rispettosa dell'ordine del mondo e contribuisca a rinsaldarlo.

Il cristianesimo nasce come una religione misterica della salvezza individuale. La comunità dei cristiani riunisce i credenti, indipendentemente dal loro statuto di cittadinanza e dalla loro condizione sociale. La religione olimpica dei Greci è, al contrario, una "religione civica" e tutti i cittadini in quanto tali ne sono partecipi. Essendo la *pòlis* la più alta forma di organizzazione sociale, il vincolo che lega fra loro i suoi cittadini ha qualcosa di sacro ed è sotto la protezione degli dèi. Anche l'accesso alle funzioni sacerdotali è, in linea di principio, aperto ad ogni cittadino e dura, come ogni altra funzione pubblica, per un limitato periodo di tempo. Estraniarsi dalla religione, ossia dal praticare i riti tradizionali, significa sottrarsi ai propri doveri di cittadino e mettersi fuori dalla società.

Il centro del culto cristiano è il rito eucaristico nel quale viene rinnovato il sacrificio di Cristo, il Dio fattosi uomo e immolatosi per la salvezza dell'umanità. Nella celebrazione del rito eucaristico i cristiani rinsaldano la loro comunione con Cristo, e si confermano come appartenenti alla "Città di Dio" contrapposta alla "Città Terrena". Lo spazio religioso del sacrificio cristiano è virtualmente separato dal "mondo" inteso come universo materiale della vita umana. Anche per i Greci il centro del culto è il sacrificio, ma questo non ha a che fare con la salvezza individuale, ma con il destino collettivo della città. Nella sua forma pubblica più importante (detta *thysìa*) consiste nell'uccisione rituale di animali domestici seguita da un pasto collettivo. Con esso la città invita gli dèi ad un pasto comune, in occasione di un importante atto della vita collettiva, di cui essi sono chiamati ad essere testimoni e garanti. Lo spazio del sacrificio è il mondo stesso. Il sacrificio si svolge all'aperto sotto il cielo (verso cui deve salire il fumo delle offerte bruciate) e al cospetto dell'intera comunità dei cittadini.

1. IL TEMPIO GRECO

1.1. Il tempio come tipo dominante

Mentre nelle antiche civiltà del vicino Oriente, governate da regimi "dispotici", il palazzo o la tomba del sovrano erano gli edifici monumentali dominanti, nella *pòlis* l'edificio dominante, che emerge con la sua mole e magnificenza nel paesaggio urbano o naturale, è il tempio dedicato alla divinità poliade.

Il tempio è il tipo di edificio in cui i Greci concentrano il massimo impegno in termini simbolici, artistici ed economici, anzi è a lungo l'unico ad essere monumentalizzato. La costruzione di un tempio è per la città un atto allo stesso tempo religioso e politico, un affare di Stato. A partire dall'epoca arcaica, appena una *pòlis* è in grado di farlo, costruisce un grande tempio dedicato alla propria divinità protettrice.

Il tempio greco non è il simbolo del dominio di un singolo, ma della *pòlis*, una comunità di cittadini il cui patto istitutivo è in sè un atto religioso, posto sotto la protezione della divinità a cui è dedicato. "*La comunità cultuale che si raccoglie nella frequentazione del tempio e nelle pratiche rituali che vi sono connesse si identifica con il corpo civico, e costituisce un momento forte della sua coesione, giacché l'unità dei cittadini viene in essa cementata, garantita dal loro rapporto con la divinità*"[7].

Nessun altro edificio (pubblico o privato) può competere con il tempio. Nelle sedi istituzionali e nelle infrastrutture pubbliche si osserva un approccio pragmatico e funzionale. Nelle abitazioni (anche dei più nobili e ricchi) dominano un tono semplice e una riservatezza che riflettono il senso di moderazione richiesto al cittadino[8].

Oltre ad essere il simbolo della comunità politica, il tempio è anche l'affermazione della sua identità culturale ed etnica. Per questo il linguaggio dell'architettura dei templi non era per i Greci oggetto di invenzione, ma solo di inflessione.
Tutti i Greci costruivano i loro templi alla stessa maniera, secondo modelli e criteri che restarono sostanzialmente invariati dall'arcaismo fino ai primi secoli dell'era volgare, quando il cristianesimo soppiantò l'antica religione "pagana". Il modo originale di costruire i templi caratterizzava e distingueva i Greci dagli altri popoli[9]. Secondo Erodoto "le sedi degli dèi" insieme alla comunanza di stirpe e di lingua, di religione e di costumi, erano un elemento costitutivo dell'identità greca, un fattore unificante, nel frastagliato e frammentato mondo delle *pòleis*[10].
Attenendosi alla tradizione comune, la *pòlis* dichiarava il suo essere parte del mondo ellenico, ma come ogni città aveva i propri culti locali, così introduceva inflessioni nei tipi condivisi, segnalando la sua posizione specifica al suo interno a partire dalla grande distinzione fra città di stirpe dorica e città di stirpe ionica. Il tempio come affermazione di identità locale è anche un messaggio rivolto alle altre città greche. Con esso la *pòlis* dichiara una certa appartenenza all'interno della frammentata instabile geografia politica del mondo ellenico e manifesta la sua potenza. Si prevaleva sulle altre città anche costruendo un tempio più grande e magnifico, pure a costo di impegnarsi in imprese colossali che non si sarebbe stati in grado di portare a termine[11].
Infine, eretto in un sito accuratamente individuato, il tempio sancisce un legame inscindibile fra la *pòlis* e il suo territorio[12] spesso in luoghi già sede di un culto, ma anche per istituirlo *ex-novo*. Sorge in posizione centrale e dominante, a volte su un'acropoli un tempo occupata dai sovrani micenei e successivamente destinata ai culti civici. Oppure in corrispondenza di confini: quelli dell'area urbana, in modo

da segnalarne da lontano la presenza, o quelli del territorio di pertinenza della *pòlis*, come avviene ad esempio con i santuari extraurbani delle città coloniali d'Occidente. Questi non solo hanno la funzione religiosa di affidare il territorio alla protezione degli dei ma sono il segno eloquente di una civiltà che intende imporsi alle popolazioni indigene oltre che con la forza delle armi, con il prestigio di una cultura superiore[13].

1.2. Caratteri tipologici

La "casa del dio"
Per i Greci l'unica struttura indispensabile per lo svolgimento del sacrificio era l'altare: un piano su cui poggiare le offerte o bruciare le parti delle vittime destinate agli dèi. Esistevano tre tipi di altari. Il *bòmos*, costituito essenzialmente da una tavola sopraelevata dal terreno poggiata su uno zoccolo in pietra; l'*eschàra*, probabilmente una griglia su cui bruciare le offerte, posta a livello del suolo, al di sopra di una fossa rettangolare; il *bòthros*, un pozzetto aperto in cui abbandonare o versare le offerte. Il primo tipo era quello caratteristico dei sacrifici alle divinità Olimpiche, l'ultimo era usato per divinità ctonie ed eroi, e nei sacrifici (più rari) in cui l'intera vittima era bruciata[14]. Un tipo monumentale di altare venne introdotto nelle *pòleis* ioniche dell'Asia Minore. Si trattava del tipo a *bòmos*, ma posto su una piattaforma accessibile mediante una gradinata frontale e protetta da bassi muri sugli altri tre lati. Il primo esempio è l'altare costruito da Rhoikos nel santuario di Hera a Samo intorno alla metà del VI secolo; il più famoso e grandioso è l'altare di Zeus a Pergamo di età ellenistica.

Il tempio (in greco *naos*, derivato da ναίω «abitare»), il più delle volte viene realizzato solo in un secondo tempo in un'area sacra in cui in precedenza vi era soltanto un altare. Il tempio non era destinato ad ospitare celebrazioni collettive alla pari della chiesa cristiana, ma era la "casa del dio". "*Il dio viene ad abitarci in permanenza grazie all'intermediazione della sua grande statua cultuale che vi si trova fissata in forma stabile*"[15] nel fondo della cella. Era quasi sempre collegato ad un altare posto di fronte all'unico ingresso, in asse con la facciata. La celebrazione del sacrificio aveva luogo nello spazio esterno fra l'altare e il tempio. Le porte del tempio erano tenute aperte, come se in questo modo il sacrificio potesse compiersi alla presenza fisica del dio e della comunità.

Mentre la chiesa cristiana è una sorta di "eterotopia", una porta di accesso ad una dimensione altra (quella del trascendente[16]), il tempio greco intende rendere manifesta l'immanenza del sacro, la sua presenza nello spazio aperto del mondo, installandovi la casa del dio e fissando così un legame inscindibile fra divinità, comunità e territorio[17]. La chiesa cristiana ci dice che Dio è altrove, mentre il tempio greco ci ricorda che gli dèi appartengono al mondo.

Oltre al *naos*, il tempio inteso come casa della divinità, vi erano piccoli templi chiamati *thesauròi* (tesori), realizzati come offerte votive, a loro volta destinati alla custodia di oggetti votivi. I più noti sono quelli eretti dalle *pòleis* nei santuari panellenici, come a Delfi e Olimpia.

Le componenti base del tipo del tempio periptero
Come vedremo, esistono diverse varianti tipologiche del tempio greco, ma il tipo fondamentale, quello più prestigioso adottato per il culto della divinità poliade, è il periptero. Le due funzioni di "casa del dio" e di manifestazione visibile della sua presenza nel mondo, si possono associare alle due componenti essenziali del tempio periptero: la cella e la peristasi.

Un tempio periptero è costituito da un nucleo interno (che in pianta è un rettangolo allungato che include la cella) circondato da un colonnato che descrive un secondo rettangolo più ampio detto peristasi. Un tetto a due falde copre tutta l'area inclusa nella peristasi. Il tempio poggia su una piattaforma detta crepidoma, con gradini sui quattro lati e non solo su quello di ingresso. Il gradino più alto è detto stilobate e il suo limite è tangente alle colonne del peristilio. Il piano di appoggio del crepidoma sul massiccio di fondazione (stereobate) è detto *euthinterìa*.

Il nucleo centrale
Il tempio è una casa, ma la casa di un dio, un essere per natura superiore agli uomini nella gerarchia del cosmo. Quindi il modello che le si addice è quello della casa di un sovrano.
I sovrani più gloriosi che i Greci ricordassero appartenevano al mondo miceneo dell'età del bronzo (XVI-XII secolo), cantato da Omero[18], i più recenti erano i *basilèis* del Medioevo Ellenico (XII-VIII secolo). Sulla base delle attuali conoscenze si può ritenere che entrambi i riferimenti abbiano contribuito alla definizione del nucleo interno del tempio greco. Un indizio in tal senso potrebbe essere il fatto che in molti casi i *megàra* micenei risultano riutilizzati per funzioni religiose dalle comunità locali, nel periodo fra XII e VIII secolo.
Il *mègaron* era la sala del trono dei palazzi micenei. L'organizzazione di questo tipo di sala risulta la stessa a Micene, Pilo e Tirinto. Lo schema di base è una sequenza assiale di ambienti, schema già presente nella Grecia balcanica a partire dal neolitico. Si incontrano in successione un portico di ingresso con colonne, un vestibolo e infine la sala del trono. Questa aveva a una forma quasi quadrata, solo leggermente oblunga in senso longitudinale. Il *mègaron* di Pilo aveva dimensioni di 10,70x12,70 metri. Qui il trono era addossato alla parete di destra rispetto all'ingresso. Al centro della sala c'era un grande focolare (*eschàra*) inquadrato da quattro colonne che presumibilmente reggevano un lucernaio destinato all'illuminazione e all'areazione, in mancanza di altre aperture oltre alla porta di ingresso. Le pareti della sala erano

affrescate. A Pilo sono stati identificati temi legati alla celebrazione di feste religiose e figure come il grifone e il leone poste ai lati del trono, direttamente associabili al potere del sovrano. Lo stile richiamava quello della pittura minoica. Il pavimento aveva una finitura in stucco dipinto con un disegno a scacchiera nei cui quadrati vi erano motivi geometrici e figure di animali marini.

Lo stesso schema assiale, con una serie di ambienti in successione, si riscontra nell'edificio scoperto a Lefkandi (un sito costiero nell'isola di Eubea) e che si ritiene un esempio di abitazione di un *basilèus* del Medioevo ellenico, databile intorno alla metà del X secolo. La scoperta è importante perché ci mostra la situazione dopo la caduta dei regni micenei, nella fase, ancora poco conosciuta, in cui lentamente prende forma la cultura greca. Era un edificio a pianta rettangolare di 13,50x50 metri con terminazione absidata, molto più grande delle comuni abitazioni dell'epoca. Si pensa che dopo la morte del *basilèus* l'edificio fu abbattuto e trasformato nel suo tumulo funerario. I muri erano in mattoni crudi, elevati su uno zoccolo in pietra e la copertura in legno era protetta da un manto stramineo (di paglia su uno strato impermeabilizzante di argilla). Una serie di pali (una sorta di peristasi *ante litteram*), circondava l'edificio tranne che sul lato breve di ingresso, opposto a quello absidato. I pali sostenevano il tetto a falde che si estendeva oltre i muri laterali. Un'altra fila di pali di sostegno correva all'interno lungo l'asse longitudinale. E' stato osservato che la sequenza degli ambienti di Lefkandi (portico > vestibolo > sala di rappresentanza > ambienti domestici > locali per armi e derrate) coincide sostanzialmente con quella che si evince dalla descrizione che Omero fa della casa di Ulisse[19]. La corrispondenza è interessante perché mostra come nei poemi omerici, elaborati alcuni secoli dopo la caduta dei regni micenei, ci si immaginassero le residenze dei sovrani micenei sul modello delle residenze dei contemporanei *basilèis*.

Il nucleo del tempio greco, la parte che ospita la statua del dio e custodisce le offerte a lui dedicate, riproduce invariabilmente l'organizzazione assiale propria del *mègaron* miceneo e dell'edificio di

Lefkandi. In conclusione possiamo dire che nell'VIII secolo "*le strutture templari sono del tutto simili ai megàra o alle residenze dei basilèis del secolo precedente, tanto che la casa del dio rispecchia fedelmente i modelli delle residenze della classe dominante così come si configurano nelle diverse aree*"[20].

Il nucleo interno del tempio periptero organizza in successione assiale due o più ambienti, a seconda delle epoche, del tipo di culto e delle aree geografico-culturali. Il primo ambiente è sempre un vestibolo aperto verso l'esterno (pronao) con colonne comprese fra la prosecuzione dei muri della cella (ante) e che richiama il portico d'ingresso del *mègaron* miceneo. Attraverso una porta posta al centro della parete di fondo del pronao si accede alla cella (*nàos*). Questa è la ragion d'essere del tempio e a cui il tempio può anche ridursi, come nel cosiddetto tipo a *òikos*. La cella è sempre rettangolare, oblunga in senso longitudinale, ma con una generale tendenza verso proporzioni sempre meno allungate, passando dal primo arcaismo al tardo classicismo. In fondo ad essa è collocata la statua della divinità (*àgalma*), in asse con la porta di ingresso. La cella può presentare o meno colonne interne, su un solo ordine o su due ordini sovrapposti. In particolare, soprattutto nelle colonie orientali, si trova anche un tipo di cella scoperta (ipetrale), che si configura come un recinto sacro (*sekòs*) che racchiude un luogo (in genere una fonte, un boschetto, ma anche un piccolo edificio destinato a custodire una immagine sacra) in cui era venerata già in precedenza la presenza del dio.

Il nucleo centrale può concludersi con il muro di fondo chiuso della cella oppure presentare, oltre di esso due disposizioni in genere alternative, ma che si trovano anche in successione. Ci può essere un ambiente detto *àdyton* (cioè "luogo in cui è proibito entrare"), particolarmente diffuso nelle colonie d'Occidente, accessibile soltanto dalla cella e destinato alla conservazione di oggetti sacri e offerte. Oppure una sistemazione, originaria delle aree doriche della madrepatria, che riproduce simmetricamente il pronao (opistodomo), con colonne fra le ante ma senza porta di accesso alla cella. Non si conosce la funzione pratica o rituale dell'opistodomo ma è possibile che non ne avesse alcuna.

La peristasi

La seconda componente essenziale del tempio periptero è la peristasi, il circuito di colonne che circonda il nucleo interno. Si definisce *ptèron* lo spazio coperto incluso fra questo e il colonnato esterno. Vengono detti intercolunnio lo spazio compreso fra due colonne consecutive e interasse la distanza fra i loro assi.

La presenza della peristasi, nella sua origine, è associabile alla funzione di protezione del nucleo centrale, necessaria nei primi templi realizzati in materiali deperibili. Più difficile è riconoscere allo *ptèron*, vista la sua limitata profondità, funzioni rituali, come lo svolgimento di riti processionali. Questi sono attestati in alcuni casi, ma in templi la cui tipologia particolare prevedeva un'ampiezza dello *ptèron* superiore a quella consueta.

Sicuramente la peristasi del tempio in pietra risponde fondamentalmente ad un'esigenza di monumentalizzazione dell'edificio sacro. Si può riconoscere, da questo punto di vista, una sorta di progressione, di pari passo con l'importanza civica e religiosa del tempio. Si va dal tipo più semplice, privo di colonne esterne o solo con colonne fra le ante del pronao, a quello in cui si aggiunge una fila di colonne anteposta alla facciata di ingresso o ad entrambi i lati brevi, a quello in cui una peristasi (semplice o doppia) racchiude il nucleo centrale.

A queste varie configurazioni, corrisponde una precisa nomenclatura, definita in età ellenistica. Il tipo più semplice (quello a *òikos*) consiste solo in una cella senza colonne esterne. Viene detto *in antis* il tempio costituito da una cella preceduta da un vestibolo con colonne fra le ante. Il tipo più comune di tempio *in antis* (usato per i tesori) è il distilo *in antis*, con due colonne fra le ante. Si parla di anfidistilo *in antis* quando un opistodomo ripete simmetricamente, sul fronte posteriore, la configurazione del pronao. Quando il pronao non ha colonne fra le ante, ma è preceduto da un colonnato largo quanto la cella, si parla di tempio prostilo; di anfiprostilo quando un simile colonnato è presente anche sul fronte posteriore. Nel periptero, a seconda del numero di colonne in facciata, si parla di esastilo (sei colonne, il tipo più comune), ottastilo (otto colonne), enneastilo (nove colonne), decastilo (dieci colonne). Il tempio con un doppio circuito completo di colonne, nato nelle colonie dell'Asia Minore, è detto diptero. Infine, il tipo pseudodiptero si può definire come un diptero dal quale sia stata eliminata la peristasi interna.

Come abbiamo osservato, il tipo di tempio che i Greci considerano più prestigioso e degno di essere la casa della divinità protettrice della *pòlis* è il periptero (il diptero si può considerare una sua variante ancora più monumentale). Vitruvio, parlando dei diversi tipi di templi, sostiene che il periptero è stato inventato dai Greci per dare maggiore prestigio e importanza al tempio, grazie al maestoso ritmo della peristasi. In effetti è proprio attraverso la peristasi, con il suo monumentale circuito di colonne, che il tempio svolge quella che abbiamo indicato come una sua funzione essenziale: manifestare la presenza degli dei nel mondo. E' attraverso il suo esterno che il tempio comunica con i cittadini.

Può essere qui utile un confronto con la chiesa cristiana. Mentre la chiesa nasce, in età paleocristiana, come un'architettura "introversa", il tempio greco è, all'opposto, un'architettura "estroversa". La chiesa paleocristiana dietro un esterno spesso modesto e ordinario, nasconde (appena le condizioni economiche lo consentono) con i mosaici e marmi policromi sulle pareti e sui pavimenti, un mondo fatto di luce e splendore che allude alla dimensione trascendente a cui il cristiano accede partecipando al rito eucaristico. Al contrario, lo splendore architettonico del tempio periptero greco è tutto rivolto all'esterno, mentre l'interno è semplice, immerso nella penombra. È l'esterno con i suoi colonnati, le sue decorazioni scultoree e la sua policromia, lo scenario che fa da sfondo alle celebrazioni collettive della religione civica.

In termini architettonici la chiesa è prima di tutto uno spazio interno, mentre il tempio greco è prima di tutto un oggetto plastico. Inoltre, mentre la chiesa è un edificio fortemente "orientato" sul percorso fisico e simbolico del fedele dall'ingresso all'altare, il tempio periptero greco, nonostante la sequenza assiale nelle sue componenti interne, grazie alla continuità del suo colonnato e dei gradini di accesso allo stilobate possiede una sorta di "centralità", sottolineata in molti casi dall'opistodomo, il cui unico scopo pare quello di uniformare il lato posteriore con quello anteriore del tempio. La chiesa richiama il fedele verso il suo recesso interno più sacro. Attraverso il tempio periptero la presenza del dio che vi abita si fissa in un luogo e si espande in ogni direzione.

1.3. Il rapporto con il contesto

La scelta del sito è di fondamentale importanza vista la relazione che il tempio sancisce fra divinità, comunità e territorio.
Un primo criterio è di ordine religioso. Si costruisce un tempio in un certo luogo per manifestare la presenza divina che la tradizione vi riconosce, oppure per sacralizzare un luogo installandovi la divinità, come nel caso dei templi costruiti nei nuovi territori su cui le città coloniali intendono affermare il proprio dominio. Il secondo criterio è la costante ricerca di centralità e dominanza in rapporto al contesto urbano o naturale[21], al fine di materializzare la superiorità gerarchica degli dei rispetto agli uomini e al contempo garantire la massima visibilità. La visibilità è significativa in un duplice senso: il dio che dimora nel tempio deve poter guardare la città e il territorio posti sotto la sua protezione; la sua presenza (e tramite di esso quella della *pòlis*) deve essere chiaramente manifesta, anche a grande distanza. Consideriamo, fra i tanti possibili esempi, i templi di età classica di Agrigento e il tempio di Poseidone a capo Sounion. I templi di Agrigento, che si susseguono lungo la cresta che separa la città dalla costa, erano una splendida "corona della città" visibile da lontano

a chi vi arrivava dal mare. Il capo Sounion è l'estremità meridionale dell'Attica, e, per chi arrivava da oriente via mare, era in un certo senso la porta di accesso ad Atene. Qui sorgeva un tempio, distrutto dai Persiani nel 480. La sua ricostruzione in posizione dominante, in direzione del mare aperto, è contemporanea a quella dei templi dell'Acropoli di Atene (metà del V secolo) ed era dal punto di vista politico, un chiaro simbolo dell'imperialismo marittimo di Atene a capo della lega delio-attica formata con le città greche delle Cicladi e dell'Asia minore.

Nelle fonti greche non si incontrano prescrizioni riguardo l'orientamento dei templi, ma la maggior parte è orientata in direzione est-ovest con l'ingresso verso est. Sappiamo che le porte dei templi venivano aperte all'alba e questo potrebbe spiegare il senso di questo orientamento che avrebbe consentito alla luce, nelle prime ore del mattino, di penetrare in profondità nella cella fino alla statua del dio[22].

Il tempio greco sorge sempre all'interno di un *tèmenos* (un'area sacra, quasi sempre delimitata da un recinto), ma si presenta come un oggetto autonomo, libero su tutti i lati e non subordinato ad una rigida composizione d'insieme. Si potrebbe dire che l'*autonomia* che l'uomo greco pretende per la propria città, non può non riconoscerla alle sedi dei suoi dei. Nell'architettura ellenistica e romana il tempio è normalmente l'elemento dominante di un complesso architettonico, ma proprio per questo le sue relazioni con lo spazio naturale e urbano, accuratamente progettate, sono di fatto limitate. Il tempio periptero di età arcaica e classica, invece, non ha relazioni o punti di vista obbligati; è tendenzialmente onnidirezionale.

Un'analoga differenza si riscontra nei complessi monumentali. La disposizione degli edifici che si accumulano nei santuari greci, come quelli di Olimpia e di Delfi, non rivela mai un piano generale, un soggiacente ordine geometrico in cui si inserisce ogni elemento. Ovviamente la sua mancanza non implica affatto l'assenza di un'attenzione alle relazioni fra gli edifici, di gerarchie fra di essi, o di motivazioni precise per la loro localizzazione o orientamento. Si potrebbe dire che al modello geometrico e gerarchico di composizione se ne contrappone uno più libero basato su criteri di varia natura, come il valore sacro di eventuali preesistenze, necessità derivanti da rituali, considerazioni legate all'orografia o all'orientamento e anche l'attenzione alla concreta esperienza che l'uomo fa dell'architettura muovendosi nello spazio.

Anche nei riguardi del contesto naturale il tempio mantiene la sua autonomia. Il crepidoma, il basamento su cui si eleva sempre il tempio, è una sorta di suolo artificiale. Grazie ad esso il tempio conserva la propria configurazione indipendentemente dalle caratteristiche orografiche del sito in cui sorge. Inoltre il tempio (soprattutto se lo pensiamo nel suo stato originario) risalta nel paesaggio per le sue qualità di ordine e regolarità, per i suoi colori vivi, per il suo nitore. In altri termini il tempio, dedicato sempre alle divinità celesti dell'Olimpo, dichiara la sua differenza rispetto al paesaggio naturale, non per negarlo, ma per rivelarne l'ordine, presentandosi come oggetto armonico e razionale contrapposto alle forze ctonie del disordine e del caos[23].

Ma questo significa anche che l'orografia naturale del sito non è trasformata se non il minimo necessario. L'architettura si adatta ad essa, pur conservando la propria autonomia. Si tratta di qualcosa di completamente diverso da quanto avviene nei grandi santuari di età ellenistica e romana dove, mediante imponenti opere di terrazzamento, si porta l'architettura ad una scala paesistica modellando di fatto il paesaggio.

1.4. L'elaborazione formale

L'idea greca di bellezza e la formazione dell'uomo greco
Abbiamo detto che la religiosità dei Greci tende alla "estetizzazione del mondo". Il divino non è al di là del mondo,

ma nella sua armonia; la bellezza, in quanto armonia, è la manifestazione visibile della dimensione divina del mondo.
Il concetto che esprime in modo più compiuto, fin dall'epoca arcaica, l'idea greca di bellezza, è quello di *kósmos*. Nel senso più ampio che gli viene attribuito dai filosofi presocratici, *kósmos* indica il mondo come totalità ordinata e armonica, nella quale ogni essere è nel giusto posto e nella giusta relazione con gli altri. Ma prima di questa estensione del suo valore semantico, il termine indicava tutte quelle manifestazioni e regioni dell'esperienza umana nelle quali si riconoscesse un'unità armonica di parti: una città, una famiglia, un esercito bene ordinati, ma anche il corpo umano o un oggetto ben fatto erano detti un *kòsmos*.

I templi, riservati alle divinità olimpiche custodi e garanti dell'ordine e dell'armonia del mondo, dovevano incarnare e rendere visibili queste qualità e quindi essere un *kòsmos*. Per questo la bellezza per il tempio greco è una qualità "necessaria", perché attiene alla sua stessa essenza. Sull'idea di *kòsmos* si basa la cosiddetta "razionalità" dell'architettura del tempio greco. Infatti essa, più che ad un astratto razionalismo, corrisponde all'intenzione di fare dell'edificio una totalità armonica di parti chiaramente individuate per forma e funzione (pratica e/o simbolica) come lo è un corpo vivente fatto di membra diverse e ben proporzionate, o una *pòlis* in cui le leggi e la morale mantengono l'unità politica dei cittadini grazie al senso del limite nel singolo e alle giuste proporzioni nella partecipazione al potere stabilita dalle leggi.

Ma la bellezza del tempio è anche direttamente "utile" in quanto si riverbera sulla città, sia contribuendo alla formazione del cittadino che come scenario delle feste pubbliche.

I concetti di proporzione e armonia che qualificano l'idea di bellezza come *kòsmos*, erano al centro dell'ideale della *paidèia*, l'educazione greca. Il suo fine non era la mera acquisizione di competenze, ma la formazione del cittadino, inteso come modello di uomo libero, attivo e padrone di sé, armonicamente sviluppato nelle sue diverse facoltà secondo il principio della *kalo-agathìa* (da *kalòs*, bello e *agathòs* che significa buono nel senso ampio di «pregevole ed eccellente»). Tradizionalmente questa formazione era basata sulla ginnastica e sulla musica. Platone, nella Repubblica, riconferma la validità di questa pedagogia (per quanto da lui intesa come propedeutica allo stadio ulteriore della conoscenza filosofica). Egli riconosce il potere che la musica in primo luogo, ma anche il mondo delle immagini, architettura inclusa[24], hanno sulla formazione della persona. Secondo lui le arti possono sollecitare istinti e passioni sfrenate, e in questo sono deleterie e da proibire, ma anche formarci al senso dell'armonia e della misura, attraverso la contemplazione di una bellezza basata sulle leggi della proporzione, producendo in noi una naturale sintonia con ciò che è giusto e ciò che è vero. La testimonianza di Platone evidenzia come la percezione della bellezza sia un necessario strumento di educazione del cittadino, sia parte integrante della cosiddetta "educazione musicale" dell'uomo greco[25]. G.C. Argan sottolinea la funzione essenziale dell'arte come elemento di costruzione della identità greca come "*liberazione della coscienza dagli incombenti terrori del mondo preistorico, con le sue minacciose potenze soprannaturali. Di questa continua lotta, mitica e storica, per la liberazione della coscienza e la limpida conoscenza del reale, l'arte figurativa è, più ancora che una testimonianza, un fattore essenziale: concepita come il più puro e perfetto dei fenomeni naturali, rivela nella chiarezza delle sue forme, la forma ideale della natura, nella sua essenza universale, che è al di là di ogni accidentale contingenza. In questo senso ha una funzione attiva e costruttiva: si accompagna al pensiero dei filosofi e al genio ispirato dei poeti nella ricerca di una verità che non è oltre ma dentro le cose e che non si raggiunge oltrepassando l'esperienza, ma approfondendola e chiarendola*"[26].

Infine la bellezza del tempio era parte integrante della rituale pubblico del sacrificio che si svolgeva dinanzi ad esso e il cui significato ultimo era riconfermare l'armonia nel mondo, "*l'amicizia fra dei e uomini e dunque anche quella amicizia politica tra gli uomini che la prima era chiamata a garantire*"[27]. Nelle forme concrete della ritualità, il sacrificio per i greci aveva un carattere festivo e solare[28]. Il tempio era lo scenario luminoso sullo sfondo del quale aveva luogo la celebrazione. Queste feste religiose, il cui scopo sociale era quello di rafforzare il senso di appartenenza alla comunità riaffermandone l'identità culturale e sociale, erano vere e proprie esperienze cinestetiche che "*impegnavano, catturavano e trasformavano i partecipanti attivando una varietà di emozioni sensoriali. Vi era la vista degli abiti, degli ornamenti, delle danze e delle competizioni. C'era l'ascolto delle preghiere, degli inni e dei canti. C'era l'odore dei fiori e dell'incenso attorno all'altare. E, infine, c'era il gusto delle carni della vittima sacrificale, dopo che era stata sgozzata sull'altare. Tutti questi atti ed emozioni sensoriali, trovavano risonanza, espressione visiva, e amplificazione nell'immaginario figurativo dei templi, che era esso stesso lo sfondo di queste celebrazioni*"[29].

La decorazione figurata

Della funzione "educativa" del tempio facevano parte integrante, questa volta con mezzi narrativi, le decorazioni figurate che spesso lo arricchivano nelle parti ad esse riservate (trabeazione e frontoni).

Tali parti, non a caso, sono tutte rivolte verso l'esterno, visibili dai cittadini che entravano nel *tèmenos* per partecipare alle celebrazioni. Le immagini facevano sempre riferimento al fondo condiviso di storie e miti su cui si fondava l'identità greca. Il tempio, come è stato detto per l'architettura delle cattedrali medievali, era dunque una sorta di grande libro a tutti comprensibile, in un contesto nel quale l'accesso ai testi scritti era riservato a pochi.

In una prima fase (nel VII secolo) il tema predominante erano le divine *epifanie* ossia rappresentazioni, o meglio ancora apparizioni, in cui la divinità non compiva alcuna azione, ma semplicemente si manifestava. Con il passaggio al VI secolo la divinità è invece colta in azione, e contemporaneamente diventa più frequente la rappresentazione di mostri, come gorgoni, sfingi e animali feroci. Si pensi ad esempio alle gorgoni dei frontoni del tempio di Artemide a Corfù, del tempio C di Selinunte o di Apollo a Siracusa. Accanto alla funzione apotropaica (volta ad allontanare le forze maligne e scoraggiare qualsiasi atto sacrilego), in queste figure si manifesta la volontà di suscitare nel fedele quel tremore che è parte essenziale dell'esperienza greca del sacro. Sempre più, a partire dalla metà del VI secolo, compaiono rappresentazioni di scene mitologiche che diventano via via predominanti. Le storie rappresentate avevano la funzione di confermare i valori culturali e sociali fondanti della *pòlis*. Poteva anche trattarsi sia della narrazione di episodi o personaggi legati alle origini mitiche della comunità[30]. Né si può escludere una funzione più contingente nell'ambito delle lotte interne ed esterne in cui le *pòleis* erano continuamente coinvolte[31]. Un tema che si ritrova molto frequentemente in contesti anche assai diversi è quello della *gigantomachia*, cioè la lotta degli Dei olimpici contro i Giganti, figli della Terra. La sua ubiquità sicuramente dipende dal fatto che in essa è rappresentata la fondazione stessa della civiltà secondo i Greci, in quanto racconta il trionfo degli Dei olimpici sulle potenze ctonie e quindi dell'ordine sul caos. Ma un tema così generale poteva essere facilmente letto come la trasfigurazione di eventi storici concreti, come la vittoria dei Greci contro i Barbari, o anche l'affermazione della fazione vincente nella *pòlis* e committente del tempio, che vi si autorappresentava come portatrice di legge e ordine[32]. La decorazione figurata del Partenone, per la sua estensione e per i soggetti scelti, rappresenta l'esempio migliore di questa capacità del tempio di essere una sorta di grande testo, una narrazione compiuta pienamente funzionale all'ideologia della *pòlis* ateniese in un momento cruciale della sua storia.

1.5. Gli ordini architettonici

Abbiamo già osservato come la bellezza sia una qualità che attiene all'essenza del tempio in quanto casa della divinità e come nel concetto di *kosmos* si esprima l'idea di bellezza come rivelazione e manifestazione visibile di un ordine e un'armonia che sono nel mondo stesso. La nudità tipica della statuaria greca rimanda direttamente a tale concezione. La bellezza del corpo umano sta nelle forme e proporzioni delle sue membra e non in qualsiasi abito o ornamento.

Il punto di partenza della elaborazione estetica del tempio greco è quel "corpo nudo" che è la costruzione pura e semplice da portare al massimo grado di perfezione. L'architettura greca non maschera o "veste" in qualche modo la costruzione, ma ne elabora formalmente e metaforicamente gli elementi fondamentali, assegnando loro le forme pertinenti e le "giuste" proporzioni in quanto membra del corpo dell'edificio. La decorazione scultorea è limitata alle aree lasciate libere dagli elementi strutturali e non si sovrappone ad essi.

E' questo il fondamento della cosiddetta "razionalità costruttiva del tempio" e in particolare dell'elaborazione e canonizzazione degli "ordini". I primi templi furono costruiti con colonne in legno e muri in mattoni crudi su uno zoccolo in pietra. Erano strutture trilitiche, cioè fatte solo di elementi portanti verticali ed elementi orizzontali portati. Gli ordini sono i modi diversi in cui l'architettura greca elaborò formalmente nella pietra[33] la struttura trilitica dei primi templi in legno, definendo nel nuovo materiale la giusta forma, le giuste relazioni e proporzioni degli elementi perché l'insieme dell'edificio potesse essere un *kosmos*. In sintesi possiamo definire gli ordini come interpretazione e formalizzazione in pietra degli elementi fondamentali della struttura trilitica lignea dei primi templi. E' una elaborazione per la quale l'occhio e la sensibilità plastica dello scultore dovettero essere determinanti.

Dorico e Ionico
Una struttura trilitica, nella sua forma più semplice, è formata da due elementi verticali che sostengono un terzo elemento orizzontale di collegamento. Le parti costitutive di un ordine corrispondono agli elementi essenziali di ogni struttura trilitica: la colonna (elemento verticale portante) e la trabeazione (elemento orizzontale portato).
Definendo le forme e le proporzioni tipiche della colonna e della trabeazione e fissando regole sintattiche per il loro assemblaggio, ciascuno degli ordini greci è un linguaggio compiuto e coerente, in grado di fare della costruzione una totalità armonica di parti, basata su criteri razionali e "oggettivi".
L'architetto romano Vitruvio, nel suo trattato del I secolo a.C., elenca quattro ordini (dorico, ionico, corinzio e tuscanico), ma nell'architettura greca di età arcaica e classica esistono solo due veri ordini: il dorico e lo ionico. Il terzo, quello chiamato "corinzio" da Vitruvio, più che un ordine a sé stante, è una variante dell'ordine ionico introdotta in età tardoclassica e a lungo usata solo all'interno della cella[34].
Le denominazioni di "dorico" e "ionico" rimandano alle due principali stirpi elleniche e ai due principali dialetti greci.
Nella storia e nella cultura greche la distinzione fra componente dorica e ionica è quella più significativa. La polarità dorico/ionico ritorna continuamente; nei casi migliori in vista di una sintesi creativa (come vedremo avvenire nel Partenone), ma di solito come fattore di distinzione, spesso strumentalizzato a fini politici (come spiega Tucidide nel ricostruire le vicende della Guerra del Peloponneso).
L'articolazione etnico-culturale del popolo greco è un dato storico che rimanda alle complesse e ancora non chiare

vicende successive alla fine dei regni micenei nel XII secolo. La memoria di invasioni e spostamenti di popoli durante questa lunga fase (il "medioevo ellenico"), è un elemento fondativo dell'identità greca tramandato sia da Erodoto che da Tucidide[35]. Si racconta di un popolo di stirpe ellenica proveniente dal nord, i Dori, che si sarebbe stanziato nel Peloponneso meridionale, nella regione di Sparta (Laconia) e di Argo (Argolide), scacciandone altre popolazioni elleniche giunte qui in un'epoca precedente e discendenti degli antichi micenei, gli Achei. Questi ultimi, spostatisi in una regione del Peloponneso settentrionale che da loro prese il nome di Acaia, avrebbero costretto le popolazioni locali autoctone (che Erodoto chiama Pelasgi)[36] a fuggire, rifugiandosi in Attica presso gli Ateniesi (anch'essi una popolazione autoctona)[37]. Qui assunsero, insieme a questi, il nome di Ioni, da Ione re di Atene. Dall'Attica, una parte di loro sarebbe salpata per colonizzare le coste dell'Asia Minore.

Questa ricostruzione rendeva conto della distribuzione geografica e del diverso carattere delle due principali stirpi greche in età classica. In base ad essa Dori e gli Ioni appaiono nettamente differenziati: i primi sono i guerrieri conquistatori che si installano nel cuore della Grecia, mentre i secondi sono gli autoctoni costretti a fuggire dalla madrepatria salpando verso oriente.

La differenza fra Dori e Ioni era percepita in età classica come quella fra due modi di essere greco. I Dori erano gli eredi di un popolo guerriero, tendenzialmente conservatore e chiuso nella propria tradizione, che esaltava i valori virili della fermezza e del coraggio. Gli Ioni, a contatto con le culture del vicino oriente, erano popolazioni più aperte ai commerci e culturalmente ricettive, amanti dell'arte e della scienza[38]. I Dori si esprimevano in maniera austera, sobria ed essenziale, mentre gli Ioni prediligevano modi più sensibili, forme più ricche ed elaborate[39].

Non solo esistevano un dialetto dorico e uno ionico, ma anche una musica dorica e una ionica[40], un modo di vestire dorico e uno ionico, e naturalmente uno stile architettonico dorico e uno ionico.

L'ordine dorico, fortemente conservatore, ha un carattere sobrio e rigoroso, con proporzioni solide e robuste. L'ordine ionico è più libero e sensuale nel carattere. Le sue proporzioni sono più snelle, la decorazione più ricca, le forme più elaborate.

La diffusione geografica dei due ordini architettonici è sostanzialmente sovrapponibile a quella delle rispettive aree linguistico-culturali. L'ordine dorico caratterizza l'architettura della Grecia continentale, del Dodecaneso e delle colonie dell'Italia meridionale e della Sicilia; l'ordine ionico quella delle Cicladi (con Nasso e Paro come centri principali) e della Ionia, corrispondente alla parte centrale della costa dell'Asia Minore a nord e a sud del promontorio del monte Micale, da Efeso fino a Mileto, con le isole antistanti di Samo e di Chio, la cosiddetta dodecàpoli ionica (Chio, Clazomène, Colofòne, Eritre, Efeso, Focea, Lebedo, Mileto, Miunte, Priene, Samo e Teo).

Tuttavia si tratta di una corrispondenza non priva di eccezioni. Anche escludendo il caso di Atene e dell'Attica (di stirpe ionica ma tradizionalmente doriche per quanto riguarda l'architettura), anche in aree culturalmente doriche troviamo templi ionici[41] o templi in cui coesistono elementi dei due ordini[42]. Ciò è spiegabile con la eterogeneità delle componenti etniche delle *pòleis*, soprattutto in ambito coloniale, pur nella presenza di un gruppo etnico prevalente che conferiva alla città la sua fisionomia essenziale; con la mobilità crescente delle maestranze ioniche di area cicladica a partire dall'età classica, in concomitanza con la diffusione dell'uso del marmo, nel quale vantavano una consolidata competenza; con il fatto che le appartenenze etniche evidenziate attraverso l'architettura potevano essere di volta in volta spese sul piano delle alleanze politico-militari[43], come avviene nel caso dell'Atene classica, il cui dorico tradizionale si arricchisce di sempre più forti componenti ioniche, non a caso in concomitanza con l'avvio di una politica di dominio imperialistico rivolta verso l'Egeo e la Ionia.

Componenti e nomenclatura dell'ordine dorico
Assumiamo come riferimento il tempio di Zeus a Olimpia della metà del V secolo. La colonna è costituita da fusto e capitello. Il fusto è l'elemento portante in senso proprio e il capitello raccorda il fusto con la trabeazione, ampliando la superficie di appoggio. Il fusto nel dorico è privo di base. Ha una forma troncoconica rastremata verso l'alto, un rigonfiamento più o meno accentuato a circa un terzo dell'altezza (detto entasi) e scanalature verticali concave, separate da spigoli vivi. Le sue proporzioni sono più massicce rispetto al fusto dell'ordine ionico[44]. Il capitello dorico è formato dall'abaco e dall'echino. L'abaco è il blocco parallelepipedo a pianta quadrata su cui poggia la trabeazione e che sporge leggermente rispetto ad essa. L'echino, posto fra il fusto e l'abaco, è un volume di forma vagamente troncoconica, che si espande verso l'alto in modo da raccordare la sommità del fusto con l'abaco. Il punto di articolazione fra fusto e capitello è sottolineata, alla base dell'echino, da alcuni sottili anelli concentrici a rilievo (*ànuli*) e alla sommità del fusto, da una breve sezione terminale detta collarino.

La trabeazione dorica è formata da tre parti principali: l'architrave, il fregio e la cornice. L'architrave è una semplice trave in pietra che corre dal centro di una colonna al centro di quella successiva e all'esterno appare come una superficie liscia coronata da un sottile listello detto *taenia*. In realtà, per le caratteristiche specifiche di resistenza della pietra, l'architrave non consiste, come appare dall'esterno, in un singolo blocco, ma è composto da due blocchi affiancati. Il fregio, posto al di sopra dell'architrave, è forse la più distintiva caratteristica dell'ordine dorico. Consiste in un'alternanza ritmica di triglifi e metope. I triglifi sono elementi di forma rettangolare con il lato lungo verticale e segnati da tre profonde scanalature dette glifi. Sono collocati in asse con le colonne e in corrispondenza del centro di ogni intercolunnio. Sull'architrave, sotto la *taenia*, in corrispondenza di ogni triglifo, ci sono dei listelli detti in latino *règulae*, dai quali pendono piccoli elementi cilindrici o troncoconici (in genere in numero di sei) detti in latino *guttae* (gocce). Le metope sono le lastre quasi quadrate, che riempiono lo spazio fra due triglifi successivi, e sono lisce o con figure dipinte o scolpite. La cornice è l'elemento sporgente che conclude in alto la trabeazione e svolge la funzione pratica di proteggere la facciata dalla pioggia. Intorno a tutto l'edificio gira una cornice orizzontale. Sulle facciate principali, si aggiunge una cornice che segue l'inclinazione del tetto (cornice frontonale). Essa delimita in alto i frontoni, ovvero le superfici triangolari che sui lati brevi del tempio, sono comprese fra la trabeazione e le due falde inclinate del tetto. La cornice sporgente, detta *gèison*, presenta nella faccia inferiore il gocciolatoio e una successione di elementi piatti, detti *mùtuli*, allineati con i triglifi e con la mezzeria delle metope. I mutuli sono decorati con *guttae*, in più file parallele. Al di sopra del *gèison* vi è la *sima*. Elemento di particolare importanza posto a coronamento dell'edificio, la sima è realizzata in pietra o in terracotta, e contiene il canale di gronda. Dalla *sima*, quasi sempre riccamente decorata, sporgono doccioni dalla forma di teste di animali (protomi), in genere leoni. La sima è sempre presente sui frontoni, mentre sui lati lunghi del tempio può anche mancare quando il tetto termina direttamente con le tegole di bordo. In quest'ultimo caso, le terminazioni frontali dei coppi di copertura sono chiuse da un elemento con decorazione fitomorfa, l'antefissa. Infine sui lati brevi, sull'apice e alla base del frontone sono collocati elementi figurati o ornamentali in terracotta o in pietra detti acroteri, presenti anche nell'ordine ionico.

Componenti e nomenclatura dell'ordine ionico
Descrivere la configurazione tipica dell'ordine ionico è più complicato di quanto non lo sia per il dorico in quanto *"l'ordine ionico, a differenza del dorico, si presenta con forme tra loro significativamente diverse a seconda delle aree geografiche e del contesto cronologico "*[45].
Assumiamo come riferimento l'ordine del tempio di Artemide a Magnesia sul Meandro (fine III se.)[46]. La colonna ionica è composta da base, fusto e capitello. La base è costituita da un plinto (ossia un volume parallelepipedo con facce lisce) sul quale poggia un volume di rotazione modanato. A seconda del diverso profilo delle modanature si distinguono diversi tipi di basi, fra cui le principali sono quella di tipo asiatico e quella di tipo attico.
Il fusto della colonna è più snello di quello dorico[47], rastremato verso l'alto e solcato da scanalature verticali. A partire dall'età classica le scanalature sono a sezione circolare e separate da listelli piatti. Il fusto tipicamente manca di entasi ma si espande lievemente ad entrambe le estremità, dove è concluso da un listello e da un tondino. Le due espansioni sono dette apofigi. Le scanalature si concludono con un profilo semicircolare e non proseguono rettilinee fino alla fine del fusto, come nella colonna dorica.
Se il fregio con metope e triglifi è l'elemento caratterizzante del dorico, il capitello è l'elemento che caratterizza maggiormente l'ordine ionico. In effetti, a partire dall'età arcaica esiste una varietà di capitelli ionici, ma si afferma come soluzione "canonica" quello a volute orizzontali. Questo

capitello è composto da un echino tronco conico decorato con ovoli e lancette a cui è sovrapposto il pulvino, costituito da un elemento orizzontale che alle estremità si avvolge a spirale in due volute più o meno sporgenti esternamente rispetto al fusto. Il raccordo fra volute ed echino è mascherato da palmette. A differenza del capitello dorico, qui è evidente il richiamo a forme naturali, con l'adozione di motivi che possono derivare da un linguaggio decorativo già consolidato in altri ambiti artistici. Inoltre il capitello ionico non è a doppia simmetria come quello dorico, ma presenta due facce principali con le volute e due secondarie con i *balaustrini* (i due volumi troncoconici con cui si raccordano le volute contrapposte). Anche nel capitello ionico vi è un abaco come base di appoggio dell'architrave. Ma l'abaco ionico, posto al di sopra del pulvino, non ha il peso visivo di quello dorico, è un semplice volume tronco-piramidale di spessore limitato e contenuto all'incirca entro l'ingombro del fusto della colonna. Un problema tipico dell'ordine ionico è quello del capitello d'angolo nella peristasi. Giacché il capitello ionico ha due facce "principali" con le volute alternate alle due "secondarie" con i balaustrini, la colonna d'angolo non può presentare le volute su entrambi i lati consecutivi rivolti all'esterno. Per risolvere questo inconveniente, già a partire dalla seconda metà del VI secolo[48] viene adottata la soluzione rimasta canonica, affiancando, in corrispondenza dello spigolo esterno di ogni colonna d'angolo, una coppia di volute disposte a 45° su una diagonale. In tal modo la colonna d'angolo, verso l'esterno dell'edificio, mostra sempre le volute. In età tardoclassica[49] viene adottata anche una soluzione che elimina del tutto i balaustrini, rendendo il capitello a doppia simmetria, con volute a 45° ai quattro spigoli.
La trabeazione ionica può essere composta da architrave, fregio e cornice, oppure solo da architrave e cornice. L'architrave è liscio, in genere suddiviso in tre fasce

progressivamente aggettanti e di dimensioni crescenti verso l'alto, concluso superiormente da una modanatura lungo la linea di contatto con il fregio. Il fregio (con figure scolpite o dipinte) è delimitato da una modanatura inferiore e una superiore. La cornice, notevolmente aggettante poggia su una sequenza di dentelli di forma squadrata. Nel caso di mancanza del fregio la cornice a dentelli poggia direttamente sull'architrave. Nel complesso le proporzioni della trabeazione sono leggere, con un'altezza complessiva pari circa a 1/5 dell'altezza della colonna.

1.6. Dal legno alla pietra. Il processo di litizzazione

Abbiamo definito gli ordini una "interpretazione in pietra degli elementi fondamentali della struttura trilitica lignea".
I primi templi greci avevano cella in mattoni crudi su uno zoccolo in pietra, peristasi in legno e copertura lignea con manto stramineo; quindi tecnicamente non erano diversi dall'abitazione del *basilèus* di Lefkandi.
La trasposizione di forme architettoniche dal legno alla pietra è qualcosa di ampiamente attestato nell'architettura antica anche fuori del mondo greco[50]. Per gli ordini greci una conferma di tale origine è nella loro natura intrinsecamente "tettonica"[51]. Anzi il tempio greco ha incarnato, per la cultura occidentale, il paradigma stesso dell'architettura "tettonica", la cui qualità risiede nella chiara definizione delle singole parti strutturali e nella coerenza e razionalità delle regole del loro assemblaggio. È una idea di costruzione che appare più "naturale" con un materiale come il legno che con la pietra. Nel termine greco *architèkton* ("capo-costruttore") vi è ancora il riferimento alla costruzione in legno compiuta dal *tèkton*, il carpentiere, il cui costruire è essenzialmente un assemblare[52].

Due sono le ipotesi con le quali si è tradizionalmente spiegato il passaggio dal legno alla pietra nell'architettura templare greca. Una è che l'adozione di colonne in pietra al posto di quelle in legno si sia resa necessaria per il forte incremento dei carichi dovuto al passaggio dai manti di copertura straminei a quelli in tegole di laterizio[53]. L'altra, forse determinante, è l'imporsi di pari passo con lo sviluppo politico ed economico delle *pòleis*, dell'esigenza di conferire alla "casa del dio" qualità di solidità, durevolezza e monumentalità che non potevano essere riconosciute ai templi di età geometrica fatti di materiali deperibili.

Sulla base dei dati archeologici oggi disponibili, non si può parlare di una priorità fra dorico e ionico in termini cronologici. Per entrambi la "litizzazione", cioè il progressivo processo di passaggio a strutture in pietra, con il legno che rimane solo per le coperture, comincia nella prima metà del VII secolo e si può ritenere concluso entro il primo quarto del VI secolo.

L'ipotesi sostenuta da Vitruvio per l'ordine dorico[54] è che le sue forme siano una sorta di "pietrificazione" di quelle dei primi templi in legno. Va tuttavia sottolineato che non si è trattato di una meccanica trasposizione, ma di una interpretazione elaborata progressivamente[55] in certe aree e momenti circoscritti, e diffusasi grazie ai legami culturali e religiosi, ma anche ai fenomeni di competizione ed emulazione che attraversano il mondo greco. Fra il prototipo ligneo e la sua "trasposizione" in pietra, d'altra parte, non poteva esserci una corrispondenza letterale, prima di tutto per le diverse caratteristiche dei materiali, per cui risulta evidente l'impossibilità di applicare alla costruzione in pietra le proporzioni esili della struttura in legno, nè i suoi sistemi di assemblaggio. Dunque, anche solo per necessità tecniche, il cambiamento di materiale richiedeva una "interpretazione"; ma questa fu una creazione artistica a tutti gli effetti, nella quale, come già accennato, si riconosce la raffinata sensibilità plastica dello scultore e nel corso della quale è del tutto naturale che altri modelli e riferimenti siano intervenuti, provenienti da tradizioni più antiche, da culture vicine o anche da altri campi della produzione artistica[56]. Per quanto riguarda le tradizioni più antiche si pensa in primo luogo agli apporti dell'Egitto (la grande scuola antica della costruzione in pietra) e alla sopravvivenza di forme ereditate dalle civiltà egee (minoica e micenea) a cui la civiltà greca subentrò. Ad esempio nella colonna dorica si notano forti somiglianze con elementi analoghi dell'architettura micenea ed egizia, come il capitello della colonna nel bassorilievo della Porta dei Leoni di Micene o le colonne scanalate del complesso di Djoser a Saqqara in Egitto. Apporti esterni da parte di culture contemporanee si riconoscono nei motivi decorativi fitomorfi e zoomorfi dell'ordine ionico, formatosi in ambienti dalla mentalità più ricettiva, in cui erano continui i contatti fra i Greci e le culture del vicino oriente[57].

L'ordine dorico si distingue da quello ionico per una maggiore aderenza, anche nei dettagli, ad un ipotetico prototipo ligneo[58].

La funzione di nodo fra strutture orizzontali e verticali è espressa con chiarezza dal capitello dorico, nel cui abaco ed echino si riconoscono le due funzioni di piano di appoggio e di canalizzazione del peso dell'architrave sul fusto della colonna. I tre livelli della trabeazione dorica corrispondono all'articolazione di una tipica struttura in legno con travi di bordo (architrave) che reggono un impalcato orizzontale (corrispondente al fregio), su cui poggia una copertura a due falde (cornice). La forma rettangolare e la collocazione dei triglifi rendono plausibile l'ipotesi che si tratti della versione in pietra delle teste delle travi di impalcato.

Il capitello ionico a volute orizzontali può essere visto come l'interpretazione, in forme che richiamano quelle vegetali, di

un sostegno in legno "a stampella", cioè dotato in sommità di un elemento orizzontale di raccordo e distribuzione del carico. Nella serie di dentelli della cornice ionica si può riconoscere la trasposizione delle teste dei travetti di un tetto in legno.
Altri caratteri degli ordini sono evidentemente il frutto di una interpretazione più libera, ma anche in questo caso il senso strutturale degli elementi non viene tradito. Ad esempio le caratteristiche formali del fusto della colonna, ci appaiono coerenti con la sua funzione portante. La forma troncoconica, con base più ampia della sommità, non solo è strutturalmente più stabile di quella cilindrica, ma anche visivamente trasmette una idea di maggiore stabilità. Le scanalature verticali sono una decorazione coerente con la funzione statica della colonna, elemento verticale soggetto solo a carichi verticali. Un ulteriore elemento di razionalità costruttiva, mantenuto nel tempio in pietra è il fatto, già ricordato, che il rilievo figurato non invade le parti strutturali, ma resta confinato a quei campi che la struttura lascia liberi, ossia le metope e il triangolo del frontone. Questo criterio, rispettato nell'architettura dorica, è talvolta disatteso nei grandi templi ionici dell'Asia minore[59].
Peraltro le incongruenze e i conflitti che si riscontrano nel fregio dorico, se ci si attiene al significato strutturale originario dei singoli elementi, dimostrano che il passaggio dal legno alla pietra non può avvenire in maniera meccanica. Ad esempio non è compatibile con il suo significato strutturale la presenza del fregio con triglifi e metope su tutti i lati del tempio, in quanto le teste delle travi di impalcato possono a rigore trovarsi solo sui due lati su cui queste ultime poggiano, mentre sugli altri due si dovrebbe vedere la faccia laterale delle travi di bordo.
Una difficoltà che ha origine nel cambiamento di materiale è il cosiddetto "conflitto angolare" dell'ordine dorico.

Nell'ordine dorico esistono due regole che stabiliscono la relazione reciproca fra triglifi e peristasi. La prima è che i triglifi cadano sull'asse delle colonne e dell'intercolunnio. La seconda è che l'estremità del fregio, corrispondente all'angolo dell'edificio, sia occupata da un triglifo. Queste due esigenze non entrano in conflitto finché il triglifo ha una larghezza pari allo spessore della trabeazione. È la situazione che si poteva verificare nella struttura in legno, allorché le travi di bordo (architrave), le travi poggiate su di esse (le cui teste corrispondevano ai triglifi) e la colonna potevano avere uno spessore pressoché uguale. Quando la struttura fu realizzata in pietra, la larghezza delle colonne e dell'architrave posto su di esse si ampliò, ma non si allargarono di pari passo i triglifi. Infatti solo in questo modo questi ultimi potevano mantenere la proporzione originaria di rettangolo allungato, senza conferire all'intera trabeazione un'altezza spropositata. La conseguenza inevitabile è che le due regole entrarono in conflitto. Disponendo il triglifo terminale in asse con l'ultima colonna, nell'angolo del fregio ci sarebbe stata una parte di *mètopa*; invece collocando il triglifo all'angolo, l'ultima metopa sarebbe stata più larga delle altre. La prima soluzione, proposta da Vitruvio, non risulta mai adottata nell'architettura greca[60]. La soluzione classica fu quella del tempio di Zeus a Olimpia e consisteva nel collocare il triglifo nell'angolo, contraendo gli interassi d'angolo della quantità necessaria per rendere l'ultima metopa uguale alle altre. In tal modo il ritmo triglifo-metopa restava costante in tutto il fregio. Nelle colonie della Magna Grecia e della Sicilia, vediamo applicare, oltre a questa soluzione, l'allargamento dell'ultima metopa o l'ampliamento dell'ultimo triglifo, ma anche la loro combinazione. Tuttavia quella che si diffuse maggiormente dalla fine del V secolo in Occidente fu la doppia contrazione angolare, in cui la contrazione necessaria veniva ripartita fra gli ultimi due intercolunni. In generale prevaleva la preoccupazione di mantenere l'apparente regolarità del ritmo metope-triglifi, più evidente e otticamente "misurabile" rispetto alla uniformità degli interassi.

Un dato significativo nel tema del conflitto angolare del dorico è la sua importanza per gli architetti greci. La varietà di soluzioni elaborate per risolverlo getta una luce sul loro modo di pensare, sui problemi progettuali concreti da essi affrontati e sulla sottigliezza delle loro valutazioni visive e matematiche. Ma soprattutto evidenzia l'importanza fondamentale attribuita al fatto che l'edificio apparisse come l'armonico risultato dell'applicazione di certe regole razionali. Queste regole, come le leggi di organizzazione del corpo umano,, erano inviolabili perché costitutive dell'essenza del "corpo" del tempio, ma nella pratica lasciavano spazio a un certo spettro di variazioni e modulazioni.

1.7. La dimensione metaforica

La "razionalità costruttiva" del tempio greco non esclude la dimensione metaforica. Qui si può cogliere una differenza essenziale fra l'architettura greca e la sua ripresa neoclassica. In Laugier la razionalità della forma, la sua corrispondenza con la funzione strutturale è "il senso" stesso degli ordini; gli ordini sono per lui un discorso tautologico, in cui ogni elemento non fa che parlare di sé stesso in quanto elemento costruttivo. Così, ad esempio, il senso della colonna è semplicemente quello di essere un elemento verticale portante e solo questo comunica la sua forma; da ciò derivano tutte le prescrizioni riguardo la sua conformazione e il suo utilizzo. L'interpretazione che Laugier fornisce del tempio greco può essere vista come il primo passo verso quella "estetica del silenzio" che è stata considerata da alcuni come l'unica adatta al mondo moderno totalmente disincantato.

Invece nel tempio dei Greci la colonna è sì un elemento portante, ma parla anche di altro[61]. Come osserva Rykwert, il tempio greco non è un semplice linguaggio tautologico, ma è sempre anche un "parlar figurato" attraverso una doppia metafora quella del "corpo" e quella del "mondo", fra loro convergenti: "*un corpo è come un edificio e l'edificio, a sua volta, è come il mondo. Tale metafora rinvia a una similitudine più globale: il mondo intero è inteso come una sorta di corpo*"[62]. Anche la colonna è la metafora di un corpo e del corpo umano in particolare.

La chiave del rapporto fra i termini di questa metafora è il concetto di *mìmesi*, di imitazione intesa come "*fare qualcosa che assomiglia a qualcos'altro, ma qualcosa che ha un suo modo di essere analogo a quello di qualcos'altro*"[63]. E' imitando in senso analogico che la colonna è metafora del corpo umano, o che il tempio è metafora del mondo. La colonna imita il corpo umano e il tempio nel suo insieme imita il mondo, non nelle loro sembianze esteriori, ma facendosi *kòsmos*, cioè insieme armonico e proporzionato di membra ben formate.

Rykwert osserva che l'associazione metaforica, "centrale ed esclusiva", fra colonna e corpo umano era un luogo comune presso i Greci e nelle culture antiche in genere, e la si ritrova ripetutamente nei modi di dire e nelle produzioni dell'artigianato[64]. L'associazione fra colonna e corpo umano è sottolineata da Vitruvio, e in particolare quella della colonna dorica con "*la proporzione, la solidità e la bellezza del corpo virile*" e di quella ionica con la bellezza "*svelta, adorna e armoniosa*" della donna[65]. Ecco allora che la peristasi del tempio ci appare sotto una nuova luce, come una schiera di opliti (quello dorico) come una processione di *kòrai* (quello ionico), che circondano e proteggono il nucleo centrale il cui dimora la divinità. Nell'architettura greca questa metafora è esplicitata nei casi in cui si opera la sostituzione delle colonne con figure di corpi umani. E' il caso dei telamoni (figure maschili) del tempio di Zeus Olimpio ad Agrigento e delle cariatidi (figure femminili) nei tesori arcaici di Sifno e e di Cnido a Delfi e nell'Eretteo di Atene. Il fatto che questi casi siano piuttosto rari sarebbe per Rykwert solo una conferma che l'idea di imitazione che avevano i Greci era analogica più che letterale[66].

Ma per sua natura la dimensione metaforica è aperta e virtualmente infinita. Così nella distinzione fra ordine dorico e ionico con il loro diverso carattere e linguaggio, possiamo vedere all'opera un'altra metafora, oltre alla polarità maschile/femminile. La tensione plastica del dorico rimanda al corpo animale, mentre lo slancio e le forme germoglianti dello ionico rimandano al mondo vegetale e in particolare ad un bosco sacro.

Per quanto riguarda la metafora cosmica, bisogna dire che essa funzionava in due sensi. Abbiamo più volte accennato all'idea del tempio come *kosmos*. Ma è anche vero che l'immaginario dei Greci concepiva il mondo in termini architettonici. Nei poemi di Omero e di Esiodo il cielo è sostenuto da alti pilastri o dal titano Atlante. L'universo per Omero si compone del cielo, pensato come un ampio tetto di bronzo o di ferro poggiato su colonne sostenute dalla Terra piatta, circondata dal fiume Oceano; nelle profondità della Terra si trova la l'Ade e il Tartaro, dimora dei morti; sulla sua superficie si muove il sole; lo spazio tra Cielo e Terra si distingue in una zona inferiore, quella dell'aria, più spessa e greve, di una trasparenza nebbiosa, e quella superiore e limpida dell'etere. Secondo questa metafora, il crepidoma del tempio sarebbe la terra, le colonne della peristasi i pilastri che reggono il cielo, e insieme la regione intermedia fra terra e cielo in cui vivono gli uomini; il tetto sarebbe il cielo con gli dei e gli eroi rappresentati nelle sculture di fregi e frontoni.

1.8. Aspetti costruttivi

Nel peristilio il tempio greco è una struttura trilitica megalitica (fatta di grandi elementi lapidei) in questo non diversa dalle architetture egizie. Questo sistema "primitivo", utilizzato fin dal neolitico, sottopone la pietra, negli elementi orizzontali, a "innaturali" sforzi di trazione che sarebbero più idonei per un materiale come il legno. E' nell'architettura romana e poi medievale, basata sul principio dell'arco, che in Occidente la pietra verrà utilizzata in modo coerente con le sue qualità di resistenza, cercando di sottoporla solo carichi di compressione. Già nel Settecento, un razionalista radicale come Lodoli, aveva evidenziato tale punto. Pertanto quando si parla di "razionalità costruttiva" del tempio greco lo si fa in senso relativo, pensando alla chiarezza analitica dell'organizzazione dei suoi elementi più che alla relazione fra principi e materiali costruttivi.

Nell'antica Grecia non mancano le grandi imprese di "ingegneria", come l'acquedotto di Eupalino scavato nella montagna a Samo o il complesso sistema di fortificazioni del castello di Eurìalo a Siracusa. Anche l'arco e la volta sono conosciuti, ma limitati a pochi esempi con un ruolo secondario e con finalità solo utilitarie. Questa mancanza di una piena razionalità costruttiva nell'architettura templare va ricondotta a motivazioni religioso-culturali e in particolare alla volontà di perpetuare, anche nella costruzione in pietra, una tradizione architettonica a cui era attribuito il più alto valore identitario, nata con i primi templi in legno. Il fatto che anche nell'architettura greca delle istituzioni civili il principio dell'arco sia assente, dimostra come l'architettura religiosa abbia definito l'immagine e i limiti di un linguaggio architettonico che i Greci consideravano costitutivo della propria identità assieme alla lingua e ai costumi. Ciò ha consentito di concentrare le ricerche portando tale linguaggio ad un estremo grado di raffinatezza, ma ha anche indotto ad un conservatorismo che ha escluso dal campo dell'architettura monumentale ricerche strutturali alternative che avrebbero forse risolto alcuni temi ostici (come ad esempio le grandi sale coperte), ma avrebbero necessariamente condotto ad un modo diverso di concepire la forma e la bellezza dell'architettura.

In origine i templi erano realizzati in materiali deperibili. Le colonne, le travi e le strutture di copertura erano in legno; i muri in mattoni crudi (di argilla impastata a paglia versata in stampi ed essiccata al sole) elevati su uno zoccolo in pietra per proteggerli dall'umidità del suolo; le coperture erano protette da materiali straminei (canne e paglia) su uno strato impermeabilizzante di argilla. La terracotta (decorata a colori vivaci) era utilizzata ampiamente per proteggere le parti lignee. La costruzione in mattoni crudi restò a lungo predominante per l'edilizia residenziale anche dopo l'introduzione della pietra nell'architettura monumentale.

Nella costruzione in pietra si preferirono in genere materiali di facile lavorazione e disponibili localmente, tenendo anche conto del fatto che il trasporto incideva molto sui costi di costruzione. Da questo punto di vista la Grecia continentale e le Cicladi avevano il vantaggio di disporre di vari tipi di pietre e marmi di buona qualità, con cui si potevano ottenere trabeazioni fino a 4/4,5 metri di lunghezza. Il materiale più usato in età arcaica fu il *pòros*, una pietra calcarea sedimentaria e porosa, relativamente leggera, di facile estrazione e lavorazione, diffusa in diverse varietà in Grecia, ma anche in Sicilia. Per la limitata resistenza agli agenti atmosferici, il *pòros* richiedeva una protezione con uno strato di stucco. Anche dopo la diffusione dell'uso del marmo, il *pòros* continuò ad essere ampiamente utilizzato, riservando il marmo per dettagli decorativi e parti in vista della copertura, oltre che per la decorazione scultorea figurata.

L'uso del marmo in architettura si riscontra prima che altrove nelle Cicladi (in particolare le isole di Paros e di Naxos ricche di marmi di ottima qualità), fin dall'inizio del VI secolo. Molto precoce è l'uso del marmo anche in Asia Minore dove il primo grande tempio interamente in marmo fu quello di Artemide a Efeso, iniziato nella prima metà del VI secolo. Nella Grecia continentale i primi templi in marmo furono i *tesori* offerti al santuario di Delfi dalle città di Cnido (Asia minore) e Sifnos (Cicladi), realizzati con materiali e maestranze provenienti da queste zone, le quali diffusero non solo tecniche di lavorazione ma anche motivi ornamentali e perfino soluzioni tipologiche. Questa mobilità di officine specializzate è un fattore importante nell'evoluzione dell'architettura greca, soprattutto in età tardo classica.

Una vera e propria tradizione dell'architettura in marmo si forma in Attica solo nel V secolo a partire dai grandi interventi sull'acropoli di Atene, grazie all'apertura delle cave del monte Pentelico a circa 15 chilometri da Atene. Alla metà del IV secolo risale il primo tempio interamente in marmo del Peloponneso (il tempio di Atena a Tegea). L'uso del marmo come materiale da costruzione è invece del tutto assente nelle colonie occidentali.

Per quanto riguarda le tecniche di lavorazione della pietra, le fonti attestano che, come in altri campi, la cultura greca è debitrice nei riguardi dell'Egitto, ma sviluppa tale apporto in maniera originale.

La perfezione esecutiva è parte integrante dell'idea greca di bellezza. Un dato significativo è che appare in alcuni casi come una perfezione "fine a sé stessa", destinata a parti che resteranno comunque non visibili. Ciò conferma il fatto che il tempio è un'offerta preziosa che deve essere degna del dio che vi dimora. Perfino le singole pietre del tempio erano considerate sacre, perché appartenenti al dio, e usarle in modo in proprio era un sacrilegio[67]. Questa è sicuramente una delle motivazioni che portò molte volte a ricostruire sulle fondamenta di templi precedenti.

Il metodo costruttivo adottato, ossia la costruzione in grossi blocchi di pietra sovrapposti a secco, richiedeva la massima perfezione esecutiva, sia nel taglio delle pietre che nella preparazione delle superfici di contatto, lavorate in modo che i giunti fossero pressoché invisibili. Per rendere meno onerosa la realizzazione si adottava una tecnica detta *anathyròsis*, per cui veniva perfettamente lisciata, non tutta la superficie di contatto fra due blocchi, ma solo una fascia perimetrale (che sarebbe poi stata quella di effettivo contatto), lasciando leggermente incavata e più grezza la parte interna rimanente. Per finalità antisismiche, i blocchi erano connessi fra loro, sia verticalmente che orizzontalmente, da grappe in ferro annegate nel piombo per evitarne l'arrugginimento.

Le pareti della cella erano realizzate in opera quadrata, ossia con conci parallelepipedi. Questi venivano messi in opera in filari di uguale altezza (muratura *isòdoma*), di altezze varie (*pseudoisòdoma*) o in filari più stretti regolarmente alternati a un certo numero di filari più alti (*pseudoisòdoma regolare*). Nella madrepatria sono più comuni le murature a struttura piena, interamente in pietra da taglio, senza intercapedine, mentre le murature a due fodere sono le più diffuse nelle colonie orientali. Il basamento del muro era costituito da blocchi più grandi orientati in verticale (ortostati), un richiamo allo zoccolo in pietra su cui poggiavano i muri in mattoni nei primi templi. Al di sotto vi era un filare basso e sporgente, detto toicobate.

I blocchi venivano lavorati lasciando, in corrispondenza delle parti in vista, delle superfici sporgenti protettive, che venivano eliminate solo dopo la messa in opera.

In alcuni templi arcaici, come quelli di Apollo a Corinto e a Siracusa, le colonne sono monolitiche, ma il sistema universalmente utilizzato già dall'età arcaica, è la costruzione

a rocchi sovrapposti, montati con perni centrali in legno o in ferro annegati nel piombo. Le scanalature venivano realizzate sul posto, solo dopo che la colonna era stata montata.
Per quanto concerne i sistemi di sollevamento dei blocchi di pietra, a partire dalla fine del VI secolo si riscontrano nei blocchi quattro tipi di predisposizioni per corde azionate da gru dotate di sistemi di pulegge multiple: scanalature ad U ("orecchioni") simmetriche sui lati opposti dei blocchi in cui passare le funi; tenoni sporgenti a cui si legavano le funi e che venivano eliminati dopo la messa in opera; cavità con profilo svasato verso il basso al centro della faccia superiore di un blocco, in cui inserire una olivella metallica; fori simmetrici sui lati opposti di un blocco per l'aggancio di una tenaglia in ferro. Per le fasi precedenti si è ipotizzato[68] invece che i Greci facessero uso ancora del sistema egizio delle rampe provvisorie in terra o mattoni, ossia piani inclinati su cui trascinare i blocchi fino alla quota voluta[69]. Ciò sia perché non si sono trovate nei templi di questo periodo predisposizioni nei blocchi lapidei che rimandino chiaramente ad un metodo di sollevamento per sospensione, e sia per il fatto che in età arcaica si tendevano ad usare elementi di maggiore dimensione e peso, difficilmente compatibili con sistemi ancora poco evoluti di gru e pulegge. Non è un caso che proprio in concomitanza con l'introduzione di sistemi di sollevamento mediante gru, si riscontri una riduzione drastica del peso dei singoli elementi della costruzione.
I tetti erano in legno, con una elementare struttura a cavalletto (nella madrepatria) e una più evoluta struttura a capriata nelle colonie occidentali. La tipologia di tetto di gran lunga più diffusa è quella a due falde con frontoni sui lati brevi, ma non mancano, soprattutto in età arcaica, tetti a tre o quattro falde. Secondo Pindaro il frontone fece la sua prima comparsa a Corinto.

Il manto di copertura era in tegole poggiate spesso su uno strato di impermeabilizzazione in paglia e argilla. L'introduzione delle tegole in laterizio è andata di pari passo con il processo di litizzazione del tempio e Corinto è indicata dalle fonti come l'area in cui entrambi questi processi si avviano. L'importanza di Corinto come centro di produzione ed esportazione della ceramica ovviamente avvalora tale tradizione. Sono stati individuati tre tipi di tegole: corinzie, laconiche e ibride (o siceliote)[70]. Queste denominazioni indicavano inizialmente le aree geografiche di produzione e diffusione ma, dal V secolo, identificarono semplicemente le diverse tipologie di uso nel mondo greco[71]. Nelle tipo corinzio le tegole vere e proprie sono piane e i coppi hanno sezione pentagonale, nel tipo laconico sia le tegole che i coppi sono concavi; nel tipo ibrido, le tegole sono piatte e i coppi concavi. Le tegole, come il resto del tempio, erano dipinte. I colori usati erano il rosso e il nero.

L'adozione di tegole in marmo, molto più pesanti e costose di quelle in terracotta, rispondeva essenzialmente a motivazioni di prestigio. Vennero introdotte nelle Cicladi e in Asia Minore già in epoca arcaica e da qui si diffusero nella madrepatria e in Occidente grazie alla mobilità delle maestranze cicladiche. Spesso, per ridurre i costi, venivano realizzate in marmo solo le tegole di bordo, visibili dal basso, mentre le altre erano realizzate in terracotta dipinta, talvolta ad imitazione del marmo[72].

1.9. La progettazione e le proporzioni

Come abbiamo detto, nella visione pluralistica propria dei Greci, l'ordine naturale del mondo e della società era inteso come armonia fra soggetti autonomi. Era così nel mondo degli dei, ed era così in quello degli uomini. Ma era così anche

nell'individuo, fra le sue facoltà, che la *paidèia* intendeva formare in modo equilibrato e armonico. Da questa concezione deriva la centralità, in ogni campo, del tema della misura, delle giuste proporzioni capaci di rendere un semplice insieme di parti un tutto armonico, un *kòsmos*.
Secondo Pitagora (VI sec.) in certi particolari rapporti numerici c'era il segreto di questa armonia. Un'antica tradizione gli attribuiva l'osservazione che le armonie musicali corrispondono a rapporti commensurabili (esprimibili in numeri interi) fra lunghezze diverse di una corda fatta vibrare. Ciò era letto come una conferma della teoria secondo cui qualsiasi tipo di armonia, e il mondo stesso in quanto *kòsmos*, si basavano su "giusti" rapporti numerici.
Nella scultura greca il problema delle giuste proporzioni si identifica con il problema teorico della definizione di un canone, ossia di un particolare sistema di rapporti fra le misura delle membra del corpo. Furono diversi gli artisti ad elaborare un canone[73], ma il più famoso è quello dello scultore Policleteo adottato, alla metà del V secolo, nella sua statua bronzea del Doriforo e da lui esposto anche in un testo oggi perduto.
Il tema aveva altrettanta importanza in architettura perché anche il tempio doveva essere un corpo ben proporzionato. Anzi, la questione del proporzionamento era per gli architetti greci il problema progettuale fondamentale, non solo per le considerazioni di ordine culturale ed estetico a cui abbiamo fatto cenno, ma per quello che abbiamo in precedenza definito il "tradizionalismo" dell'architettura greca. Il compito creativo dell'architetto non era inventare ogni volta un nuovo tipo o un nuovo linguaggio, ma realizzare un edificio che incarnasse i tipi le forme tradizionali in consonanza con l'evolversi della sensibilità e in modo adeguato alle richieste del contesto. Il suo contributo personale si poteva riconoscere nel disegno dei profili degli elementi e delle

modanature tradizionali, e soprattutto nell'assegnare certe proporzioni alle componenti dell'ordine e all'edificio nel suo insieme.
Le evidenze archeologiche mostrano che rispetto al tema delle proporzioni l'approccio degli architetti dell'antica Grecia, in età arcaica e classica, fu "sperimentale" e non giunse mai alla definizione di un canone assoluto. E' solo in età ellenistica che si tende alla definizione di proporzioni canoniche anche in architettura.
I trattati scritti dagli architetti greci, fin dall'età arcaica, non ci sono giunti direttamente, ma Vitruvio, basandosi su tale tradizione e in particolare su fonti ellenistiche, afferma che la proporzione in architettura (che lui chiama *symmetria*) consiste, come nel corpo umano, in rapporti di reciproca commensurabilità fra le parti. Doveva esistere cioè una "comune misura", detta modulo, a cui tutte potevano ridursi, nel senso che le dimensioni di ciascuna parte dovevano essere multiplo o sottomultiplo del modulo[74].
Vitruvio fornisce anche una ricetta per il proporzionamento del tempio dorico, assumendo come modulo la metà del diametro di base della colonna. Prima di tutto occorreva prendere alcune decisioni preliminari in base all'importanza e alle caratteristiche del tempio da realizzare (la lunghezza e il numero di colonne della facciata, la proporzione fra interassi e diametro delle colonne). A questo punto, si poteva calcolare a quanti moduli corrispondeva la lunghezza della facciata e quindi, con una semplice operazione di divisione, ricavare la misura del modulo da utilizzare per il tempio in questione. Dal modulo, in base a certi rapporti proporzionali prefissati e considerati canonici, si potevano poi ricavare tutte le misure del tempio in pianta e in alzato, in generale e in dettaglio[75].
Il proporzionamento basato sul concetto di modulo offre grandi vantaggi in termini di razionalizzazione del progetto e del processo esecutivo, ma implica il disegno di un progetto

preliminare dettagliato. Ma, con particolare riferimento ai templi dorici, J.J.Coulton ritiene che *"un sistema modulare non fu usato dagli architetti Greci, almeno fino al tardo Ellenismo"*[76]. Lo confermerebbero le misurazioni dei templi giunti fino a noi e il fatto che, fino ad età classica avanzata, pare che i Greci non disponessero di strumenti adeguati né per il disegno né per il calcolo frazionario[77]. Ciò porta a pensare che in età arcaica e classica, progettazione ed esecuzione non fossero due fasi nettamente distinte, ma la costruzione era un processo nel quale erano via via definite le condizioni di fatto a partire dalle quali compiere le scelte ad un livello successivo.

Come già abbiamo visto in Vitruvio, le scelte fondamentali (come quelle relative alle dimensioni e al numero delle colonne della fronte di ingresso) erano legate anche a valutazioni religiose, economiche e "politiche" che spettavano al committente più che all'architetto. Una misura considerata sacra e molto utilizzata per stabilire la lunghezza di un tempio, nelle prime fasi dell'architettura arcaica, era quella di cento passi, il cosiddetto *hecatòmpedon,* misura utilizzata per i grandi peripteri[78].

In età arcaica il metodo probabilmente adottato fu quello di definire prima le dimensioni generali dello stilobate, e poi da queste ricavare quelle degli interassi e, in successione, tutte le altre. Dunque, data una certa lunghezza prevista per la facciata e una volta stabilito il numero di colonne sui lati brevi e lunghi, il primo problema per l'architetto era assegnare allo stilobate delle proporzioni che consentissero una uniforme distribuzione delle colonne lungo la peristasi. Il metodo adottato fu quello di assegnare allo stilobate le stesse proporzioni della peristasi, nel senso che se la peristasi era di 6x16 colonne, i lati dello stilobate erano fissati in un rapporto di 6:16. Ma, poiché le colonne erano collocate sul margine dello stilobate, tale sistema portava ad una caratteristica tipica dei templi arcaici, e cioè interassi più ampi sui lati brevi[79]. Una volta definiti il dimensionamento dello stilobate e la collocazione delle colonne della peristasi, il problema del proporzionamento degli elementi dell'ordine in elevato era risolto in maniera "progressiva", nel corso della realizzazione. Solo a partire dalla prima metà del V secolo, nell'architettura dorica cambiò il modo di procedere. E' un momento storico in cui si afferma un sempre maggiore razionalismo in ogni campo della cultura greca e, allo stesso tempo, trovano ampia diffusione le teorie Pitagoriche e con esse l'idea che rapporti proporzionali esprimibili in numeri semplici potessero essere, come in musica, quelli più idonei ad ottenere un effetto armonico anche in architettura.

Il tempio di Zeus a Olimpia, un esastilo costruito fra il 468 e il 457, è in tal senso paradigmatico. Dal punto di vista della progettazione la grande novità è nel fatto che non si parte, come in età arcaica, da misure d'insieme per poi ricavare quelle particolari, ma da una misura particolare, che funge da modulo. Il modulo scelto era l'interasse pari a 16 piedi dorici (5,22 m.), che definiva il passo di una maglia quadrata. La peristasi misurava 5x12 interassi (80x192 piedi), con interassi costanti, ma poi modificata applicando una contrazione di 43 cm. agli estremi di ogni facciata, per risolvere il conflitto angolare. La cella misurava 3x9 interassi e, secondo l'uso dorico, il filo esterno dei muri longitudinali era allineato con l'asse della seconda e quinta colonna dei lati brevi, mentre il filo esterno delle ante del pronao e dell'opistodomo cadeva in un punto intermedio del penultimo intercolunnio, così che gli *ptèra* frontali erano più ampi di quelli laterali. Nel tempio di Zeus a Olimpia il modulo è applicato anche alle misure generali dell'alzato. Le colonne sono alte due moduli. L'architrave e il fregio sono di uguale altezza e alti ciascuno 1/3 di modulo. La cornice è alta 1/8 di modulo.

Questo metodo consente un'armonizzazione complessiva e coerente dell'edificio nelle sua parti principali sia in pianta che in alzato[80], ma in generale nell'architettura greca classica e tardoclassica, incluso il tempio di Zeus a Olimpia, i metodi di proporzionamento usati nei templi dorici, per quanto tendenti ad una maggiore razionalizzazione rispetto all'età arcaica, furono più flessibili e meno meccanici di quello indicato da Vitruvio per l'ordine dorico. Le misure non erano tutte rigorosamente multipli o sottomultipli di un certo modulo di base e appaiono in parte definite progressivamente *"in una sorta di catena, così che ogni elemento era derivato successivamente dal precedente, in genere da quello immediatamente precedente"*. Tale sistema offriva maggiore libertà di variazione in corso d'opera e sembrerebbe corrispondere meglio ai dati delle misurazioni sul campo[81]. Una conferma della pratica basata su un processo progressivo di decisioni, viene dal fatto che nel tempio dorico la posizione della cella era fissata allineando il filo esterno dei muri longitudinali con gli assi delle penultime colonne dei lati brevi[82]. Ciò suggerisce che la costruzione (o quanto meno il tracciamento preciso) della peristasi sullo stilobate fosse la premessa necessaria al tracciamento della cella[83].

Per l'ordine ionico disponiamo di pochi dati per le fasi precedenti a quella ellenistica. Una differenza evidente con il tempio dorico, fin dall'età arcaica, è comunque la stretta relazione planimetrica fra cella e peristasi: gli assi dei muri della cella che coincidono con quelli delle colonne corrispondenti nella peristasi. Nei templi ionici, già in età arcaica, muri della cella e colonne della peristasi erano impostati su una griglia ortogonale. Ma il passo di questa griglia non era uniforme. Gli interassi centrali delle facciate di ingresso erano intenzionalmente più ampi. Inoltre vi era anche una certa irregolarità negli interassi delle facciate laterali. Quest'ultimo aspetto fa pensare che, al contrario dei templi dorici, fosse la cella ad esser assunta come riferimento per il tracciamento del colonnato e non viceversa. Per il

tempio Ellenistico di Dydima questa sequenza costruttiva è accertata dai dati archeologici.
Dal IV secolo in poi, nei templi ionici l'intera pianta (peristasi e cella) appare impostata su una maglia quadrata uniforme. Così è nel tempio di Atena a Priene (350-330) e in quello di Artemide a Magnesia (130). Questa totale uniformità della griglia è possibile grazie all'assenza, nell'ordine ionico, del conflitto angolare.
Possiamo concludere che gli architetti Greci di età arcaica e classica consideravano i criteri proporzionali come regole utili sia dal punto di vista estetico che tecnico. Probabilmente i trattati scritti dagli architetti sulle loro opere già dal VI secolo, contenevano indicazioni sul sistema di proporzionamento adottato. Essi fornivano un riferimento utile per valutare in anticipo, in opere realizzate, il risultato di certe scelte. Se si conoscevano le regole usate in un certo tempio si poteva ottenere un effetto simile applicandole, oppure l'effetto poteva essere modificato secondo le proprie intenzioni, adattandole in maniera opportuna. Ma alla fine ciò che contava era l'edificio realizzato, l'immagine di armonia che offriva. Se l'apparenza era insoddisfacente, la regola veniva cambiata. Inoltre, come vedremo, all'effetto concreto dell'edificio sull'osservatore contribuivano una serie di sottili deformazioni percettive ed effetti ottici che esulavano dalla precisione dei calcoli proporzionali e che solo un occhio addestrato era in grado di valutare.
In conclusione i criteri proporzionali, non erano canoni assoluti quanto un mezzo attraverso il quale l'esperienza si trasmetteva e la tradizione si modificava consapevolmente[84].
E in questo senso appare naturale che nelle prime fasi arcaiche ci sia una maggiore variabilità, mentre successivamente avvenga una razionalizzazione convergente verso certe soluzioni dimostratesi valide.

1.10. Le "correzioni ottiche"

L'architettura greca se è elementare nei principi costruttivi, appare al contrario straordinariamente raffinata nell'elaborazione formale.

Si definiscono "correzioni ottiche" alcune intenzionali deviazioni dalla regolarità, così minime che sfuggirono ai primi rilevatori settecenteschi. Compaiono sporadicamente nell'architettura dorica nel VI secolo, diffondendosi poi nel corso del V secolo. In seguito, il loro uso torna a farsi meno frequente. Poche volte, e solo dopo il V secolo, sono adottate nell'architettura ionica.

Un primo tipo di correzioni ottiche consiste nell'applicare una curvatura quasi impercettibile a superfici piane e profili rettilinei. E' il caso della curvatura dello stilobate e dell'entasi delle colonne.

Una curvatura leggerissima (con una deviazione dalla orizzontale di 1,5-2 mm. per metro) viene applicata ai quattro lati dello stilobate, che di conseguenza non è un piano, ma una regione di una superficie sferica. Poiché l'altezza delle colonne resta costante, questa curvatura si trasmette anche alla trabeazione. In età arcaica è riscontrabile già nel tempio di Apollo a Corinto, e nei templi F e G di Selinunte. Per Vitruvio[85] il suo scopo sarebbe stato correggere l'effetto ottico di curvatura verso il basso di lunghe linee orizzontali. Una spiegazione funzionale la vorrebbe finalizzata all'allontanamento delle acque piovane.

L'entasi è il rigonfiamento del fusto della colonna rispetto al profilo troncoconico che congiunge idealmente le basi superiore e inferiore. Il profilo della colonna quindi non è in realtà rettilineo, ma convesso con un massimo di espansione in un punto compreso fra un terzo e la metà dell'altezza della colonna. L'entasi è più accentuata in età arcaica e si riduce in età classica. Nel tempio di Hera I a Poseidonia (metà del VI secolo) è pari ad 1/120 dell'altezza della colonna, mentre nel Partenone di oltre un secolo dopo, è pari a 1/597. Un disegno inciso su una parete interna del *sekòs* del tempio di Apollo a Didyma potrebbe indicare il semplice metodo usato dai Greci per calcolare e riportare nella costruzione l'entasi e in generale queste minime curvature. Anche in questo caso Vitruvio fornisce una spiegazione ottica[86]: lo scopo sarebbe contrastare l'effetto di assottigliamento al centro che si produrrebbe osservando una colonna posta in verticale. Ma l'entasi in un tempio come quello di Hera I a Poseidonia è troppo accentuata per spiegarsi in questo modo. Si è detto anche che possa essere il frutto dell'intenzione di esprimere l'effetto di schiacciamento della colonna sotto il peso dell'architrave e più in generale di conferire all'immagine geometricamente ordinata del tempio una qualità di organica vitalità. Infine va ricordato che l'entasi è riscontrabile anche nell'architettura egizia, la quale resta un riferimento per la prima architettura greca in pietra.

Una ulteriore "correzione ottica" consiste nell'ingrossamento della colonna d'angolo rispetto alle altre della peristasi. Essa si riscontra solo dopo che fra la fine del VI e l'inizio del V secolo si cominciano a realizzare peristasi con colonne uguali su tutti i lati. Uno dei primi esempi è nel tempio di Afàia a Egìna della fine del VI secolo. La spiegazione "ottica" di Vitruvio[87] è che servirebbe a compensare il fatto che le colonne d'angolo appaiono più sottili di quanto siano in realtà poiché non sono percepite sullo sfondo dell'ombra del peristilio, ma immerse nella luce. Un'altra possibile spiegazione è la necessità statica di rafforzare le colonne angolari maggiormente caricate o comunque la volontà di attribuire ad esse un'apparenza di maggiore solidità.

Un altro tipo di "correzione ottica" consiste in una leggera inclinazione verso l'interno delle colonne della peristasi. Le colonne angolari ovviamente presentano una doppia inclinazione, ossia sono inclinate secondo la diagonale della pianta. Questa inclinazione si trasmette anche alla trabeazione e spesso sono inclinate verso l'interno anche le facce esterne dei muri lunghi della cella. Questa "correzione ottica", oltre che nel tempio arcaico di Afàia a Egìna, si trova in importanti edifici successivi come il tempio di Zeus a Olimpia, di Zeus a Nemea, di Atena a Tegea e nel Partenone, dove le colonne presentano un fuori piombo di 7,4 cm. Secondo Vitruvio[88] lo scopo sarebbe quello di ridurre l'effetto di incombenza che i colonnati e le trabeazioni possono produrre quando visti da vicino.

Il senso complessivo di queste "correzioni ottiche" è tuttora oggetto di dibattito. Innanzitutto la loro stessa esistenza ci dice molto. Minime deviazioni dalla regolarità, così difficili da apprezzare visivamente, sono la prova di una cultura raffinata, sia per quanto riguarda la sensibilità visiva di artisti e pubblico, che per la precisione dei calcoli e la necessaria accuratezza e competenza tecnica nella misurazione e nella realizzazione[89].

Per quanto riguarda il loro scopo, l'interpretazione ottica, come abbiamo visto, è sostenuta da Vitruvio sulla base del principio generale secondo cui *"l'errore degli occhi deve esser corretto, in senso uguale e contrario, col raziocinio"*[90]. Già Platone nel Sofista fa riferimento alla pratica degli scultori di deformare le proporzioni delle statue in funzione del punto di vista dell'osservatore[91].

Secondo una interpretazione recente, lo scopo di queste deviazioni dalla regolarità sarebbe conferire una sorta di vitalità organica al tempio, evitando così l'effetto di artificiale e fredda meccanicità ripetitiva, che una regolarità perfetta finirebbe per produrre. In tal modo l'edificio, visivamente, apparirebbe attraversato da una tensione unificante che si manifesta nelle leggerissime curvature o nelle minime deviazioni dalla perfetta verticalità, estese all'insieme dell'edificio. Questo, di conseguenza non apparirebbe una semplice sommatoria di elementi predefiniti, frutto di un mero assemblaggio, ma una unità organica le cui parti, con le loro minime variazioni differenziali, concorrono a un movimento unitario. In tal modo il tempio nel suo insieme, e non solo nelle singole componenti, sarebbe inteso e trattato come un oggetto plastico, attraversato da tensioni dinamiche, come una scultura.

Le due interpretazioni convergono se pensiamo che le "correzioni ottiche" erano complessivamente volte a fare in modo che l'edificio apparisse concretamente all'osservatore come un "corpo" vivente, armonicamente proporzionato. Secondo Rykwert esisteva in architettura quanto è accertato per la musica greca, dove a una teoria armonica si associava una pratica dell'armonia e dell'esecuzione, consistente nelle sottili modulazioni e variazioni che ogni esecutore applicava alla "partitura" e che solo esercitando l'arte si poteva imparare a dosare[92]. Così come un brano musicale non era veramente armonico se meccanicamente eseguito, anche un edificio, non bastava che fosse armonico nelle proporzioni numeriche. Occorreva che apparisse effettivamente tale e a questo scopo interveniva una sottile pratica dell'esecuzione, analoga a quella della musica, che tenendo conto della percezione dell'osservatore, introduceva variazioni e modulazioni quasi impercettibili. Il criterio guida era in questo caso non numerico, ma intuitivo e ottico e richiedeva una sensibilità da scultore per le forme plastiche, che si poteva formare solo attraverso la pratica.

Questo sembra corrispondere, nel vocabolario greco-latino di Vitruvio, alla distinzione fra il concetto di *symmetria* legato alla quantità e al numero, e quello di *eurythmia* (euritmia*)*, che riguarda la qualità. *Eurythmia* non è la proporzione numericamente definita, ma "*l'apparenza aggraziata e proporzionata di tutti gli elementi della composizione*". Vitruvio descrive il raggiungimento dell' *eurythmia* come processo secondario, che faceva seguito alla definizione di proporzioni numericamente corrette, modificandole in modo che producessero un effetto di *eurythmia* sui sensi dell'osservatore.

1.11. La policromia

L'età neoclassica ha "riscoperto" la Grecia antica e creato il mito di un'architettura e una scultura greche di "bianca purezza". Alla nascita di tale mito contribuì certamente il fatto che, con il tempo, le architetture e le sculture antiche avevano perduto lo strato di colore originariamente applicato.
La realtà storica era diversa. I templi Greci erano vivacemente colorati. Anche le sculture erano policrome, dipinte o realizzate in diversi materiali di cui si esaltavano le qualità materiche e cromatiche, come le due grandiose statue criselefantine (di oro e avorio) di Zeus ad Olimpia e di Atena Pàrthenos ad Atene, opera di Fidia.
L'immagine di un'architettura greca vivacemente colorata ci costringe a pensarla fuori di ogni idealizzazione neoclassica, inserita nel contesto storico-geografico a cui appartiene[93], nel quale la policromia in ogni campo della produzione artistica era un dato comune. La policromia del tempio greco, nel primo arcaismo si collega anche all'uso di proteggere le parti alte e più esposte dei templi con lastre di terracotta decorate a vivaci colori. Ma già in età arcaica veniva applicato, con funzioni protettive, stucco colorato anche ad altri elementi dell'edificio. Vitruvio riferisce che i triglifi dei templi di legno erano rivestiti di una cera azzurra che li rendeva impermeabili[94].
Nei templi in pietra giunti fino a noi si sono trovate deboli tracce che però sono sufficienti a testimoniare di un impiego "razionale" del colore, usato per caratterizzare e distinguere le varie categorie di componenti dell'edificio con scelte

cromatiche di contrasto fra colori complementari che tendono ad ottenere il massimo di evidenza e chiarezza percettiva.
Colonne e architravi erano lasciate allo stato naturale se in marmo o semplicemente stuccate e dipinte di bianco latte, quando la qualità della pietra rendeva necessario uno strato di protezione Per le altre parti degli ordini si usavano prima di tutto il rosso e l'azzurro. Gli elementi orizzontali come la *taenia* e le fasce al di sotto della cornice erano dipinte in rosso. I triglifi e gli elementi che con essi avevano una corrispondenza diretta (*mutuli* e *règulae*) erano dipinti in blu. A volte le *guttae* potevano essere colorate in giallo. Il blu era utilizzato anche per i fondi dei frontoni e delle metope su cui spiccavano le figure a bassorilievo vivacemente policrome.
La presenza del blu per indicare gli elementi verticali, le parti alte e gli sfondi dei frontoni e delle metope fa pensare ad una sua associazione simbolica con il cielo, così come l'uso del rosso era preferito per le parti basse e per le orizzontali, sottolineando forse in tal modo una sua associazione con la terra e il mondo sotterraneo.
Nell'ordine dorico le parti decorative (sima, acroteri, antefisse) erano arricchite da motivi dipinti in colori che andavano dai bruni e terrosi (prevalenti in età arcaica), ai rossi e blu associati a bianco, nero e giallo oro. In genere nell'ordine ionico i motivi decorativi delle modanature e del capitello a volute non erano solo dipinti, ma realizzati a rilievo e poi evidenziati con il colore.

1.12. Finanziamento e realizzazione

Nella Grecia di età arcaica e classica l'unica architettura monumentale era quella pubblica e il solo committente degli edifici pubblici, sacri o profani, era la città-stato. Fino all'età

ellenistica le città furono gelose di questa prerogativa che era segno di autonomia e libertà politica[95].
La costruzione e le incessanti opere di riparazione dei grandi templi assorbivano molto del bilancio pubblico. Normalmente i fondi per la costruzione erano quelli ordinari dello Stato[96]. In alcuni casi si poteva far ricorso a risorse eccezionali come un bottino di guerra. Una fonte di finanziamento significativa, ma testimoniata solo dal IV secolo in poi, era l'*evergetìsmo* ossia il contributo alla città da parte di importanti della *pòlis*. Sappiamo che ad Atene i cittadini più ricchi erano tenuti ad armare triremi e a finanziare i cori nel corso delle feste dionisiache. Lo stesso si può pensare per le costruzioni pubbliche. Ma anche in questo caso l'opera restava sotto il totale controllo della città. Solo in età ellenistica, con l'affievolirsi dell'autonomia politica delle *pòleis*, in molte città greche si realizzarono opere pubbliche offerte da potenti donatori stranieri, con iscrizioni che ne ricordavano la munificenza[97].
Nei santuari panellenici la costruzione dei templi era a cura della città a cui afferiva il santuario. I *thesauròi* erano realizzati a spese delle città donatrici che fornivano spesso anche i materiali e le maestranze necessari. Per questo i santuari panellenici furono un importante luogo di scambio e diffusione della cultura architettonica.
La proposta di costruzione di un tempio era presentata all'assemblea dei cittadini che la discuteva ed approvava, nominando un comitato di gestione e un architetto per il progetto. Questi poteva essere l'architetto che lavorava per la città o anche uno chiamato da fuori. Nel caso di opere particolarmente importanti si poteva tenere un concorso.
Il comitato organizzava l'esecuzione dei lavori ed effettuava via via i pagamenti sulla base delle misure dei lavori redatte dall'architetto. Le spese sostenute per le importanti opere pubbliche venivano annotate dettagliatamente e riportate in

iscrizioni esposte in luoghi pubblici. Per prevenire fenomeni di corruzione i membri del comitato cambiavano periodicamente nel corso della realizzazione.

La soluzione amministrativamente più semplice era quella di contratti con imprenditori per la realizzazione dell'intera opera o di una sua parte. Ma si potevano anche ingaggiare e pagare direttamente i singoli operai. Mentre nel IV secolo le città avevano una struttura amministrativa in grado di controllare direttamente l'esecuzione dei lavori, nel VI secolo dovevano essere più frequenti contratti complessivi per l'esecuzione dell'intera opera o grandi parti di essa. Erodoto riferisce che per la ricostruzione del tempio di Apollo a Delfi (dopo l'incendio del 548) fu stipulato un contratto di 300 talenti con gli Alcmeonidi, famiglia aristocratica ateniese in esilio, in veste di appaltatori.

La durata della costruzione di un tempio dipendeva dalle risorse disponibili più che da limiti tecnici. Si pensi che il più celebre tempio greco, il Partenone, fu completato nelle strutture architettoniche in circa dieci anni, mentre per altri templi ci vollero decenni, e altri (in genere i più ambiziosi e sovradimensionati) non furono mai completati.

2. EVOLUZIONE DEL TEMPIO GRECO FRA VI E III SECOLO

Il tipo del tempio greco e i suoi elementi costitutivi restano fondamentalmente gli stessi dall'età arcaica a quella ellenistica ma tuttavia, pur entro limiti ristretti, si evolvono nel corso del tempo.

La storia dell'architettura religiosa greca è quella di una riflessione collettiva sugli stessi tipi ed elementi, che coinvolge generazioni successive di architetti, in cui le soluzioni adottate dai predecessori, spesso illustrate in opere scritte, sono il punto di partenza per chi viene dopo[98]. Abbiamo già notato che proprio la preliminare limitazione del campo delle scelte possibili ad alcuni tipi e forme, se ha ristretto gli orizzonti della ricerca architettonica, ha consentito agli architetti di concentrarsi sul progressivo affinamento delle soluzioni e di raggiungere livelli estremi di sofisticazione[99]. Il disegno di profili e proporzioni dei singoli elementi e del tempio nel suo insieme, erano gli ambiti nei quali l'architetto greco godeva di una maggiore libertà.

Ogni architetto proponeva una sua "variazione sul tema" del tempio, ma all'interno di una sensibilità comune che evolse nel tempo e che ci consente, ad esempio, di distinguere, esclusivamente in base a caratteri stilistici e tipologici, i templi di età arcaica, da quelli classici, e questi da quelli di età tardo-classica o ellenistica. In questa linea di mutamento possiamo riconoscere un modificarsi generale della sensibilità e della cultura, parallelo a quanto avviene nel campo della scultura greca, fra la fine dell'età geometrica e il tardo classicismo.

L'idea del canone proporzionale come qualcosa di assoluto non si impone che con l'Ellenismo quando l'intera esperienza dell'architettura greca è ormai vissuta come una eredità culturale da perpetuare e sistematizzare. Invece l'architettura religiosa nella Grecia arcaica e classica, per quanto fortemente tradizionalista ed entro i limiti che abbiamo evidenziato, è una realtà in divenire, aperta alla sperimentazione, sensibile alle differenze tra le culture locali, al mutare degli equilibri politico-economici fra le varie aree del mondo greco, alle correnti di scambi che fra di esse si stabiliscono.

Prima monumentalizzazione: l'Hekatòmpedon di Samo
Il concetto di architettura monumentale fa la sua comparsa nel mondo greco già a partire dalla metà dell'VIII secolo, prima dell'avvio del processo di litizzazione, con il tempio di Hera a Samo, detto anche Hekatòmpedon ("di cento piedi"). Nella sua prima versione il tempio consisteva in una lunga cella in pietrame, con una fila centrale di colonne in legno. Successivamente, all'edificio fu aggiunta una peristasi di colonne lignee, dando vita al più antico esempio conosciuto di tempio periptero. Circa un secolo dopo, verso la metà del VII secolo, un nuovo edificio prese il posto del primo. Il nuovo tempio di Hera presentava fin dall'inizio la peristasi lignea, che venne raddoppiata in facciata, mentre fu eliminata la fila di colonne centrali interne.

2.1. Evoluzione del tempio dorico

Il tempio C nel santuario di Apollo a Thermon in Etolia, costruito a partire dal 630-620, è il primo in cui vediamo definirsi, nella struttura ancora in legno, le forme dell'ordine dorico. Il tempio era un periptero di 5x15 colonne con una fila interna di colonne lungo l'asse centrale, a dividere la cella in due navate. Per la prima volta compare un opistodomo sul fronte posteriore. Le colonne della peristasi, pur essendo in legno, avevano un diametro notevole (65 cm.) forse associabile all'esistenza di una copertura in tegole; le colonne

erano collocate su basi in pietra isolate, poi unificate in un unico basamento. La trabeazione presentava un'alternanza di metope e triglifi in terracotta a rivestimento della struttura in legno. Le metope erano lastre di 88x99 cm. dipinte con figure policrome.
L'ultimo grande tempio conosciuto, con struttura ancora in materiali deperibili è il tempio di Hera (*Heràion*) a Olimpia (600-590). Aveva una superficie doppia rispetto a quelli di Hera a Samo e di Apollo a Thermon. Il basamento era in pietra. Il nucleo centrale, in mattoni crudi su uno zoccolo in pietra, era circondato da una peristasi di 6x16 colonne originariamente in legno, dalle proporzioni massicce. Nel corso di un lungo arco di tempo queste furono gradualmente sostituite da colonne in pietra. Probabilmente era presente un fregio con triglifi e metope. In questo tempio possiamo riconoscere il prototipo di quella organizzazione simmetrica del nucleo centrale, con pronao e opistodomo distili *in antis*, che dominerà nell'architettura dorica della madrepatria. E' già presente anche un doppio colonnato interno, ma con colonne addossate a brevi setti trasversali che fuoriuscivano dai muri lunghi della cella, e quindi senza l'individuazione di tre navate come nei templi successivi.
Il processo di litizzazione si compie gradualmente entro il primo quarto del VI secolo. Il più antico tempio dorico interamente in pietra da noi conosciuto è il tempio di Artemide a Corfù (590-80). E' uno pseudodiptero in cui l'ordine dorico appare già completamente definito. La cornice reca un'elaborata decorazione in terracotta dipinta, ma l'elemento più spettacolare è il frontone, con una grande gorgone in terracotta alta 2,79 metri.
Quindi l'ordine dorico, già all'inizio del VI secolo, ha raggiunto una formulazione definitiva dal punto di vista del linguaggio. Come abbiamo detto, l'architettura dorica è fortemente conservatrice e tale definizione degli elementi

dell'ordine e delle loro relazioni sarà rigorosamente perpetuata nel tempo.

Si osserva tuttavia una evoluzione del tempio dorico in direzione di una maggiore razionalità e coerenza nell'impianto e di proporzioni e forme sempre meno massicce e pesanti. E' possibile individuare alcuni temi rispetto ai quali valutare tale evoluzione: le proporzioni generali, la peristasi e il suo rapporto con il nucleo centrale, l'organizzazione del nucleo centrale, le proporzioni e il disegno della colonna. Le tendenze che evidenzieremo non escludono eccezioni. E' il caso delle soluzioni "ritardatarie" adottate per motivi di fedeltà alla tradizione locale e ad edifici preesistenti. Ma è anche il caso di "contaminazioni" che riflettono la presenza, in una certa *pòlis*, di componenti etnico-culturali di varia provenienza.

Le proporzioni generali - Si può considerare una costante del tempio periptero dorico l'adozione della facciata esastila. La fronte ottastila viene adottata solo per i templi dipteri o pseudodipteri. L'unica eccezione è il Partenone, che è un periptero ottastilo[100].

Per le proporzioni della pianta, fra età arcaica e tardo-classica si manifesta una costante tendenza verso impianti sempre meno allungati. Uno dei primi templi dorici in pietra, il tempio di Apollo a Siracusa (inizi del VI secolo), è anche quello con le proporzioni più allungate in assoluto, con una peristasi di 6x17 colonne. La proporzione 6x15 è quella prevalente nei templi iniziati nella parte centrale del VI secolo. Le proporzioni si fanno più equilibrate in età tardo-arcaica, fino a raggiungere il rapporto di 6x13 (quello del tempio di Zeus a Olimpia, 468-457), che diventa "canonico" per l'età classica. Infine un'ulteriore contrazione si manifesta fra V e IV secolo. Alle soglie dell'Ellenismo, nel tempio di Zeus a Nemea (320 la peristasi è di 6x12 colonne.

La peristasi e il suo rapporto con il nucleo centrale - Il tema del rapporto della peristasi con il nucleo centrale è particolarmente significativo in termini evolutivi. Gottfried Gruben individua in questo ambito la tendenza verso una progressiva razionalizzazione, che gli appare in qualche misura come il recupero della originaria razionalità della struttura lignea, in un primo tempo perduta con il passaggio alla costruzione in pietra. Nel tempio in legno, il cui esempio più a lungo conservato fu l'*Heràion* di Olimpia, le travi di collegamento fra cella e peristasi (alle cui teste corrispondevano i triglifi) erano in asse con le colonne o sulla mezzeria dell'intercolunnio. Nella costruzione in pietra la copertura dello spazio fra cella e peristasi è ancora in legno, ma il suo ritmo non ha più relazioni strutturali necessarie con quello del fregio e delle colonne in pietra. La conseguenza è che in una prima fase (quella arcaica) il nucleo interno del tempio "nuota" nella peristasi, ossia non appare legato ad esso da relazioni chiare e necessarie[101]. Tuttavia alcune regole di allineamento della cella con la peristasi tipiche del tempio dorico classico cominciano a comparire già in età arcaica. Si tratta dell'allineamento del filo esterno dei muri lunghi della cella con l'asse della seconda e quinta colonna dei lati brevi, e della fronte del pronao con un punto intermedio fra la seconda e terza colonna del lato lungo. Quest'ultima "regola" è riproposta simmetricamente per l'opistodomo. Questi criteri di allineamento si osservano ancora nel tempio di Zeus a Olimpia, nel quale peraltro si riscontra una chiara tendenza verso una maggiore razionalizzazione sia nell'impianto che nelle proporzioni degli elementi.

L'organizzazione del nucleo centrale - L'organizzazione tipica del dorico della madrepatria, che poi sarà considerata "canonica", è quella con cella preceduta da un pronao distilo *in antis* e seguita da un opistodomo, anch'esso distilo *in antis*. È un'organizzazione simmetrica che enfatizza la natura del tempio come oggetto autonomo "al centro dello spazio". L'opistodomo si incontra per la prima volta nel tempio C del santuario di Apollo a Thermon (ca. 630), ma è nel tempio arcaico di Hera ad Olimpia (ca. 600) che compare per la prima volta in associazione con un pronao ad esso simmetrico. Questa impostazione è poi adottata in età arcaica nei templi di Apollo a Corinto (550) e di Apollo nel santuario panellenico di Delfi (530), in età classica nel tempio di Zeus a Olimpia e continua ad essere usata in età tardoclassica, ad esempio nel tempio di Atena Alea a Tegea (350).

Nel dorico delle colonie d'Occidente, per quasi tutta l'età arcaica, il tipo dominante di organizzazione prevede, invece dell'opistodomo, un *àdyton* chiuso sul retro e collegato da una porta alla cella. E' la soluzione adottata nel più antico dei templi d'Occidente, quello di Apollo a Siracusa, nei templi C ed F di Selinunte e nel tempio di Hera I a Poseidonia. Nell'adozione di questo impianto si è riconosciuta una tendenza all'accentuazione della frontalità, ascrivibile forse a componenti ioniche nella popolazione delle città coloniali. Ciò troverebbe conferma nel fatto che nei templi citati di Siracusa e di Selinunte compare un ulteriore elemento tipico dell'arcaismo ionico e cioè il raddoppio del colonnato frontale, soluzione che accentua l'importanza della facciata d'ingresso, ulteriormente rafforzata, nel tempio C di Selinunte, dalla rampa di otto gradini che la precede. Dall'adozione della sequenza pronao>cella>*àdyton* traspare forse anche una specificità della religiosità dei Greci d'Occidente fra i quali è vivo il culto delle divinità *ctonie* (Dèmetra e Cora): la cella resta più fedele alla direzionalità del *mègaron* come spazio in cui si penetrava in una inviolabile profondità attraverso una successione di soglie[102].

Con l'età classica il modello "simmetrico" del tempio di Zeus a Olimpia si afferma anche in Occidente. In questo senso gli anni 479-80 segnano una cesura fondamentale. I Greci riescono a sconfiggere le due grandi potenze che li minacciano. I Greci della Madrepatria sconfiggono i Persiani nelle battaglie di Salamina e di Platea e i Greci d'Occidente sconfiggono i Cartaginesi nella battaglia di Imera[103]. Comincia una fase nuova di autoconsapevolezza, con un intensificarsi delle relazioni all'interno del mondo greco. Osserva Mertens: "*La contemporaneità delle lotte contro i Barbari, cruciali per la sopravvivenza della Grecità a Oriente e Occidente, rinsaldò la percezione della comune appartenenza, e i Greci d'Occidente colsero l'occasione per abbandonare i binari già percorsi e cercare un nuovo orientamento*"[104]. In breve tempo si costruiscono a Siracusa, Imera, Poseidonia, Selinunte e Agrigento otto peripteri che hanno poco a che fare con l'arcaismo della Magna Grecia e adottano l'organizzazione simmetrica del tempio di Zeus a Olimpia. Fra questi i meglio conservati sono il tempio E di Selinunte, il tempio della Concordia ad Agrigento, il tempio di Hera II a Poseidonia e il tempio di Atena a Siracusa. Quest'ultimo fu trasformato in chiesa cristiana all'inizio del VII secolo d.C. e poi inglobato nella cattedrale della Natività di Maria. Peraltro anche l'ottimo stato di conservazione del tempio della Concordia si deve alla sua trasformazione in chiesa, alla fine del VI sec. d.C..

Al tempio di Zeus a Olimpia si collega più degli altri di questa serie il tempio di Hera II a Poseidonia. Ma anche qui si conserva una caratteristica tipica dei templi occidentali fin dall'età arcaica: la presenza di due torri scalari ai lati dell'ingresso della cella. La loro rilevanza nell'impianto fa pensare che, oltre ad una funzione utilitaria legata alla manutenzione del tetto, rispondessero ad esigenze rituali. Avvalorano questa ipotesi le inconsuete aperture poste in alto alle due estremità della cella che si vedono ancora nel tempio della Concordia ad Agrigento, forse destinate ad "epifanìe", cioè all'esposizione dell'immagine della divinità durante le cerimonie religiose.

Mentre in Occidente il modello di Olimpia continua ad essere adottato senza variazioni anche dopo la metà del V secolo, nella madrepatria, e in particolare in Attica, su questo impianto si innestano variazioni ascrivibili al crescente influsso di una componente ionica favorito dalla sempre più forte proiezione verso la Ionia della politica imperialistica di Atene dopo le guerre persiane. L'influsso ionico si osserva in vari aspetti ma, limitandoci al tema della relazione fra peristasi e cella, la variazione più significativa si riscontra in tre templi costruiti in Attica nel terzo quarto del V secolo (il tempio di Atena e Efesto ad Atene, il tempio di Nèmesis a Ramnunte e quello di Poseidone a capo Sounion). Il fronte del pronao, invece di allinearsi come di consueto con un punto intermedio del secondo interasse dei lati lunghi, si allinea con la terza colonna del lato lungo. Ciò consente di prolungare la trabeazione del fronte del pronao al di sopra degli *ptèra* laterali, sino a congiungersi con la peristasi in corrispondenza della terza colonna; il risultato è l'individuazione di una sorta di vestibolo unificato a livello di architrave e fregio, che risvolta sui quattro lati. Questa innovazione enfatizza la sequenza di accesso al tempio a scapito della tradizionale "simmetria" del tempio classico, secondo una tendenza tipica dell'architettura delle colonie ioniche.

Per l'organizzazione della cella si osserva una sempre maggiore attenzione allo spazio interno. La soluzione più antica è quella con una sola fila centrale di colonne a sostegno del tetto, che si associa alla presenza di un numero dispari di colonne sui lati brevi della peristasi. E' una soluzione del primo arcaismo, che trova un precedente nell'edificio di età geometrica di Lefkandi. Quando questa soluzione viene adottata, alla metà del VI secolo, nel tempio di Hera I a Poseidonia, appare già ritardataria rispetto a quanto si va realizzando sia nelle colonie occidentali che nella madrepatria. Qui si realizzano celle prive di sostegni interni oppure a tre navate, con due file di colonne su due ordini a sostegno della copertura lignea. Rispetto a quella con una sola fila centrale di colonne, sono soluzioni molto più coerenti con la disposizione della statua di culto al centro, sul fondo della cella, con la porta di ingresso al centro del lato opposto. La scelta di disporre le colonne interne su due ordini sovrapposti consentiva inoltre di raggiungere l'altezza interna delle travi di copertura mantenendo per le colonne un'altezza e una sezione relativamente ridotte, mentre l'alternativa erano colonne molto alte e di conseguenza (perché avessero le giuste proporzioni) necessariamente massicce e ingombranti in pianta.

Nella madrepatria prevale la soluzione a tre navate, che si riscontra, tra l'altro, nel tempio di Apollo a Delfi, e poi in quello di Zeus a Olimpia. Invece in Occidente, dopo essersi precocemente presentata nel tempio di Apollo a Siracusa (580), questa disposizione interna si ritrova solo alla metà del V secolo nel tempio di Hera II a Poseidonia. La prevalenza, in Occidente, di celle senza colonnati interni forse è collegabile anche ad un più progredito sistema di coperture, con l'adozione della capriata lignea, non utilizzata nei templi della madrepatria.

Una variante del tipo della cella con due colonnati interni, si incontra per la prima volta nel Partenone. Qui le due file di colonne sono collegate sul fondo da una terza trasversale alle spalle della statua di culto. Dopo il Partenone questa soluzione si trova nel tempio di Atena ed Efesto ad Atene, nel nuovo *Heràion* di Argo e nel tempio di Zeus a Nemea.

Un precedente autorevole di una ulteriore, meno frequente, variante è l'*Heràion* di Olimpia, con due file di colonne addossate a setti che fuoriescono dalle pareti longitudinali della cella. E' la disposizione del tempio di Apollo a Basse, iniziato negli ultimi anni del V secolo. Escludendo la cella posteriore del Partenone, qui per la prima volta l'ordine ionico è impiegato all'interno della cella di un tempio dorico e per la prima volta in assoluto compare, come variante dello ionico riservata agli interni, un nuovo tipo di capitello, il corinzio. L'interno della cella del tempio di Basse, che custodisce anche il primo esempio di fregio figurato di tipo ionico all'interno della cella di un tempio dorico, è il più eloquente sintomo di una nuova incipiente sensibilità per la qualità dello spazio interno. Su questa linea si muovono anche il tempio di Atena Alea a Tegea e quello di Zeus a Nemea della seconda metà del IV secolo. L'interno del tempio di Atena Alea presenta due file di semicolonne corinzie lungo le pareti laterali, probabilmente sormontate da un ordine ionico minore. A Nemea le colonne corinzie sono leggermente distaccate dalle pareti e si riuniscono sul fondo, lasciando posteriormente spazio ad una sorta di *àdyton*. Il tempio di Nemea, realizzato alla fine dell'età classica, con la eliminazione pura e semplice dell'opistodomo, mostra la tendenza verso l'accentuazione della facciata anche nel dorico della madrepatria. Secondo il Gruben si tratta di un momento significativo per il dorico classico: " *Con ciò si pone per la prima volta consapevolmente in risalto una facciata rappresentativa, mentre la facciata posteriore è immiserita ... È la fine dell'opistodomo, dell'equilibrio delle fronti, della corposa onnilateralità del tempio dorico*"[105].

Le proporzioni e il disegno degli ordini - In termini di linguaggio, il dorico, più essenziale nelle forme, presenta una minore variabilità rispetto allo ionico[106]. Due aspetti caratterizzano in generale il dorico arcaico: le proporzioni massicce, le luci limitate e l'adozione di forme corpose dai profili espansi. In seguito si manifesta una duplice tendenza dovuta ovviamente non soltanto a una crescente padronanza della costruzione in pietra, ma anche un mutamento della sensibilità estetica. Da un lato verso l'alleggerimento generale della struttura con colonne più snelle[107], capitello più ridotto e compatto, trabeazioni meno alte e interassi più ampi; dall'altro verso

profili più tesi e meno espansi, con riduzione dell'entasi del fusto della colonna e della convessità dell'echino.
Come esempio del dorico arcaico, consideriamo il tempio di Apollo a Siracusa dell'inizio del VI secolo. Qui si trovano le colonne più massicce in assoluto tra i templi Greci conosciuti, oltre ad altre caratteristiche tipicamente arcaiche: la colonna monolitica e il fusto con una forte rastremazione verso l'alto. Manca invece l'entasi, un'altra caratteristica tipica del dorico arcaico. Il capitello presenta un abaco di grande spessore e un echino molto espanso, dal profilo fortemente convesso. La trabeazione è molto alta e si suddivide orizzontalmente a metà tra fregio e architrave. Ne derivano le tipiche proporzioni del fregio arcaico, con triglifi molto allungati e metope rettangolari con il lato più lungo in verticale. Proporzioni massicce si riscontrano anche nella cornice, spessa e poco aggettante.
La fase classica, ha il suo esempio emblematico nel tempio di Zeus a Olimpia della metà del V secolo, nel quale si definisce lo stile dorico del cosiddetto "classicismo severo", poi considerato canonico.
Successivamente si manifestano due tendenze parallele. Nel Peloponneso e in Occidente il dorico si sviluppa sul modello del tempio di Zeus a Olimpia, con una interpretazione rigorosa, ortodossa e sostanzialmente conservatrice, mentre ad Atene il dorico mostra caratteri autonomi ed aspetti evolutivi, che riflettono stretti legami con il mondo ionico. Questa commistione fra dorico e ionico si manifesta, oltre che in una maggiore snellezza delle proporzioni, nel disegno delle modanature, nell'adozione di fregi continui e in alcune particolarità dell'impianto[108].
In età tardoclassica si incontra il punto estremo della evoluzione del dorico. Esempi di questa fase sono il tempio di Atena Alea a Tegea della metà de IV secolo e quello di Zeus a Nemea della seconda metà del IV secolo. Qui oltre ad un

ulteriore snellimento delle proporzioni, si osservano geometrie semplici con profili sempre più tesi e una lavorazione accurata. Il dorico è in qualche modo irrigidito. Contemporaneamente prende spazio la componente decorativa di origine ionica e si introduce l'ordine ionico negli interni.
Queste tendenze generali del dorico perdurano in età ellenistica. Le possiamo riconoscere nel tempio di Atena *Poliàs* a Pergamo della metà del III secolo. Le proporzioni sempre più snelle tendono ad avvicinarsi a quelle ioniche, la decorazione si fa ancora più ricca con un'eclettica compresenza di modanature doriche e ioniche (come la colonna dorica con scanalature separate da listelli). Una caratteristica comune nelle *stoài*, ma anomala per un tempio e nata dalla volontà di alleggerire visivamente la trabeazione riducendone l'altezza, è la presenza di due e non un solo triglifo fra due colonne successive. Infine un certo scadimento della qualità esecutiva denuncia i caratteri di serialità tipici di molta produzione ellenistica[109].

Un discorso a parte meritano i colossali templi di Apollo a Selinunte e di Zeus Olimpio ad Agrigento costruiti dalle ricche colonie siciliane sull'esempio dei grandi templi ionici del VI secolo, in un contesto di accesa rivalità fra le due città. In entrambi il gigantismo manifesta le ambizioni prive di "senso della misura" dei tiranni che le governavano.
Il tempio di Apollo (45x110 m.) iniziato intorno al 520, era uno pseudodiptero ottastilo di 8x17 colonne, come il tempio di Artemide a Corfù (22x48 m.), ma il salto di scala pose dei problemi, soprattutto per quanto riguarda la copertura. Il tempio probabilmente aveva una cella scoperta ed era ancora incompiuto quando nel 409 Selinunte fu distrutta dai Cartaginesi.

Il tempio di Zeus Olimpio di Agrigento (52x110 m.), iniziato intorno al 490, era molto diverso dal tipico tempio dorico, al punto che vi si sono riconosciuti influssi dell'architettura cartaginese. La particolarità non sta tanto nelle anomale proporzioni di 7x14 colonne, ma nel fatto che invece di avere una peristasi fatta di colonne libere, queste apparivano per metà inglobate in una parete a tutta altezza per cui in realtà non esisteva una peristasi in senso proprio. Strutturalmente era un concetto del tutto diverso da quello trilitico. Il perimetro esterno del tempio consisteva in un muro continuo e non in elementi isolati a sostegno della trabeazione. Di conseguenza questa fu realizzata con blocchi più piccoli dei giganteschi monoliti del tempio di Apollo a Selinunte, realizzato secondo il tradizionale principio trilitico. Il tratto di trabeazione fra una semicolonna e l'altra era sostenuto da figure di telamoni inserite in una sezione arretrata della muratura. Anche le colonne furono realizzate con blocchi più piccoli, come parte integrante della muratura, e non con i tradizionali giganteschi rocchi. All'interno il tempio era altrettanto anomalo, con al centro due file di pilastri che delimitavano quella che era probabilmente una corte centrale scoperta. Pare che l'edificio sia stato sostanzialmente completato[110].

Nei casi di Agrigento e Selinunte l'adozione del modello razionale e misurato di Olimpia dopo il 480, coincide con la cacciata dei tiranni e l'instaurazione della democrazia. In ciò si riconosce non solo, come nei contemporanei templi d'Occidente, una rinnovata coscienza panellenica, ma anche la reazione da parte dei nuovi regimi democratici, al gigantismo delle imprese edilizie avviate dai tiranni, in nome di un ritrovato senso della misura, da ristabilire in ogni campo.

2.2. Evoluzione del tempio ionico

L'architettura ionica si sviluppa parallelamente a quella dorica, ma secondo altri temi e fasi evolutive.
L'ordine ionico, di per sé più variabile del dorico, non raggiunge, nel corso dell'epoca arcaica, una formulazione stabile e vincolante. In compenso la maglia ortogonale, come schema di base di organizzazione della pianta, compare fin dal primo momento e costituisce l'ossatura astratta, ma anche flessibile, su cui si innestano continue variazioni di forme e proporzioni. Questa coesistenza fra rigore razionale e fantasia formale è vista da Gruben come un riflesso delle due componenti della cultura della Grecia ionica: la razionalità scientifica (è nella Ionia che nascono la filosofia e la scienza greca), la sensibilità e l'invenzione estetica, influenzate dalle vicine culture orientali[111]. Da qui, secondo l'archeologo tedesco, il carattere specifico e un limite intrinseco dell'architettura ionica in età arcaica: "*nell'insieme si noterà una sottile dialettica interna, un rapporto scambievole, ricco di tensione, tra struttura e decorazione, tra ragione e fantasia, tra schematismo e vitalità che rappresenta il fascino intrinseco di questa architettura, ma che al tempo stesso le impedisce l'accesso all'unità classica*"[112].
L'ordine ionico nasce nella seconda metà del VII secolo, contemporaneamente in due aree distinte: le isole Cicladi[113] e le città ioniche dell'Asia minore. Ma è il VI secolo la grande epoca dell'architettura ionica, in una fase storica di grande espansione culturale ed economica, nella quale si avviano ambiziose imprese costruttive.
Rispetto alla versione tardoclassica ed ellenistica, lo ionico arcaico mostra una maggiore libertà di sperimentazione e variazione. Se prendiamo come esempio l'elemento più caratteristico, il capitello, vediamo come il tipo poi diventato canonico, quello "a volute orizzontali", non sia affatto l'unico utilizzato, ma coesista, spesso nello stesso edificio, con

capitelli di tipo diverso: a toro, liscio o scanalato, e a foglie ricadenti, del tipo a corona di foglie e a canestro[114]. A sua volta il tipo del capitello a volute orizzontali si presenta in due varietà, quello "a grandi volute" e quello, poi affermatosi, "a piccole volute". Compaiono già in età arcaica, pur sempre in contesto mai rigido e vincolante come quello dorico, la soluzione del capitello d'angolo con due volute affiancate su facce opposte a 45°, la base della colonna dal profilo complesso, il fusto con scanalature profonde inframezzate da listelli piatti[115], l'architrave a fasce, il fregio figurato e la cornice, sia nella versione semplice, che con sottocornice a dentelli. Ma, in coerenza con il loro senso strutturale, il fregio e i dentelli sono considerati elementi alternativi fino a tutta l'età classica (in quanto entrambi corrisponderebbero all'impalcato di travi orizzontali nel prototipo in legno. Coesisteranno invece nella trabeazione ionica di età ellenistica, quando l'attenzione ai valori decorativi prevale sulla fedeltà ai tipi tradizionali e al loro significato costruttivo. Nelle città greche dell'Asia Minore l'ordine ionico viene adottato da subito in una serie di dipteri a scala colossale che propongono un'immagine dell'architettura greca assai diversa da quella della contemporanea architettura dorica.
Il prototipo di tali edifici è il tempio di Hera costruito nel santuario di Hera a Samo dagli architetti Theodoros e Rhoikos, due maestri celebri in diversi campi, compresa la fusione di grandi statue in bronzo. Iniziato verso il 575 e completato entro la metà del VI secolo, il tempio di Hera è un'impresa senza precedenti nel mondo greco dal punto di vista dell'impegno economico e tecnico, e che i contemporanei potevano paragonare solo alle monumentali architetture egizie. Peraltro esistevano legami diretti fra Samo e l'Egitto, avendo Samo fondato, insieme a Mileto, la colonia commerciale di Naukràtis sul delta del Nilo.

Lo spirito di competizione, sempre vivo fra le *pòleis*, spinse ben presto le vicine città di Efeso e Mileto ad emulare Samo. Già intorno al 560, con l'*Heràion* di Samo non ancora ultimato, si iniziarono a costruire altri due grandi templi che lo assumevano apertamente a modello: a Mileto il tempio di Apollo nel santuario di Didyma; a Efeso il tempio di Artemide, nell'omonimo santuario extraurbano.
Questi tre grandi templi sono una prestigiosa eredità a cui la Ionia, nelle sue alterne vicende, cercherà di mantenersi fedele. Quando, per un motivo o per l'altro, essi andarono distrutti, le città li ricostruirono appena poterono, rispettandone impianto e dimensioni. A Samo, il tempio di Theodoros e Rhoikos crollò pochi anni dopo il completamento per un cedimento del suolo, ma già intorno al 530 si intraprese la costruzione di un nuovo tempio, che però la città non riuscì a completare a causa della drammatica crisi seguita alla rivolta contro i Persiani del 499-93. Ad Efeso il tempio arcaico di Artemide (una delle meraviglie del mondo antico) fu distrutto da un incendio nel 356, ma la ricostruzione cominciò già intorno al 330, per concludersi alla metà del secolo seguente. A Mileto il tempio di Apollo fu distrutto dai Persiani insieme all'intera città nel 494 e poté essere ricostruito solo a partire dal 300. Questi riferimenti cronologici evidenziano la continuità che si stabilisce nell'architettura ionica dell'Asia minore fra arcaismo e ellenismo, due fasi accomunate stilisticamente dall'amore per la monumentalità e la ricchezza decorativa e da un contesto socio-economico particolarmente favorevole.
Nel primo diptero di Hera a Samo incontriamo i caratteri essenziali di questa serie di templi. Innanzitutto la grande dimensione. Il tempio misurava, in corrispondenza dello stilobate, 52x105 metri e aveva colonne alte circa 18 metri. Il tempio di Artemide ad Efeso, lo superò con 55x115 metri, mentre leggermente più piccolo era quello di Apollo a Didima

(40x85 m.). Sono dimensioni gigantesche, se pensiamo che un tempio dorico importante come quello di Apollo a Delfi, costruito intorno alla metà del VI secolo, misurava 23,80x59,60 metri, con colonne alte poco più di 8 metri, superato a quell'epoca, in ambito dorico, solo dal tempio C di Selinunte (23,93x63,76 m.)[116].
Il secondo carattere comune riguarda l'impianto. Sono tutti dei dipteri ottastili. La cella non è seguita da un opistodomo, mentre è preceduta da un pronao particolarmente profondo, diviso in tre navate da due file di colonne che, solo a Samo, proseguono anche nella cella. L'intera pianta è impostata su una maglia ortogonale che determina allineamenti precisi fra colonne della peristasi, muri della cella e colonnati interni. Ma questa griglia non ha un passo uniforme; infatti i tre interassi centrali della facciata di ingresso (corrispondenti alla larghezza della cella) sono più ampi degli altri, e tale passo viene mantenuto anche nel pronao e nei colonnati interni. Invece sul fronte posteriore l'interasse non si amplia, con la conseguenza che qui le colonne della peristasi esterna sono dieci o nove, invece che otto. Rispetto alla simmetria e onnidirezionalità del tempio dorico, si manifesta, in questo tipo di impianto, una frontalità accentuata dalla presenza di una sorta di lunghe navate colonnate che, come percorsi processionali, penetrano in profondità attraverso il pronao fino alla cella, e a Samo proseguono al suo interno. Nel tempio di Artemide a Efeso questa frontalità è ulteriormente rafforzata dall'inserimento, sul fronte di ingresso, di una terza fila di colonne (rendendo il tempio, solo da questo lato, un triptero)[117]. Il terzo carattere in comune è la grande variabilità nelle dimensioni e nella forma degli elementi dell'ordine anche nell'ambito di uno stesso tempio. Le basi e i capitelli non si attenevano ad un unico modello. Le variazioni significative nello spessore delle colonne, sono da associare forse anche alla variabilità degli interassi e quindi del carico a cui erano

soggette. Le proporzioni erano comunque in tutti molto snelle, non solo rispetto all'architettura dorica, ma anche alle successive architetture ioniche di età classica ed ellenistica[118].
Una caratteristica che invece è peculiare dei soli templi di Samo è la cella coperta, divisa in tre navate da due file di colonne. Invece ad Efeso e Mileto la cella era scoperta, era cioè un *sekòs* destinato ad accogliere al suo interno una preesistente area sacra con un tempietto (*nàiskos*) contenente la statua della divinità.
E' stato notato che l'effetto di questi templi dai fitti e profondi colonnati ricordava agli osservatori antichi le grandi sale ipostile egizie, ma le proporzioni e il linguaggio decorativo suggerivano un'atmosfera molto più libera e ariosa. Rileviamo ancora una volta la differenza di carattere rispetto al tempio dorico arcaico con la sua evidenza di corpo plastico e l'energia quasi "muscolare" delle sue membrature. Siamo di fronte ad un tipo diverso di vitalità delle forme, che rimanda al libero sviluppo vegetale con le forme fitomorfe dei suoi elementi, proponendo la metafora della peristasi come bosco sacro che custodisce la casa del dio.
La rivolta del 499-93, duramente punita dai Persiani, segna l'inizio di una fase di crisi del mondo ionico, che perdura per tutto il V secolo. Nelle Cicladi e nelle *pòleis* dell'Asia Minore l'edilizia monumentale, e con essa l'evoluzione del linguaggio dell'architettura ionica, conoscono una lunga battuta di arresto.
Il testimone passa ad Atene, *pòlis* di stirpe ionica, che emerge come potenza panellenica dopo le vittoriose guerre persiane. In età arcaica non esistevano in Attica templi ionici, ma ora Atene, dal 478 alla guida della Lega di Delo, intende sottolineare anche attraverso l'architettura tale componente della sua tradizione, quasi a legittimare le sue ambizioni di egemonia sull'area ionica[119].

Il primo tempio ionico sul suolo dell'Attica fu probabilmente quello di Atena a capo Sounion, estrema propaggine dell'Attica in direzione delle Cicladi, iniziato fra il 460 e il 450[120]. Nella Grecia continentale gli Ateniesi avevano già costruito nel 478 una *stoà* ionica dedicata ad Apollo nel santuario di Delfi, per celebrare la vittoria navale di Micale contro i Persiani[121]. Il portico presentava sette colonne monolitiche in marmo dalle proporzioni relativamente pesanti, le cui basi si pongono all'origine del tipo della base ionico-attica, che raggiungerà nell'Acropoli periclea la sua configurazione matura.

Ma sono i grandi interventi della seconda metà del V secolo sull'Acropoli di Atene a fissare i caratteri del cosiddetto stile ionico-attico. Questa denominazione suggerisce di per sé che non si tratta della semplice adozione del linguaggio ionico, ma della sua assimilazione e rielaborazione secondo la sensibilità e la cultura proprie dell'Atene del V secolo, ispirata ad un solido e "classico" senso della misura, nelle proporzioni e nella decorazione[122].

Il riferimento più immediato dello stile ionico-attico dell'Atene classica è, per evidenti ragioni di prossimità geografica e politico culturale, il più sobrio ionico cicladico, piuttosto quello più esuberante dell'Asia minore.

Nelle colonne ioniche presenti all'interno dei propilei di Mnesicle[123] (437-32) lo stile ionico-attico appare sostanzialmente definito: base di tipo attico, fusto con 24 scanalature separate da listelli e apofigi superiore e inferiore. Le proporzioni sono snelle, ma meno di quelle dello ionico arcaico. Il capitello è del tipo medio-grande, quadrato in pianta. Per la prima volta nell'ordine ionico, la colonna presenta una leggera entasi. Un altro elemento che compare qui per la prima volta è l'architrave a tre fasce.

Il tempietto di Atena Nike (427-24) ripropone soluzioni simili, cui si aggiungono il già noto capitello angolare per le colonne

estreme dei due portici (con una coppia di volute disposte a 45° su una diagonale), un fregio figurato e una cornice senza dentelli al di sopra dell'architrave a tre fasce.
A parte la maggiore ricchezza decorativa ed i tratti arcaicizzanti, l'ordine ionico dell'Eretteo (421-405) non differisce sostanzialmente dalle soluzioni già introdotte nei due edifici precedenti, aggiungendo però due ulteriori elementi: la semicolonna (nel fronte occidentale) e le *cariàtidi* (nel portico meridionale). Le cariatidi sono un elemento originario dell'oriente greco. L'uso di figure femminili (*kòrai*) al posto delle colonne era comparso nella Grecia continentale già nella seconda metà del VI secolo in due tesori del santuario di Delfi, quelli delle *pòleis* di Cnido in Asia Minore e di Siphons nelle Cicladi. Invece la semicolonna è una novità[124].
In età tardoclassica sono ancora una volta le vicende politiche e i loro riflessi economici a condizionare gli sviluppi dell'architettura ionica. La guerra del Peloponneso (431-404) è una cesura drammatica nella storia greca che segna la fine di un'epoca e l'inizio di una fase di crisi irreversibile per la *pòlis*. Come tale è percepita già dagli scrittori del IV secolo[125]. Atene, uscita sconfitta e stremata dalla guerra, vive nel IV secolo una fase complessa fra conflitti esterni e interni, insieme a tentativi frustrati di ridare vita al suo "impero marittimo". Invece le città ioniche dell'Asia Minore, libere dalla pesante egemonia ateniese, per quanto ritornate sotto la tutela persiana dopo la pace di Antalcìda del 387, conoscono una ripresa economica e, in campo artistico, quella che è stata definita la "rinascenza ionica" del IV secolo. Riprende l'architettura monumentale, favorita dalla ricchezza delle *satrapìe* (le province dell'impero persiano) che commissionano alcuni grandi interventi.
Protagonista di questa fase è Pythèos, scultore e architetto a cui si devono il monumento funebre a Mausolo, satrapo di Alicarnasso (insieme all'altro scultore-architetto Sàtyros), e il

tempio di Atena *Poliàs* a Priene, entrambi realizzati intorno a metà del IV secolo. Il tempio di Atena *Poliàs* può essere considerato il prototipo di questo "rinascimento ionico" e in esso Vitruvio riconobbe il canone dell'ordine ionico.
Mentre con gli edifici ateniesi dell'Eretteo e del tempietto di Atena Nike lo stile ionico, rivisitato secondo lo spirito attico, veniva adottato in edifici piccoli e preziosi, Pythèos intese dimostrare che l'ordine ionico era adeguato anche per la tipologia del tempio periptero, più del dorico con le sue rigidità e in particolare con il problema del conflitto angolare. Così applicò l'ordine ionico alla tipologia tradizionalmente dorica del periptero simmetrico con pronao ed opistodomo, adottando un sistema di rapporti proporzionali semplici che legavano fra loro tutte le parti dell'edificio, in pianta e in alzato, fino ai dettagli dell'ordine. Quella razionalità dell'impianto, che già era una qualità dell'architettura ionica arcaica, ora si estendeva all'ordine superando la dicotomia fra struttura e decorazione.
La pianta del tempio di Atena *Poliàs* è inscritta in una maglia quadrata di 6x6 piedi attici (1,78x1,78 m.). I plinti delle colonne occupano un quadrato sì e uno no, in modo che l'interasse è esattamente di 12 piedi. La peristasi, di 6x11 colonne (5x10 interassi) è in pianta un rettangolo di proporzioni 1:2 (120x60 piedi in asse). I muri longitudinali della cella sono in asse con le colonne. Le dimensioni del nucleo interno sono di 40x100 piedi e dunque il tempio è un *Hecatòmpedon*. La cella è lunga la metà dell'intero nucleo centrale. Come nei templi dorici, viene conferita simmetria all'impianto. Lo *ptèron* è profondo un intercolunnio su tutti i lati e viene riproposta la stessa facciata con due colonne *in antis* sia al pronao che all'opistodomo. È invece mantenuta la tradizione ionica del profondo pronao (32x32 piedi). In conformità con una crescente attenzione alla spazialità interna (che si manifesta dalla fine dell'età classica in poi

nell'architettura dorica), la cella e il pronao sono trattati come grandi sale con il soffitto a cassettoni lignei, prive di colonne interne. I rapporti proporzionali sono semplici anche in alzato: il rapporto diametro della colonna/intercolunnio è pari a 4/7. Si ipotizza per la colonna l'altezza di 12,65 metri, pari a 9 diametri. Anche la suddivisione interna della trabeazione (del tipo ionico con architrave a tre fasce, dentelli, *gèison* e *sìma*) si basa su rapporti proporzionali semplici.

Da punto di vista del linguaggio decorativo, in questa fase tardoclassica notiamo già un approccio eclettico, che sarà tipico dell'ellenismo. L'ordine (simile a quello adottato nel Mausoleo di Alicarnasso) è una sintesi di caratteristiche attiche di età classica con altre appartenenti alla tradizione dell'arcaismo ionico. La base della colonna si rifà al modello del tempio arcaico di Artemide a Efeso. E' di tipo "asiatico" con un toro scanalato su due scozie e plinto parallelepipedo. Il fusto ripropone invece il modello dei Propilei di Mnesicle sia per le proporzioni relativamente snelle, che per le 24 scanalature separate da listelli con apofigi superiore e inferiore. Il capitello è una sintesi fra il tipo ionico arcaico a piccole volute e la soluzione attica a base quadrata. La trabeazione bipartita con architrave a tre fasce, cornice e sottocornice a dentelli si rifà ad un modello arcaico e classico diffuso in ambiente asiatico e cicladico.

Pythèos è un accademico che, con un programma estetico consapevole, sceglie e seleziona nella ricca tradizione ionica e attica, ma non cede mai ad un superficiale eclettismo. Padroneggia tutto con un rigore razionale in grado di limitare ogni eccesso e illogicità. Infine, rinunciando del tutto alla decorazione scultorea, conferma il principio classico, tipicamente greco, che è la qualità dei rapporti proporzionali e non l'esuberanza decorativa, il fondamento dell'autentica bellezza.

3. CASI DI STUDIO

3.1. Il tempio di Zeus a Olimpia

Il santuario panellenico di Olimpia, nella regione dell'Elide (Peloponneso nord-occidentale), era la sede dei celebri giochi che si tennero ogni quattro anni, dal 776 al 393 d.C. Ai piedi della bassa collina di Kronos si estendeva un'area pianeggiante che prendeva il nome di Altis da un bosco sacro di platani e olivi selvatici.
Il primo nucleo del santuario fu la tomba di Pelope, mitico re dell'Elide. La tomba era inclusa in un *tèmenos* delimitato da un muro con un propileo di ingresso. A nord della tomba, intorno alla metà del VII secolo, fu costruito un tempio dedicato ad Hera. A sud, circa due secoli dopo, sorse il tempio di Zeus. Su una terrazza posta alle pendici della collina di Kronos si allinearono, nel frattempo, i tesori offerti da città doriche, soprattutto della Magna Grecia. All'inizio del IV secolo si aggiunse il *Metroon*, tempio dedicato all'antica dea *Meter*, madre degli dei. Alla fine dello stesso secolo, Filippo e Alessandro di Macedonia, per celebrare la vittoria di Cheronea, costruirono una *tholos* ionica che ospitava le effigi dei sovrani della dinastia macedone. Sempre in questo periodo, il limite orientale del *tèmenos* del santuario fu definito da una lunga *stoà* in marmo a due navate. L'ultima donazione all'interno del *tèmenos* fu un ricchissimo ninfeo (fontana monumentale) offerto da Erode Attico nel II sec. d.C.
All'esterno del *tèmenos*, ai primi semplici edifici amministrativi, il *bouleutèrion* e i pritaneo, si aggiunsero altre strutture di servizio sempre più monumentali fra cui un albergo, una palestra e un ginnasio.

Il tempio di Zeus fu costruito fra il 468 e il 457 e finanziato dalla città di Elide con il bottino di una vittoria sulla vicina Pisa. Il progettista fu un certo Libone di Elide. Nel tempio di Zeus a Olimpia prese forma la prima versione dell'architettura classica greca, il cosiddetto "stile severo". La costruzione avvenne in un momento in cui la civiltà delle *pòleis* greche si avviava a raggiungere il suo culmine in termini di potenza politica e conquiste culturali: da poco erano state ottenute le grandi vittorie sui Persiani e sui Cartaginesi, ma era anche l'epoca delle tragedie di Eschilo e degli inni di Pindaro.

Le fondamenta, furono elevate di tre metri al di sopra del suolo, raccordato con terreno di riporto, creando una sorta di piccolo rilievo artificiale. Un effetto ulteriore di elevazione fu ottenuto attribuendo una maggiore altezza al gradino più alto del crepidoma. Un'ampia rampa frontale dava accesso allo stilobate.

L'edificio fu realizzato in un calcare conchiglifero locale al quale fu applicato uno strato di protezione e rifinitura in stucco con polvere di marmo. Era un periptero di 6x13 colonne, con pronao distilo *in antis* e opistodomo simmetrico. Con una dimensione dello stilobate di 64,12x27,68 metri, era in quel momento il più grande tempio del Peloponneso. La cella era suddivisa all'interno in tre navate da due file di sette colonne su due ordini sovrapposti, a cui corrispondevano lesene sulle pareti brevi.

Dal punto di vista della progettazione, la grande novità di questo tempio è nel fatto che non si partì, come in età arcaica, da misure d'insieme (in genere lo stilobate) per poi ricavare quelle particolari, ma da una misura che fungeva da modulo, da cui furono ricavate le misure d'insieme e, almeno in parte, anche di dettaglio. Il modulo scelto era l'interasse pari a 16 piedi dorici (5,22 m.). Tale modulo era il passo della maglia quadrata su cui era tracciata la pianta, deformata solo per la contrazione di 43 cm degli interassi perimetrali, per risolvere il conflitto angolare. Quindi la peristasi, presentava interassi costanti tranne che agli estremi di ogni lato. Secondo l'uso dorico, il filo esterno dei muri longitudinali era allineato con l'asse della seconda e quinta colonna dei lati brevi. Il filo esterno delle ante sia del pronao che dell'opistodomo cadeva in un punto intermedio del penultimo intercolunnio, così che gli *ptèra* frontali erano più ampi di quelli laterali. La cella misurava 3x9 interassi. La navata centrale era larga 20 piedi, il doppio di quelle laterali. Il pronao era chiuso da cancellate metalliche e la porta di ingresso alla cella era la sua unica fonte di luce.

Il modulo era applicato anche in alzato. Le colonne erano alte due moduli. L'architrave e il fregio erano di uguale altezza e alti ciascuno 1/3 di modulo. La cornice era alta 1/8 di modulo.

E' evidente lo sforzo di raggiungere un'armonia fra le parti che avesse il suo fondamento "oggettivo" e razionale in proporzioni esprimibili in numeri interi, in sintonia con le teorie pitagoriche e in generale con le tendenze razionalistiche della cultura greca del V secolo. Esistono tuttavia alcune deviazioni rispetto alla regolarità. Ad esempio, perpetuando un uso arcaico, le colonne dei lati brevi erano leggermente più spesse di quelle dei lati lunghi.

Pare che il tempio presentasse correzioni ottiche, con una curvatura dello stilobate e una leggera inclinazione verso l'interno delle colonne dei lati lunghi.

L'ordine dorico appare qui nelle sue forme mature al punto da farle considerare in seguito canoniche. Le colonne dal fusto rastremato avevano venti scanalature leggermente concave e una lieve entasi. L'abaco e l'echino erano di uguale altezza e quest'ultimo era inclinato di 45°, con un minimo rigonfiamento.

La grande statua crisoelefantina di Zeus (con le parti in vista del corpo realizzate in avorio e le vesti in lamine d'oro) opera di Fidia, occupava interamente l'altezza e la larghezza della navata centrale. Questo effetto fu giudicato incongruo da alcuni visitatori antichi. Strabone scrisse che si aveva la spiacevole impressione che se il dio si fosse alzato avrebbe sfondato il tetto. Ma anche questa "sproporzione" poteva avere un senso religioso come manifestazione di una potenza che nulla di umano era in grado di contenere. La statua fu giudicata una delle sette meraviglie del mondo antico. Secondo Pausania era uno Zeus seduto su un ricco trono, con una corona di olivo sul capo, una Nike nella mano destra protesa in avanti e uno scettro nell'altra. Dinanzi alla grande base della statua (6,65x9,93 m.) in pietra nero-azzurra di Eleusi vi era un bacino profondo 10 cm. in cui era contenuto l'olio per ungere il grande simulacro; una balaustra in marmo separava questo bacino dalla parte anteriore della navata, pavimentata in pietra nera di Eleusi. Nelle navate laterali erano sistemate offerte e statue votive.

Le tegole di tipo corinzio della copertura, come tutta la decorazione plastica, erano in marmo dell'isola di Paro. Ma le uniche metope scolpite erano quelle interne allo *ptèron* sui fronti del pronao e dell'opistodomo, raffiguranti le fatiche di Ercole, mitico fondatore del santuario. Nel frontone est le sculture rappresentavano scene della storia mitica locale (Enòmao e Pèlope di fronte a Zeus, pronti per la gara di carri che ne avrebbe deciso il destino); nel frontone ovest una battaglia fra Lapìti e Centauri, con Apollo al centro della composizione.

3.2. I templi di Poseidonia

Note sulla colonizzazione greca in Occidente
La colonizzazione dell'Italia meridionale e della Sicilia è il centro del grande movimento di espansione del mondo greco verso Occidente. Si compie in un periodo compreso fra l'VIII e il VI secolo, dalla fondazione di Pithecùsa nel 760, a quella di Elea nel 540.
Il fenomeno della colonizzazione nasce da varie cause di ordine economico-politico. La prima è insita nella natura stessa della *pòlis*, entità politica per la quale mantenere la giusta dimensione demografica era essenziale. Dal punto di vista politico consentiva una partecipazione diretta dei cittadini al governo della città nell'assemblea. Nell'ambito di una economia principalmente agricola, garantiva alla *pòlis* che non si superasse il limite di sostenibilità da parte del suo territorio agricolo, mettendone a rischio l'autosufficienza. Di conseguenza la crescita demografica non comportava una illimitata espansione, ma la gemmazione di altre comunità figlie dalla "città madre". In alcuni casi poi la fondazione di una colonia poteva essere l'esito di conflitti interni. A seconda delle circostanze, l'operazione poteva essere organizzata ufficialmente dalla città d'origine oppure gestita in forma spontanea da un gruppo di cittadini.
In genere le colonie erano costituite da un unico gruppo etnico, ma alcune erano formate da contingenti di coloni di diverse provenienze, uniti sotto la direzione di un nucleo principale dal quale la colonia ereditava le caratteristiche etniche e culturali prevalenti.
Il mondo coloniale è uno spazio di frontiera dotato di una propria particolare fisionomia, con elaborazioni specifiche nel campo della pianificazione urbana, dell'organizzazione dello spazio civile e religioso e dell'architettura, che possono a loro volta aver influenzato la madrepatria.

Il rapporto con la città-madre resta fondamentale non solo in termini politici, ma anche culturali, come legame identitario con le più antiche tradizioni e come veicolo di aggiornamento attraverso l'importazione di mode e prodotti. Ma anche il rapporto con le popolazioni indigene è molto importante. La varietà e l'evoluzione di queste relazioni, portano a soluzioni diverse nell'organizzazione dello spazio, soprattutto per quanto riguarda la *chòra* (il territorio agricolo di pertinenza della *pòlis*). Il confronto con le culture indigene può determinare soluzioni che tendono a differenziare le culture coloniali rispetto a quelle della madrepatria. In generale i coloni nelle città della Ionia, a contatto con le evolute civiltà orientali, appaiono più aperti di quelli occidentali agli influssi stranieri, ma in ogni caso resta preminente la volontà di affermare la propria identità rispetto alle popolazioni indigene.

La costruzione di mura urbane è il primo chiaro segno di una stabilizzazione dell'insediamento dopo le prime fasi in cui in genere si verificavano vari tentativi, spostamenti, patteggiamenti e conflitti con le popolazioni locali.

Nell'impianto urbano delle città coloniali come Poseidonia vediamo già presenti le due caratteristiche fondamentali della futura città "ippodamea": la rete stradale ortogonale e la suddivisione dell'area urbana in aree funzionali distinte.

Questa razionalità rispecchia il concetto di *isonomìa* che guida l'impianto delle colonie. Le aree abitative appaiono ripartite in maniera uniforme, secondo una regola oggettiva che garantisce ai coloni dei lotti della stessa dimensione. Lo spazio pubblico (civile e religioso) è il grande vuoto che le abitazioni lasciano nel centro della città. Sia per le aree civili che per quelle sacre urbane e extraurbane, la monumentalizzazione non è mai un fenomeno immediato.

La città

Poseidonia è una *sub-colonia*. Appartiene alla fase di colonizzazione occidentale avviata nella seconda metà del VII secolo, nel corso della quale, le città-madri sono colonie e non città della madrepatria.
La *pòlis* fu fondata intorno al 600 da coloni di Sibari (colonia achea dell'Italia meridionale) con la partecipazione di un contingente di Dori. Anche Metaponto (fondata intorno al 630) ebbe la medesima origine. Poseidonia sul Tirreno, al confine con i territori etruschi, e Metaponto sullo Ionio, al confine con il territorio della dorica Taranto, si situavano ai limiti dell'area di influenza achea che aveva il suo centro a Sibari. Poseidonia svolse un ruolo importante nel controllo dei traffici nel Tirreno meridionale. Conquistata dai Lucani alla fine del V secolo, divenne colonia romana nel 273.
Contemporaneamente alla fondazione della città, per marcare simbolicamente il confine segnato dal fiume Sele, fu fondato alla sua foce, un santuario dedicato a Hera, dea particolarmente venerata dagli Achei[126].
L'impianto urbano di Poseidonia e del tipo ortogonale detto "per *strigas*". Esso si incardina su tre *platèiai* (strade principali) parallele orientate in direzione est-ovest. La *platèia* centrale era larga 18,20 metri, quella a nord 12 metri e quella a sud 10 metri. Erano poste ad una distanza reciproca (misurata in asse) di 300 metri. Gli *stenòpoi* (le strade secondarie ortogonali a quelle principali) avevano una larghezza costante di 5 metri ed erano a una distanza reciproca in asse di 40 metri. Ciascuno degli isolati risultanti, di forma molto allungata (circa 273x35 m.), era suddiviso in due file contrapposte di lotti quadrati di circa 17 metri di lato.
Una vasta area centrale non fu mai lottizzata e riservata a funzioni pubbliche, civili e religiose. Era una fascia larga 250 metri, disposta in direzione nord-sud, da mura a mura. Questa area era suddivisa in tre parti dalle *platèiai* che l'attraversavano

o lambivano. L'*agorà* occupava la vasta parte centrale di quest'area, compresa fra la *platèia* centrale e quella nord. Al margine occidentale dell'*agorà* sorsero, alla fine del VI secolo, un cenotafio (*hèroon*) dedicato all'ecista (il fondatore della città) e nel V secolo *l'ekklesiastèrion*. Le aree a nord e a sud dell'*agorà*, separate da questa da due platee, furono riservate a due santuari urbani, nei quali sorsero tre grandi templi peripteri oltre a tempietti, altari, e colonne votive.

La monumentalizzazione della città di Poseidonia comincia alla metà del VI secolo, con la realizzazione del primo grande tempio urbano, il tempio di Hera I (noto tradizionalmente come "Basilica") nel santuario settentrionale. A questo seguirono, alla fine del VI secolo, il tempio di Atena ("tempio di Cerere") nel santuario meridionale e, alla metà del V secolo, il tempio di Hera II ("tempio di Nettuno") in quello settentrionale.

I templi nella città greca sono presenze eccezionali, nelle quali, come abbiamo detto, la *pòlis* manifesta la propria autonomia e identità e *"la stessa ubicazione e posizionamento all'interno della configurazione urbana si presentano altamente eloquenti e paradigmatici"*[127]. A Poseidonia, come nella "città sorella" di Metaponto, si presta attenzione a mantenere nei templi successivamente costruiti nei santuari urbani, anche a distanza di diverse generazioni, un allineamento costante, coincidente con quello del tracciato urbano, quasi a fare degli edifici sacri la materializzazione tridimensionale dell'ordine fisico e sociale della città coloniale[128]. Resta il fatto, non ancora chiaro nelle sue cause, della leggera discrepanza di sei gradi fra l'orientamento dei templi e quello della rete viaria, esattamente direzionata verso i punti cardinali.

I templi
Friedrick Krauss nel suo studio del 1941[129] riconosceva nei templi di Poseidonia esempi emblematici di tre stagioni

dell'architettura greca: il tempio di Hera I e l'arcaismo maturo, il tempio di Atena e il tardo arcaismo, il tempio di Hera II e il primo classicismo o classicismo severo. Sicuramente questo, insieme all'ottimo stato di conservazione degli edifici, fa di Poseidonia un sito di eccezionale interesse per la storia dell'architettura greca. Ma questa lettura va integrata evidenziando anche quanto nei tre templi riflette una specifica identità locale.

Nel VII secolo (la fase di formazione e assestamento della maggior parte delle colonie occidentali), il tempio periptero era già definito nelle sue forme tipiche, ma il processo di litizzazione si compì solo a cavallo fra VII e VI secolo. Pertanto quando, nella prima metà del VI secolo, le colonie d'Occidente avviarono la costruzione dei loro primi templi in pietra, tale processo era ancora in corso e le prime architetture coloniali vi parteciparono. Da qui esiti assai variegati. Inoltre nel linguaggio formale dei templi arcaici delle città coloniali d'Occidente si riflettono le diverse componenti culturali ed etniche che confluiscono nella formazione delle nuove *pòlis*, ma si osserva anche la ricerca di una sintesi originale di tali componenti.

Sibari aveva legami stretti con la Ionia, in particolare con Mileto[130]. All'architettura arcaica delle città achee della Magna Grecia (Sibari, Metaponto e Crotone sullo Ionio, Poseidonia sul Tirreno) è stato dato il nome di stile acheo o "Ionian Sea Style". Le caratteristiche di questo stile sono una particolare espressività e ricchezza decorativa, insieme alla compresenza di eredità formali e compositive di matrice dorica e ionica. Ma anche all'interno dell'area achea si notano "*diversi dialetti: Sibari e la sua città-figlia Poseidonia, rappresentarono la variante più ricca e, per certi versi, "ionica", mentre Metaponto, con le sue forme più sobrie, si sintonizzò grosso modo sulla stessa onda dorica*"[131].

Il tempio di Hera I

Fra i tre templi dei santuari urbani di Poseidonia, è quello più antico, il tempio di Hera I, ad incarnare il momento di massima creatività e originalità della cultura locale, inserita nell'ambiente coloniale di origine acheo-peloponnesiaca, di cui Sibari fu il principale centro di elaborazione culturale[132].
Il tempio di Hera I, iniziato intorno alla metà del VI secolo, è completato nel penultimo decennio del secolo. Viene adottato l'antico tipo della cella con fila centrale di colonne (il prototipo è il tempio ancora ligneo di Apollo a Thermon; il più antico esempio in pietra conosciuto è l'incompiuto tempio B di Metaponto, di poco precedente a quello di Poseidonia). La presenza della fila centrale di colonne, imponeva due ingressi alla cella e una facciata con numero dispari di colonne, con un pieno e non un vuoto al centro.
Lo *ptèron* è tanto ampio da fare del tempio quasi uno pseudodiptero. Si nota un'attenzione alla razionalità compositiva nel rapporto 1:2 scelto per il numero delle colonne (9x18) e nella stretta relazione in senso trasversale fra nucleo centrale e peristasi, anomala per un tempio dorico e più vicina alla tradizione ionica. Sia in senso trasversale che longitudinale, i muri del nucleo centrale sono infatti allineati con gli assi delle colonne della peristasi. Una ricerca di rapporti proporzionali semplici si nota anche nel grande altare di 64x8 piedi (con un preciso rapporto di 1:8), collocato in asse con il tempio, ad una distanza esatta di 90 piedi.
Il riferimento al tempio di Apollo a Thermon ritorna anche per l'opistodomo in un primo tempo ipotizzato. Ma il progetto fu variato in corso d'opera. Alla fine si adottò la soluzione con *àdyton* accessibile solo dalla cella, eliminando l'ultima colonna della fila centrale interna e ampliando così l'ultimo interasse. Questo cambiamento di impianto può collegarsi alla necessità di assecondare pratiche rituali in cui le processioni, dopo aver girato nell'ampio *ptèron* attorno al nucleo centrale del tempio, accedevano alla cella da uno dei

due ingressi e, dopo aver sostato davanti all'*àdyton*, passavano nell'altra navata per uscire dall'altra porta della cella.
Per quanto riguarda la disposizione delle colonne della peristasi, gli interassi sui lati corti sono più ampi di quelli sui lati lunghi secondo una comune prassi arcaica, e in generale si notano anche delle variazioni delle misure ascrivibili alla fase di esecuzione, anche questo un dato comune in epoca arcaica. Il diametro inferiore delle colonne è metà dell'interasse e quindi pari all'intercolunnio. Gli interassi frontali sono tutti uguali. Il conflitto angolare è ignorato e di conseguenza le metope terminali dovevano essere più larghe delle altre. Per la prima volta vediamo qui l'interasse assunto come unità modulare in altezza. È pari a 4/9 dell'altezza delle colonne (il rapporto di 4:9 ritorna spesso nell'architettura dorica fino al Partenone). L'altezza della trabeazione è 1/3 dell'interasse.
I fusti delle colonne, presentano, per la prima volta in età arcaica, un'entasi, ma tanto accentuata da apparire chiaramente una scelta stilistica e non una semplice "correzione ottica". Elemento caratteristico dello "stile acheo" è il capitello dall'echino molto espanso e schiacciato, con una ricchissima decorazione a rilievi dipinti, con fiori di loto e palmette, il cui disegno varia da una parte all'altra della peristasi. In nessun altro tempio greco il disegno della colonna raggiunge una tale poderosa plasticità capace di esprimere un senso di organica e quasi primitiva energia.
Nella trabeazione si nota il prevalere di una vena decorativa ionica sul rigore strutturale del dorico. Fra architrave e fregio, invece della *taenia* e delle *règulae*, c'è una modanatura continua e decorata come nell'ordine ionico, che interrompe ogni relazione strutturale verticale fra fregio e colonnato. Il fregio doveva comunque presentare una successione di metope e triglifi.
Il tempio era rivestito nella parte alta da elementi in terracotta policroma. Il frontone era probabilmente dipinto, mentre non

si sa quale decorazione fosse presente nelle metope e non si può escludere la presenza di una decorazione figurata, anche scultorea[133].

Il tempio di Atena
Anche nel tempio di Atena, della fine dell'età arcaica, riconosciamo la varietà di componenti, tipica dello "stile acheo". Ma in questo caso sembra che il duplice riferimento a modi e forme dorici e ionici avvenga in modo più esplicito e consapevole.
Il tempio di Atena è il più antico esempio giunto fino a noi di colonnato con il rapporto 6x13 e soprattutto di un interasse uguale su tutti i lati (pari a 8 piedi) adottato come modulo di base. Per mantenere tale misura precisa, la lunghezza sacra di 100 piedi dello stilobate fu leggermente allungata. Sull'esaltazione dell'individualità dei singoli elementi, prevale la ricerca di un ordine razionale nella composizione d'insieme. In alzato le colonne ripropongono il modello di quelle del tempio di Hera I, con entasi pronunciata ed echino schiacciato, ma con forme meno esasperate e proporzioni più slanciate. Particolarmente innovativa è la soluzione del *gèison* aggettante "a cassetta", al posto del tradizionale *gèison* con mutuli di tipo dorico. Esso appare come una originale interpretazione in pietra di un tetto con travetti di legno aggettanti, rivestiti di lastre di terracotta. Una conseguenza importante è che questo forte aggetto rese inutili i rivestimenti fittili che caratterizzano fortemente l'immagine dei templi arcaici.
Nell'organizzazione generale, una particolare importanza è attribuita al nucleo interno. Al contrario di quanto si vede nel tempio di Hera I, la cella si allarga a spese dello *ptèron*, al punto che questo perde la sua funzione di corridoio processionale per diventare, come è comune nel dorico, un semplice involucro spaziale attorno alla cella. Ma, a differenza del

dorico della madrepatria, si osserva qui un'accentuata direzionalità, grazie ad una asimmetria nello *ptèron* e soprattutto ad una originale soluzione per il pronao d'ingresso. Allo *ptèron* frontale viene assegnata la profondità di due interassi con un allineamento trasversale di matrice ionica, fra nucleo centrale e peristasi, mentre lo *ptèron* laterale e posteriore sono ampi un solo interasse. Allo *ptèron* frontale segue un portico ionico con quattro colonne in facciata e due sui lati, che immette in un pronao profondo due interassi e libero da colonne interne. Questo grande vestibolo si pone come un'appropriata pausa in un percorso ascensionale che dai piedi del tempio giunge alla cella, a cui si accede salendo un'ulteriore serie di gradini. Il richiamo all'architettura ionica non è pertanto solo nell'anomala adozione dell'ordine ionico all'interno di un tempio dorico, ma nell'originale impianto che mira a conferire all'accesso il carattere di una sorta di percorso processionale che penetra in profondità lungo l'asse longitudinale del tempio, a scapito dell'onnidirezionalità tipica del periptero dorico.

La cella, priva di colonne interne e di *àdyton*, ha proporzioni molto meno allungate di quanto fosse comune in età arcaica. Un elemento che si incontra qui per la prima volta e che diventerà tipico dei templi occidentali, sono le due torri scalari ai lati dell'ingresso alla cella. La loro presenza si può associare a funzioni rituali. Forse davano accesso a una "finestra delle apparizioni" simile a quella del tempio della Concordia, ma di cui qui non si può sapere nulla, per la mancanza delle parti alte del tempio. L'altare, largo quanto lo stilobate, è collocato come di consueto sull'asse della facciata di ingresso.

Il tempio di Hera II
Diverso è il caso del tempio di Hera II. È stato da sempre considerato una immediata derivazione del tempio di Zeus a Olimpia, e insieme a questo, ritenuto un esempio

emblematico del dorico nella fase del classicismo severo. Questa idea va in parte corretta.
Sicuramente, rispetto ai due precedenti templi di Poseidonia, in cui la specificità della cultura locale si manifesta nella sintesi di elementi dorici e ionici, qui è l'identità panellenica il messaggio essenziale veicolato dalla "purezza" dell'ordine dorico. Il tempio fa parte di quella serie che in Occidente viene costruita dopo le vittorie navali di Salamina e di Imera. Sull'onda di un rafforzato senso di panellenica unità, viene adottato anche in Occidente il modello del dorico della madrepatria, incarnato dal tempio di Zeus a Olimpia.
Come in tutti i contemporanei templi d'Occidente il nucleo centrale presenta pronao e opistodomo simmetrici, dìstili *in antis*. Come in tutti, ai lati dell'ingresso della cella ci sono due scale interne, che mancano invece nel tempio di Olimpia. Ma la cella presenta all'interno un doppio colonnato su due ordini, un elemento presente a Olimpia ma che in Occidente si trova, oltre che a Poseidonia, solo nel tempio arcaico di Apollo a Siracusa, dell'inizio del VI secolo.
Nonostante questo, nel tempio di Hera II l'identità locale emerge ugualmente, fornendo una versione unica di tempio del classicismo severo, carica di una potenza espressiva che manca a quello di Olimpia e ancora di più ai contemporanei templi di Agrigento. La riconosciamo in elementi dal sapore arcaico come i capitelli corposi e grandi, i triglifi rastremati e con la chiusura arrotondata dei solchi verticali, i cornicioni fortemente aggettanti. Anche lo sviluppo allungato della pianta, con 6x14 invece delle 6x13 colonne di Olimpia, è un carattere arcaicizzante.
Una ulteriore particolarità è la mancanza di quella rigorosa regolarità nell'impianto generale e nelle proporzioni che caratterizza questa fase del classicismo severo e che si trova sia nel tempio di Olimpia[134] che in quelli di Agrigento[135].
Dieter Mertens osserva che "*nella disposizione e nel reciproco*

coordinamento dei membri compositivi dell'ordine, e in misura estremamente vistosa nel fregio, regna in verità un disordine, una irregolarità, una variabilità che non conosciamo da nessun altro tempio, neppure i più arcaici e primitivi. Nella distanza fra il centro di due triglifi sono possibili oscillazioni fino a 11 cm., fatto assolutamente inaudito nell'ordine dorico di epoca classica"[136]. L'autore suggerisce che possano essere stati riutilizzati elementi di un tempio preesistente smantellato, il che spiegherebbe anche la conformazione arcaica dei triglifi.

Il tempio non aveva sculture né nelle metope né nei frontoni. Tutta la sua espressività era affidata ai valori plastici ed è proprio la forza plastica delle sue forme, a conferirgli una vitalità che manca ai contemporanei esempi agrigentini. Nota ancora Mertens: "*I capitelli delle colonne presentano forma originale e non sono confondibili con i convenzionali capitelli erti dei coevi templi siciliani; anche nel loro pieno volume si percepisce ancora la tarda eredità della bella pienezza dei capitelli arcaici. Tutte le forme di tale tempio sono grandi e marcate; il che vale anche per il gèison aggettante, che poderoso e ombreggiante, incornicia l'intero alzato [..] Il tempio è un insieme di componenti plastiche, che si associano a formare un complesso. Ogni elemento agisce nella sua posizione, ma sempre sprigionando al massimo la propria corporeità. Tutte le componenti nella progettazione vengono trattate come corpi con superfici esterne tangibili, senza che vi siano relazioni assiali astratte. Ciò pretese molte fini accordature*"[137]. E in effetti il tempio di Hera II presenta già "correzioni ottiche" che saranno tipiche dell'età classica. L'entasi non è più un plateale rigonfiamento come nel tempio di Hera I, ma una curvatura leggera che crea un effetto di tensione; lo stilobate si incurva verso l'alto su entrambi i lati trasmettendo questa lieve curvatura alla trabeazione.

3.3. L'acropoli di Atene nel V secolo

3.3.1. L'evoluzione del sito fino all'età classica

Dall'epoca micenea a quella arcaica
La collina di roccia calcarea dell'Acropoli di Atene, a circa 5 km. dal mare, si eleva isolata nella piana dell'Attica, una conca circondata da montagne, eccetto che verso sud dove con una lingua di terra si protende nel golfo di Salonicco, creando ottimi porti naturali.
La collina ha la sommità pianeggiante ad una quota di 60-70 metri rispetto alla piana sottostante. Alla base dei suoi fianchi scoscesi vi sono delle sorgenti. Tutto questo l'ha resa da sempre un luogo idoneo all'insediamento. Nel corso del tempo, per mezzo di opere di terrazzamento sostenute da poderose mura, la sommità fu trasformata in un'ampia piattaforma dal perimetro irregolare.
Frequentata fin dalla metà del III millennio, fra XV e XII secolo fu sede di una rocca micenea che dominava l'abitato ai suoi piedi. L'ingresso alla rocca avveniva dal versante ovest, l'unico accessibile. Le fortificazioni furono ampliate nel XIII secolo con un muro di cinta in opera "ciclopica" (le fonti antiche lo ricordano come muro *pelasgico*), e un bastione all'ingresso (quello sul quale sarebbe sorto il tempietto di Atena *Nike*). Una scala scendeva alla sorgente alla base del lato nord.
Con la nascita della *pòlis* ateniese, dall'VIII secolo in poi, l'Acropoli perse il carattere di fortezza, per diventare il santuario della città. Il primo tempio di Atena Poliàs vi fu eretto nel VII secolo[138].

L'epoca dei Pisitratidi

Il tiranno Pisistrato prese il potere ad Atene nel 561, dopo un periodo di anarchia e conflitti fra le famiglie aristocratiche. Alla sua morte, nel 527, gli successero i figli Ippia e Ipparco, poi cacciati dalla città nel 510, quando fu istituito un governo democratico.

Pisistrato intese riaffermare l'unità della *pòlis* rafforzando i legami fra la sua parte urbana e i demi rurali sparsi nell'Attica. Un importante strumento di tale politica fu la religione tradizionale. Già prima della presa del potere, nel 566, aveva istituito le Panatenee, festa religiosa di tutti gli Ateniesi, il cui momento culminante era la grande processione che si concludeva sull'Acropoli nel giorno della nascita della dea vergine, il 28 agosto.

Pisistrato intervenne sull'Acropoli con l'intento di farne il simbolo dell'unità della *pòlis*. Vi introdusse nuovi culti, come quello di Atena *Nike* e quello di Artemide *Brauronia* (quest'ultimo originario del demo rurale di Brauron da cui egli stesso proveniva) e avviò una nuova fase di monumentalizzazione.

In quel momento l'Acropoli ospitava un tempio di età tardo-geometrica dedicato ad Atena *Poliàs*, sorto sul sito dell'antico palazzo miceneo nella parte settentrionale della spianata, oltre ad aree sacre dedicate a figure leggendarie, fra cui Cecrope il primo mitico re di Atene.

In concomitanza con la istituzione delle Panatenee, nel 566, sull'area corrispondente alla parte occidentale dell'attuale Partenone, si avviò la costruzione di un periptero dorico in *pòros* di 6x13 colonne, con lo stilobate di 20x46 metri. Si dovrebbe trattare del tempio noto dalle fonti come *Hecatòmpedon* (per la sua cella lunga cento piedi attici). Era un tempio tipicamente arcaico nelle forme, come si evince dai capitelli dall'echino espanso e rigonfio. Le metope scolpite in marmo e i gruppi frontonali in *pòros* rivelano le forti ambizioni rappresentative dell'edificio. Inoltre la presenza del marmo, non solo per le metope, ma anche per tegole, acroteri e sime, testimonia dei tradizionali legami di Atene e con l'area egea e cicladica da cui il marmo proveniva.

Venne anche realizzata una grande rampa rettilinea, adiacente al muro nord dell'Acropoli, destinata all'accesso processionale nel corso delle Panatenee e fu realizzato il santuario di Artemide Brauronia.

Nella politica di rafforzamento dei legami fra città e demi rurali rientrano altri interventi: la localizzazione, alle pendici meridionali dell'Acropoli, del santuario di Diònysos Eleutherèus che introduceva in città il culto di Dioniso praticato nel demo di Eleuthèrai; l'istituzione nel 534 della festa delle Grandi Dionisie o Dionisie cittadine a complemento delle Piccole Dionisie o Dionisie rurali, celebrate tradizionalmente nei demi rurali dell'Attica. Con le Grandi Dionisie e le sue competizioni, si inaugurava la straordinaria stagione del teatro greco.

Gli interventi di Ippia e Ipparco sull'Acropoli si muovono nel solco del programma di monumentalizzazione avviato dal padre. Fra il 520 e il 510, ricostruiscono il tempio proto-geometrico di Atena *Poliàs*. Il nuovo tempio era un periptero dorico di 6x12 colonne, in calcare del Pireo. Le metope, le sculture frontonali, la sima e le tegole di copertura erano in marmo pario. Le sculture frontonali furono le prime in assoluto realizzate in marmo in un tempio dorico. Il nucleo interno presentava pronao e opistodomo distili, forse con colonne ioniche fra le ante. La cella era suddivisa in due parti fra loro non comunicanti: quella orientale, quadrata, divisa da due file di colonne in tre navate e quella occidentale, accessibile dall'opistodomo, a sua volta suddivisa in un primo ambiente dal quale si accedeva a due minori. Fra i diversi elementi ionici presenti nell'edificio ricordiamo, oltre all'uso del marmo delle Cicladi, la relativa snellezza delle colonne, l'ampiezza degli intercolunni e il fregio continuo che correva sulle pareti esterne della cella, forse con la rappresentazione della processione panatenaica.

Dunque dal punto di vista stilistico, l'architettura dorica ateniese dell'età dei Pisistratidi è fortemente intrisa di accenti ionici. E' una ibridazione comune nelle colonie d'Occidente ma un caso unico nel panorama dell'architettura tardo-arcaica della Grecia continentale. Cogliamo in questo momento il primo formarsi di quello stile "attico" che vedremo realizzato pienamente nell'età di Pericle.

Il più impegnativo intervento monumentale avviato ad Atene da Ippia Ipparco è però esterno all'Acropoli. E' la ricostruzione, a partire dal 515, del tempio di Zeus Olimpio (*Olympieion*), costruito da Pisistrato presso il fiume Ilisso e distrutto da un incendio. Nello spirito tipico delle tirannidi che anima i contemporanei grandi templi di Selinunte e di Agrigento, Ippia e Ipparco intendevano realizzare un colossale diptero ottastilo dorico della lunghezza di oltre 107 metri. Il riferimento ai grandi dìpteri ionici è evidente. Come questi, il tempio era impostato su una griglia ortogonale, avrebbe avuto un pronao profondo tripartito da due file di colonne e una cella scoperta. La costruzione si interruppe alla cacciata di Ippia e Ipparco. La città democratica vide sempre questo tempio, incarnazione di dismisura e tracotanza, come un corpo estraneo e un simbolo della tirannia, al punto da usarlo come materiale da costruzione. Il completamento avvenne solo dopo il tramonto dell'autonomia politica della *pòlis*. Una prima ripresa dei lavori si ebbe nel 174 su iniziativa del re macedone Antioco IV, per il quale l'architetto romano Cossutius riprogettò il tempio in forme corinzie. Ma neanche questa volta fu portato a termine. Il completamento avvenne solo fra il 127 e il 131 d.C. a cura di un imperatore romano, il filogreco Adriano.

Gli interventi della democrazia ateniese fra il 510 e il 479
Nei primi anni del regime democratico, fra la fine del VI e gli inizi del V secolo, sull'Acropoli vennero realizzati diversi piccoli edifici votivi ed eretta una monumentale colonna ionica presso la tomba di Cecrope. Ma l'impresa più impegnativa e di più grande valore simbolico, in termini non solo religiosi ma anche politici, promossa da Clìstene fu la demolizione dell'Hekatompedon di Pisistrato e l'avvio della costruzione, al suo posto, di un nuovo tempio le cui dimensioni (31,39x76,82 m.) avrebbero dovuto superare quelle del vicino tempio di Atena *Poliàs* di Ippia e Ipparco.

Il basamento costituiva già di per sé una grande impresa costruttiva. Il tempio appoggiato a nord sulla roccia dell'Acropoli, sul lato sud, dove la rupe scendeva ripida, necessitava di un ampliamento della spianata rocciosa, che fu ottenuto con un enorme sostruzione in grandi blocchi squadrati di pietra calcarea, alta 10,67 metri verso valle. L'enorme quantità di materiale necessaria fu ricavata in parte dalle cave del Pireo e in parte dallo smantellamento dell'Olympieion.

Completato il basamento e intrapresa la costruzione della crepidine, i lavori si interruppero a causa dell'incombere della prima guerra persiana. Dopo la vittoria di Maratona nel 490, furono ripresi, ma in un contesto nuovo che portò ad un mutamento del progetto. Maratona fu essenzialmente una vittoria degli Ateniesi che ne accrebbe enormemente il prestigio nel mondo ellenico. Ciò stimolò un più ambizioso progetto. Si decise di realizzare sul basamento già pronto, un tempio interamente in marmo bianco del monte Pentelico presso Atene. Era un tempio dorico di 6x16 colonne (definito dagli storici "pre-Partenone"), con la cella suddivisa in tre navate da due file di dieci colonne su due ordini e preceduta da un pronao prostilo tetrastilo. Oltre il muro di fondo vi era una seconda cella quadrata, con quattro colonne centrali,

accessibile da un opistodomo simmetrico rispetto al pronao. Contemporaneamente cominciò anche la costruzione di nuovi propilei di accesso all'Acropoli, anch'essi interamente in marmo pentelico (i cosiddetti "pre-Propilei").
Lo scoppio della seconda guerra persiana fermò i lavori di entrambe le opere in una fase iniziale. Il tempio non andò oltre gli ortostati della cella e il secondo-terzo rocchio delle colonne della peristasi.
Fondamentale eredità di questa fase fu la scelta di passare dal *pòros* al marmo pentelico, materiale che diventerà un tratto caratterizzante l'architettura dell'Atene classica e che favorì la penetrazione di componenti del linguaggio ionico veicolate dalle maestranze cicladiche, le più esperte nella lavorazione di questo materiale.

Le distruzioni della seconda guerra persiana e le prime riparazioni
Nel corso del 480 la città di Atene, occupata dalle truppe persiane, aveva subito estese distruzioni e incendi, sia nei quartieri abitativi che nei principali luoghi pubblici, civili e religiosi, inclusa l'Acropoli. Qui i templi erano stati incendiati e abbattuti, statue e oggetti di culto distrutti o trafugati.
Dopo le vittorie di Platea e Micale nel 479, si avviò un vasto programma di ricostruzione, ma questa, per gli edifici monumentali, cominciò non prima della pace di Callia, che nel 449 sancì la conclusione dello stato di guerra con i Persiani. Una motivazione di questo ritardo potrebbe essere stata il giuramento che gli Ateniesi avevano fatto alla vigilia della battaglia di Platea, di non ricostruire i loro templi prima della definitiva sconfitta del nemico e della conclusione della guerra.
Negli anni immediatamente successivi al 479 l'aristocratico Cimone, comandante della flotta della Lega di Delo ed esponente del partito conservatore, fece eseguire la riparazione delle fortificazioni dell'Acropoli realizzando

anche un nuovo muro meridionale. Per gli edifici religiosi ci si limitò a interventi di ripristino finalizzati a rendere utilizzabili, almeno in parte, gli edifici distrutti. Alcuni elementi del tempio pisistratide di Atena *Poliàs*, incendiato dai persiani, furono inglobati nel muro settentrionale per conservare la memoria del sacrilegio commesso.

Il Pireo e le "lunghe mura"
L'eroe delle guerre persiane, Temistocle, fu l'altro protagonista di questa fase della storia ateniese, fino alla sua ostracizzazione nel 472. Fu lui il promotore sia della rapida ricostruzione delle mura di Atene che della costruzione del nuovo insediamento fortificato del Pireo a servizio dei tre porti di Kàntharos, Zea e Mounychia. I lavori cominciarono subito dopo la costituzione della Lega di Delo, e sono collocabili nel periodo 470-450. Mentre nella ricostruzione delle aree abitative di Atene, il regime privato di proprietà dei suoli impedì una pianificazione complessiva e portò ad una ricostruzione della città secondo la trama irregolare precedente, al Pireo, dove i suoli erano pubblici, si poté operare un intervento di pianificazione simile a quanto da tempo praticato nelle città coloniali. Il progetto è attribuito dalle fonti a Ippodamo da Mileto. I principi essenziali della progettazione ippodamea si riconoscono nel piano per il Pireo: maglia stradale ortogonale con gerarchizzazione dei percorsi in base alla larghezza delle strade e individuazione di zone funzionali diverse, distinguendo tra aree abitative, commerciali, politiche e religiose. Lo spirito che informa il progetto è il razionalismo che caratterizza in ogni campo la cultura ateniese del V secolo.
Per evitare che, in caso di assedio, la città di Atene rimanesse tagliata fuori dal suo porto, fu intrapresa la realizzazione delle cosiddette "Lunghe Mura", una sorta di corridoio fortificato che metteva in connessione diretta la città di Atene con il

Pireo. La realizzazione fu iniziata da Cimone con la costruzione del muro settentrionale (6 km.) e del muro del Falèro (5,3 km.). Venne completata da Pericle con la costruzione del cosiddetto "muro di mezzo" (6 km.). Le mura, con torri quadrangolari poste a intervalli regolari, avevano il basamento in opera isodomica in pietra ed elevato in mattoni crudi.

3.3.2. L'acropoli in età classica

Politica culturale e imperialismo ateniese
Dopo le vittorie di Salamina e di Platea in cui aveva salvato l'intera Grecia, Atene sfruttò il prestigio conquistato per avviare una politica egemonica rivolta verso il suo tradizionale ambito culturale di riferimento: l'Eubea, le Cìcladi, le isole dell'Egeo settentrionale e le città della Ionia. Strumento di tale politica fu la Lega delio-attica, fondata nel 477, fra Atene e le città di queste aree, il cui scopo istitutivo era la difesa degli interessi comuni nell'Egeo contro i Persiani. La sede della Lega era nell'isola di Delo, luogo tradizionale delle assemblee ioniche, ma il suo controllo era saldamente nelle mani di Atene.
Il protagonista dei grandi interventi che si realizzarono sull'Acropoli dopo la metà de V secolo è Pericle, aristocratico di parte democratica. Pericle dominò la scena politica di Atene dal 460 alla sua morte nel 429. Nel regime democratico ateniese l'organo decisionale (anche per gli interventi edilizi pubblici) era l'*ekklesìa*, l'assemblea dei cittadini. Pericle, svolgendo per più volte di seguito il ruolo di arconte, si dimostrò sempre capace, nei momenti cruciali, di orientare le scelte dell'assemblea.
Dopo la pace di Callia del 449 con i Persiani e la pace dei trent'anni del 446 con Sparta, la Lega di Delo si trasformò di

fatto in un "impero ateniese". Il tesoro della Lega fu spostato da Delo ad Atene, l'assemblea cessò di riunirsi, la giurisdizione ateniese fu estesa a tutti gli alleati, questi (ad eccezione di Samos, Lesbo e Chios) furono tenuti a versare un tributo stabilito da Atene, utilizzabile senza rendere conto alla Lega. Di pari passo con questa politica egemonica, Atene si propose come l'incarnazione più alta dei valori della grecità, come "scuola dell'Ellade", come disse Pericle nel suo celebre discorso agli ateniesi all'inizio della guerra del Peloponneso[139]. La democrazia ateniese veniva esaltata come l'espressione massima dei valori dell'*autonomia* e dell'*isonomia*, sottolineando la natura di una supremazia non basata sulla mera forza, ma in primo luogo su valori culturali ed etici. E' in questo periodo che nasce il mito di Atene, che durerà ben oltre le vicende dell'Atene storica. L'affermazione della superiorità del regime democratico ateniese rendeva auspicabile la sua diffusione e anche un intervento militare (e spesso una feroce oppressione) nelle *pòleis* federate recalcitranti. Il mito di Atene giustificava le sue pretese di dominio. L'architettura monumentale contribuì in modo determinante alla costruzione di questo mito.

Pericle avviò un vasto programma di opere pubbliche, il cui fine non secondario era quello di dare lavoro a grandi masse di popolazione e riattivare l'economia[140]. Gli interventi riguardarono il completamento delle opere difensive e delle attrezzature civili, come la via dei Trìpodi e l'*agorà* del Ceramico. Ma è nell'architettura religiosa dei santuari che si concentra il massimo impegno economico e rappresentativo. Si interviene sull'Acropoli, nel santuario di Eleusi, a Ramnunte e al Pireo. Ciò che accomuna questi interventi è la ricerca del valore attraverso la qualità piuttosto che attraverso la pura e semplice grande dimensione. Si cerca di esprimere il senso di una cultura superiore, tramite la scelta del marmo come materiale quasi esclusivo, la razionalità della progettazione,

l'alta qualità esecutiva, il pregio dell'ornamentazione e della plastica figurativa.
Proprio grazie agli interventi intrapresi alla metà del V secolo, già nel IV secolo e poi in età ellenistica Atene verrà riconosciuta come modello di cultura, esempio di qualità della vita in una società urbana libera e dinamica, portatrice di valori universali materializzati nella qualità ritenuta insuperabile della sua architettura monumentale.

Il Partenone
Gli interventi monumentali sull'Acropoli furono finanziati da Pericle con un ricorso spregiudicato al tesoro della Lega di Delo.
Il primo edificio ad essere realizzato fu il Partenone. I lavori iniziarono nel 447 e si conclusero per la parte architettonica nel 437, mentre nel 432 fu completata quella scultorea. L'impresa fu straordinaria già per la rapidità con cui si riuscì a realizzare un tempio dorico di dimensioni superiori a tutti i precedenti, con un livello di perfezione esecutiva straordinario nella lavorazione del marmo e una ricchissima decorazione plastica. Gli architetti furono Ictino e Callicrate sotto la supervisione dello scultore Fìdia al quale, oltre alla decorazione scultorea del tempio, era affidata la statua colossale di Atena da collocare al suo interno.
Se il Partenone rappresenta bene l'architettura dorica di età classica per tanti aspetti, come le correzioni ottiche o le proporzioni del capitello, per molti altri versi è un anomalo rispetto al dorico "canonico" così come definito nel tempio di Zeus ad Olimpia.
Interamente in marmo pentelico, comprese le tegole di copertura, fu costruito al posto del cosiddetto "pre-Partenone" di Clistene, incorporandone la crepidine. Il Partenone, nell'organizzazione del nucleo centrale, riproponeva l'impianto del predecessore, con le stesse

"anomalie" rispetto al modello di Olimpia: il pronao e l'opistodomo prostili e non *in antis*, l'allineamento del loro fronte con la seconda e penultima colonna dei lati lunghi e non con un punto intermedio del penultimo intercolunnio (con conseguente contrazione degli *ptèra* frontali), la presenza di una cella occidentale con quattro colonne interne accessibile solo dall'opistodomo; l'opistodomo e il pronao molto contratti per dare più spazio alle due celle.

Dunque i due templi si rassomigliavano nell'impianto, ma con una differenza sostanziale. Il nuovo Partenone era un periptero ottastilo di 8x17 colonne e non un esastilo. Di conseguenza, anche se di poco più lungo (69,53 contro 66,88 m.), era notevolmente più largo del tempio precedente (30,88 contro 23,51 m.). Come periptero ottastilo il Partenone era un *unicum*. Il solo precedente di ottastilo nella Grecia continentale sarebbe stato, se completato, il tempio di Zeus Olimpio ad Atene, che era comunque un diptero come i colossali templi ionici a cui si ispirava. In Occidente gli unici esempi noti di ottastili sono il tempio di Artemide a Corfù e quello di Apollo (tempio G) di Selinunte, ma si trattava di pseudodipteri. La soluzione "anomala" di un periptero ottastilo nasceva dalla necessità di ospitare convenientemente la grande statua di Atena in una cella che fosse il più larga possibile. Per questo la larghezza del tempio era stata aumentata fino ai limiti dello spazio disponibile e l'adozione di una fronte ottastila garantiva di per sé una cella più ampia, a parità di larghezza, che in un tempio esastilo. Infatti in un periptero esastilo la cella è ampia 3 interassi, mentre in un ottastilo è di 5 interassi, naturalmente a scapito degli *ptèra* laterali che ne risultano più contratti. Infine la scelta della fronte ottastila era forse anche "obbligata" per motivazioni sia economiche che religiose, perché consentiva di riutilizzare i rocchi già realizzati per il tempio precedente. Questi avevano un diametro pari a 1,91 metri, troppo ridotto per una facciata

dorica esastila di 30 metri di larghezza (si pensi che il tempio di Zeus a Olimpia, un esastilo con la facciata di circa 27 metri, aveva colonne di 2,21 metri di diametro). Emerge da queste osservazioni la capacità dei progettisti di adattare in maniera creativa il tipo tradizionale del periptero ad uno specifico programma funzionale e simbolico e ai vincoli del contesto.
Non sono chiari i criteri di propozionamento della pianta, anche se è evidente che un ruolo importante svolge il rapporto 4/9. E' questo il rapporto tra diametro della colonna all'imoscapo e interasse e anche tra larghezza e lunghezza dello stilobate. La particolarità della pianta ottastila si rifletteva in proporzioni inconsuete nell'alzato. La facciata del Partenone, rispetto a quella di un esastilo come il tempio di Zeus a Olimpia, è meno slanciata con un accentuato sviluppo orizzontale. Il rapporto fra altezza della colonna e larghezza della facciata è di 1:2,9 nel Partenone contro 1,:2,6 a Olimpia, La suddivisione della cella in due ambienti (di cui quello posteriore accessibile dall'opistodomo era il vero e proprio "Partenone"), riproponeva lo schema del pre-Partenone. Le innovazioni di impianto introdotte erano soprattutto in funzione della colossale statua di Fidia. Alta 12 metri, rappresentava Atena *Pàrthenos* ("Atena vergine") in armi con lo scudo ai piedi e una *Nike* (vittoria alata) nella mano destra. Il nucleo portante era in legno, in avorio le parti del corpo in vista, mentre le parti restanti, corrispondenti ai panneggi, erano rivestite in lamine d'oro. La cella era complessivamente larga 19 metri (mentre quella del pre-Partenone non raggiungeva i 12); inoltre allo schema a tre navate separate da due colonnati su due ordini si aggiunse un terzo braccio che collegava i due colonnati laterali, in modo che questi apparissero come risvoltari sul fondo avvolgendo e inquadrando la grande statua; infine, per illuminare l'interno, si introdussero finestre ai due lati del portale di ingresso (soluzione poi riproposta nell'Eretteo). Queste innovazioni

rivelano una inedita attenzione alle qualità dello spazio interno della cella, tema destinato a diventare sempre più rilevante nell'architettura tardo-classica.

Il tempio aveva essenzialmente la funzione di tesoro destinato ad accogliere le offerte più preziose alla dea. Non vi era un altare davanti ad esso, né è attestata la presenza di un sacerdote addetto al culto di Atena *Pàrthenos*.

La necessità di riutilizzare materiali preesistenti può aver determinato le numerose irregolarità che si riscontrano nell'edificio: nessuno dei triglifi della facciata è perfettamente in asse con la colonna corrispondente; gli interassi della peristasi presentano significative variazioni di ampiezza, come anche le metope, forse anche per compensare una contrazione angolare che è il doppio del necessario, con la conseguenza paradossale che le metope angolari invece che troppo larghe sono troppo strette.

Viceversa, nella compagine d'insieme, si nota una straordinaria cura. Parliamo delle "correzioni ottiche", che nel Partenone sono tutte presenti: entasi delle colonne; curvatura dello stilobate e della trabeazione; inclinazione delle colonne di tutti i fronti verso l'interno; inclinazione verso l'interno di tutte le superfici verticali (crepidoma, abaco dei capitelli, elementi della trabeazione, antefisse); inclinazione verso l'interno anche delle fronti del pronao e dell'opistodomo; inspessimento delle colonne d'angolo.

Come abbiamo visto, l'opinione oggi prevalente è che queste correzioni ottiche intendessero contribuire alla grazia visibile del tempio conferendogli quelle impalpabili qualità che ne fanno qualcosa di vivo e pulsante, un corpo le cui membra sono animate da un movimento unitario e non un meccanico assemblaggio di elementi. In tal modo il Partenone incarnava quell'ideale di bellezza verso cui convergeva l'intera cultura greca e per questo la sua costruzione aveva un posto centrale nel programma politico-culturale di Pericle. Insieme alla ricchezza del materiale e delle sculture, alla bellezza dei profili e all'armonia delle proporzioni, erano proprio queste "correzioni", frutto di una sensibilità raffinata, ad attestare agli educati occhi dei contemporanei, la superiore cultura artistica di Atene. Una superiorità che si manifestava non attraverso opere colossali fuori di ogni misura, ma nella capacità di conferire la bellezza di un corpo vivente (e quindi per il greci il massimo di perfezione estetica) al tipo architettonico più prestigioso della tradizione, dimostrando così di essere, di tale tradizione, il vertice insuperabile, una "scuola" per tutti i Greci.

Dal punto di vista stilistico il Partenone, insieme ai Propilei, è stato considerato l'espressione architettonica più alta del cosiddetto "classicismo attico".

Le proporzioni delle colonne e la forma del capitello si inseriscono in modo coerente nella linea di sviluppo che abbiamo tracciato per l'ordine dorico. Eppure il dorico del Partenone è qualcosa di diverso dal dorico "canonico" del tempio di Zeus a Olimpia di soli due decenni precedente.

Secondo Gottfried Gruben, nell'architettura del Partenone, e subito dopo nei Propilei, si compie una sorta di sintesi fra dorico e ionico che dà vita a qualcosa di nuovo. Si tratta di una sintesi del tutto congruente con il ruolo di potenza politica e culturale panellenica a cui Atene in quel periodo aspirava e che, secondo Gruben, corrisponde alla natura stessa dell'Attica: "*L'Attica era destinata a far da mediatrice fra i due poli dello spirito greco quello dorico e quello ionico, non solo grazie alla sua posizione di penisola - rivolta al mare e all'Oriente ionico da un lato e dall'altro congiunta al continente dorico - ma anche per la natura dei suoi abitanti, ioni di origine, che seppero tener fronte agli invasori dorici e mantenere la loro personalità, ma certo non senza mescolanza; e si deve forse a uno dei misteriosi privilegi di questa terra se non ne nacque un ibrido, ma una entità tipica, originale, che era qualcosa più delle sue due componenti*"[141].

Non si tratta solo della presenza di elementi ionici in un edificio dorico (nel Partenone le quattro colonne ioniche all'interno della cella occidentale, il fregio continuo in sommità del nucleo centrale, le modanature alla base del muro della cella, le antefisse a palmetta e il grande acroterio con volute di tipo cicladico alla sommità del frontone; nei Propilei, come vedremo, le due file di colonne ioniche interne ai due lati del passaggio centrale). Si tratta piuttosto di una sorta di metamorfosi che subiscono sia l'ordine dorico che quello ionico, ciascuno in direzione dell'altro, producendo quello che Gruben definisce lo stile "attico".

Si elabora una versione "attica" dell'ordine ionico conferendogli una maggiore chiarezza e solidità tettonica: la trabeazione viene modificata con l'inserimento del fregio continuo aumentandone lo spessore; al posto di quella bipartita ionica viene definita la "base attica" che appare logica, ma anche ricca di tensione, nelle sue articolazioni funzionali; la stessa chiara articolazione e tensione si coglie nel capitello, che disciplina la strabocchevole vitalità vegetale di stampo ionico.

A sua volta, secondo Gruben, il dorico del Partenone acquista qualità di ionica leggerezza e fluidità. Questo stile solidamente "tettonico" e analitico, viene investito da un nuovo approccio "sintetico" ispirato a quella logica del "contrapposto " già affermatasi nella scultura classica (come alternanza nella stessa figura di indicazioni di movimento opposte). Come abbiamo detto, fattore fondamentale di unificazione sono le correzioni ottiche. Il criterio del mero assemblaggio di elementi ripetitivi, viene contraddetto da un movimento d'insieme al quale le diverse parti concorrono grazie a lievi modulazioni di forma, dimensione e orientamento, perdendo la loro autosufficienza variando in funzione della loro posizione nell'insieme.

Anche nelle proporzioni si nota la coesistenza di effetti opposti. Una tendenza allo snellimento degli elementi coesiste con una compattezza generale della massa. Le colonne sono più snelle che in qualsiasi esempio dorico precedente e, corrispondentemente, la trabeazione è sottile in misura inusuale e quindi visivamente leggera. Ciò che è più degno di nota, comunque, non è la leggerezza di tali componenti in sé stessa - muovendosi il dorico in questa direzione - ma il fatto che a solidi leggeri come mai visti in precedenza nei templi dorici, non corrisponda un incremento dei vuoti fra le colonne (secondo la tendenza "normale"); invece succede proprio l'opposto. Le colonne sono ancora più vicine del solito. Il rapporto fra interasse e diametro inferiore della colonna è di 2,25:1, contro quello di 2,32:1 del tempio di Zeus a Olimpia o di 2,65:1 del tempio di Atena Aphàia a Egìna. Di conseguenza il colonnato è denso e corporeo, sebbene le colonne siano relativamente snelle. Su di esso la leggera trabeazione è portata senza sforzo e sembra quasi levitare.

L'eccezionalità del Partenone sta anche nella ricchezza dell'apparato iconografico. Dovunque traspare il tema di fondo dell'esaltazione di Atene, mediante la rappresentazione delle sue imprese, della sua religiosità e della sua divinità protettrice.

Un elemento assente nel tipo dorico tradizionale, ma forse già presente nel tempio di Atena Poliàs di Ippia e Ipparco, era il fregio figurato in marmo che correva alla sommità delle pareti esterne della cella. In questo fregio, alto circa 1 metro e lungo circa 160, viene rappresentata la processione che, nel giorno conclusivo delle feste Panatenaiche, saliva all'Acropoli per consegnare all'antica effigie di Atena, custodita nel tempio di Atena *Poliàs* (e poi nell'Eretteo), il *pèplos*, la tunica rituale ricamata nel corso dell'anno da vergini ateniesi selezionate a questo scopo. Gli ateniesi rappresentano sé stessi sulle pareti del tempio di Atena in atto di renderle omaggio. In tal modo celebrano la propria religiosità e il legame inscindibile della *pòlis* con la propria protettrice. Non ci potrebbe essere più esplicita prova del valore civico del tempio greco. La città si autorappresenta come una comunità ordinata e armonica. La disposizione delle figure nelle diverse parti del fregio tiene conto nella sequenza di accesso da parte dei visitatori. Sul lato ovest, quello verso i Propilei, da cui entrava la processione, è rappresentata la preparazione dei cavalieri; sui lati nord e sud il corteo in movimento verso est, con cavalieri, musicisti, anziani, portatori di carri e di animali per il sacrificio e altre figure; sul lato est il corteo converge dalle estremità verso il centro, dove lo attendono gli dei e gli eroi mitici della città.

Normalmente nei templi dorici solo una parte delle metope presentava bassorilievi e a volte potevano anche essere tutte prive di decorazioni scolpite, come nel tempio di Hera II a Poseidonia o in quello di Poseidone a capo Sounion. Nel tempio di Zeus a Olimpia contenevano sculture dodici metope su un totale di ottanta; nel tempio di Efesto ad Atene diciotto su sessantotto. Nel Partenone erano scolpite tutte e novantadue le metope. In quelle del lato est era rappresentata la Gigantomachia; sul lato ovest l'Amazzonomachia; sul lato sud la Centauromachia; sul lato nord la guerra di Troia. In tutti i casi il tema è quello della lotta dell'Ordine contro il Caos, della civiltà contro la barbarie, rappresentato attraverso scene del mito e dell'epopea omerica. Il riferimento trasparente era alla recente lotta dei Greci contro i "barbari" Persiani e al ruolo determinante svolto da Atene in questa lotta, come baluardo a difesa della grecità.

Atena è la protagonista dei gruppi frontali. Su quello orientale è rappresentata la nascita della dea già armata, dalla testa di Zeus. Su quello occidentale la disputa fra Atena e Poseidone per il possesso dell'Attica.

La ricca policromia, di cui restano rare e deboli tracce, era parte integrante dell'effetto estetico del tempio e, per quanto riguarda i rilievi figurati delle metope, dei frontoni e del fregio, doveva contribuire alla loro leggibilità, con gli sfondi di colore uniforme su cui si stagliavano le figure a rilievo dipinte in vivaci colori.

I Propilei
La seconda grande commissione di Pericle sull'Acropoli furono i Propilei, il grande ingresso monumentale. Il cantiere venne aperto nel 437, subito dopo la conclusione dei lavori architettonici del Partenone.
Difficoltà derivavano sia dal sito in forte pendenza, che dalle preesistenze. L'architetto Mnesicle risolse il problema in modo raffinato dal punto di vista formale e compositivo.
L'edificio era costituito da un corpo centrale orientato in direzione est-ovest, affiancato da due ali a nord e a sud. Il corpo centrale era il vero e proprio accesso e il suo impianto ricalcava quello dei propilei tradizionali. Si trattava di un edificio aperto su due fronti opposti con portici dorici esastili con frontone e diviso da un muro trasversale in due vani, uno ad ovest rivolto verso l'esterno e uno ad est verso l'interno dell'Acropoli. Per la forte pendenza del terreno i due portici, che avevano un'altezza quasi uguale, si impostavano a quote diverse e avevano anche coperture a quote diverse. Pertanto il prospetto occidentale dei Propilei presentava due frontoni paralleli, ma solo quello anteriore era visibile da parte di chi saliva all'Acropoli. L'interasse centrale dei due portici era molto più ampio al punto che, contro ogni regola, includeva due triglifi e non uno solo.
Il vano occidentale era suddiviso all'interno in tre navate da due file di tre colonne ioniche ciascuna. Dunque, così come il Partenone, i Propilei erano dorici, ma includevano elementi ionici.
La navata centrale, più ampia, era occupata da una rampa per gli animali, i veicoli e i cortei processionali, larga 3,50 metri,

che con pendenza costante attraversava l'edificio, interrompendo lo stilobate dei due portici opposti. A destra e sinistra vi erano passaggi pedonali gradonati. Le colonne ioniche ai lati del passaggio centrale sostenevano un ricco soffitto marmoreo cassettonato. Queste colonne, alte 10.35 metri, grazie alle proporzioni più snelle tipiche dell'ordine ionico, facevano da mediazione fra le quote dei portici dorici contrapposti, impostandosi alla quota dello stilobate di quello occidentale e sostenendo un architrave alla quota di quello del portico orientale. Erano un tipico esempio di stile ionico-attico, con la base "attica" chiaramente articolata, il capitello dalle proporzioni compatte ed equilibrate su pianta quadrata e una leggera entasi nel fusto.

Nel muro trasversale si aprivano cinque porte, una centrale in corrispondenza della rampa e due laterali in corrispondenza dei passaggi pedonali.

Sul fronte di ingresso le due ali, previste entrambe con portici ad angolo retto rispetto alla facciata, riproponevano l'ordine dorico, ma a scala più ridotta e senza frontone, subordinandosi così gerarchicamente al nucleo centrale. Ne risultava un impianto a C, aperto ad accogliere il visitatore che proveniva dal basso. Ma la simmetria non era spinta oltre le facciate. Il portico settentrionale dava accesso ad un vasto ambiente rettangolare forse destinato a pranzi rituali e, poiché sulle sue pareti vennero appesi dipinti nel II secolo d.C., noto come Pinacoteca, anche se entrambe le funzioni appaiono incerte all'interno di un propileo. L'ala meridionale mostra l'ingegnosità di Mnesicle, trattandosi in effetti di un elemento fittizio, un falso fronte che non dà accesso ad un ambiente retrostante. Infatti non c'è nulla dietro l'ultimo pilastro del porticato di tre colonne *in antis*, figurativamente necessario per equilibrare la facciata della Pinacoteca. Il portico dava invece accesso alla preesistente area sacra a cielo aperto di Atena

Nike, che occupava la sommità del bastione sud-occidentale dell'Acropoli.
Nell'edificio erano presenti correzioni ottiche. Le colonne dei portici occidentale e orientale presentavano l'entasi ed erano inclinate verso l'interno. La trabeazione aveva una leggerissima curvatura verso l'alto. Anche le colonne ioniche dell'interno, come sappiamo, avevano una leggera entasi.
Una novità fu il contemporaneo uso di marmi di colori diversi. L'edificio fu realizzato in marmo pentelico, con la pietra nera di Eleusi impiegata per sottolineare alcune parti, come il primo gradino della crepidine e gli ortostati alla base dei muri longitudinali, all'interno del corpo centrale.
Dal lato dell'Acropoli, a nord e a sud del nucleo centrale, erano previsti altri due ambienti, mai realizzati. Si è ipotizzato che l'interruzione dei lavori sia stata causata dalla grave crisi che Atene affrontò negli anni 433-32 allo scoppio della guerra del Peloponneso, con l'assedio da parte degli spartani nella guerra archidamica e l'epidemia di "peste" che causò anche la morte di Pericle.
La particolare importanza dei Propilei per l'architettura classica risiede nel costituire un precoce esempio di utilizzo del linguaggio degli ordini, nato per la struttura elementare del tempio, in edifici volumetricamente complessi sia in pianta che in elevato, rendendo tale linguaggio applicabile anche a tipi edilizi diversi. La soluzione compositiva adottata fu quella di scomporre l'edificio in unità semplici e in sé compiute, a ciascuna delle quali applicare con regolarità uno degli ordini. A scala di dettaglio il problema diventava essenzialmente quello del raccordo fra tali unità. La loro integrazione si realizzava lungo l'asse di penetrazione. Qui si coglie una ricerca che non è più orientata alla composizione di volumi semplici e alla percezione dell'oggetto libero nello spazio, ma ai temi dello spazio interno e del movimento dell'uomo attraverso di esso.

Il tempietto di Atena Nike
Il primo altare ad Atena *Nike* ("Atena vittoriosa") patrona delle Panatenee, fu eretto sul bastione miceneo, a fianco dell'accesso all'Acropoli, nel 566, l'anno in cui la festa fu istituita. Un *nàiskos* fu costruito qui subito dopo la battaglia di Maratona nel 490. Durante il sacco persiano del 480 questo piccolo tempio fu distrutto, ma l'immagine della dea che esso ospitava, probabilmente una statua lignea, era già stata messa in salvo.

La decisione di monumentalizzare il sito fu presa in età periclea contemporaneamente a quella della costruzione del Partenone e dei Propilei e il progetto affidato a Callìcrate, uno dei due architetti del Partenone. Quindi il tempietto è parte integrante della visione periclea dell'Acropoli.

Nel 432 si realizzarono il rivestimento del bastione miceneo con blocchi isodomici di calcare del Pireo e, alla sua sommità, il piano di appoggio per il tempietto con il lastricato circostante. Ma il tutto venne fatto con religioso rispetto verso il manufatto miceneo. Sul fronte occidentale, due nicchie nel paramento isodomico riproponevano nello stesso punto, ma in forme nette e squadrate, le rozze nicchie che esistevano nel muro più antico. Sul lato nord, lungo la gradinata di accesso all'Acropoli, fu lasciata nella nuova muratura un'apertura poligonale per fare in modo che i pellegrini potessero scorgere, all'interno, il venerabile muro del vecchio bastione. Venne anche realizzata una scala che, partendo dalla rampa di accesso all'Acropoli e costeggiando il bastione sul lato nord, saliva direttamente all'area sacra in sommità.

Il nuovo bastione è leggermente ruotato rispetto a quello miceneo. Una possibile spiegazione è la volontà di orientare il tempio dedicato alla vittoria, verso la cima del monte Aigalèo, che domina lo stretto di Salamina dove ebbe luogo la grande vittoria navale dei Greci sui Persiani.

Come per i Propilei, i lavori vennero sospesi nel 432. Ripresi nel 425, furono conclusi poco dopo. Una volta completato l'edificio, al suo interno fu collocata su una base di marmo la statua di culto arcaica di Atena *Nike* scampata al saccheggio persiano.
Il tempietto di Atena *Nike* era un elegante tetrastilo anfiprostilo di piccole dimensioni (alto 3,35 metri dallo stilobate all'apice del frontone). Fu il primo edificio dell'Acropoli in stile ionico.
Posto in alto, in posizione dominante e ben visibile da lontano, fungeva allo stesso tempo da astrazione simbolica della Vittoria (spesso rappresentata nell'arte greca come un turbinio di luce proveniente dall'alto) e da annuncio dell'area sacra dell'Acropoli.
Le condizioni particolari del sito sono all'origine del suo impianto. L'ingresso era ad est verso l'Acropoli, ma il vero prospetto era quello posteriore orientato ad ovest verso la città e l'unico visibile dalla rampa di accesso all'Acropoli; di qui probabilmente la scelta dell'impianto anfiprostilo. Inoltre il ristretto spazio disponibile impose una cella particolarmente contratta in lunghezza e la fusione della cella e del pronao in un unico vano delimitato da due pilastrini a sezione rettangolare, con cancelli in bronzo a chiudere le tre aperture risultanti.
Nel tempio di Atena Nike vediamo in forma compiuta lo stile ionico-attico. Oltre ad elementi originali come la base e il capitello, simili a quelli delle colonne interne dei Propilei, lo caratterizzano proporzioni più massicce sia nella colonna che nella trabeazione. Il tempietto contiene uno dei più antichi esempi giunti fino a noi di capitello ionico con angolo con volute a 45°. La trabeazione presenta sull'architrave a tre fasce e un fregio figurato che circonda interamente il tempietto, con divinità sulla fronte orientale d'ingresso e scene di battaglia

sugli altri lati. Forse sui frontoni erano rappresentate una Gigantomachia ad est e un'Amazzonomachia ad ovest.
Un prezioso parapetto in marmo fu realizzato lungo i tre lati liberi del bastione. Sulle sue facce esterne correva un fregio figurato continuo alto circa 90 cm., visibile da parte di chi saliva la rampa verso l'Acropoli. Sulla base dei suoi caratteri stilistici lo si può datare fra il 415 e il 410, come esempio di quello "stile ricco" che caratterizzerà l'Eretteo.
Simile a quello di Atena *Nike* era il tempio sull'Ilisso, anch'esso attribuito a Callìcrate e realizzato intorno al 430. L'unica significativa differenza era nel maggiore sviluppo della cella che qui era preceduta da un pronao, in assenza dei vincoli che obbligarono ad adottare la soluzione "contratta" nel tempietto di Atena *Nike*.

L'Eretteo

L'Eretteo era sia un tempio dedicato ad Atena *Poliàs*, che subentrava al vicino tempio arcaico di Ippia e Ipparco, distrutto dai Persiani, e sia un santuario dedicato alle mitiche origini di Atene. La sua forma complessa era dovuta alla necessità di svolgere insieme più funzioni, inglobando un certo numero di culti e luoghi sacri concentrati nell'accidentata area nord dell'Acropoli.
Al centro dei miti di fondazione di Atene c'erano il tema dell'autoctonìa (di un legame naturale degli Ateniesi con l'Attica, la terra da cui si ritenevano generati) e quello di un legame di elezione con la dea Atena, che aveva scelto l'Attica e a sua volta era stata scelta dagli Ateniesi come protettrice. Riassumiamo brevemente le intricate vicende narrate da questi miti. Cecrope, nato dal suolo stesso dell'Attica, fu il primo re di Atene. Era rappresentato come metà uomo e metà serpente, essendo il serpente un simbolo della Terra. Ebbe tre figlie: Aglauro, Erse e Pandroso. Dopo che Cecrope ebbe unificato e civilizzato l'Attica, gli dèi decisero di insediarvisi.

Poseidone e Atena se ne disputarono il possesso in una contesa. Se la sarebbe aggiudicata il dio che, a giudizio di Cecrope, avesse offerto il dono migliore. Poseidone vibrò un colpo di tridente sulla roccia dell'Acropoli e fece scaturire una sorgente salata (secondo altre versioni offrì un cavallo), ma Atena piantò un ulivo e si aggiudicò la contesa. Poseidone, infuriato per la sconfitta, fece credere a Efesto che Atena volesse unirsi carnalmente a lui. Atena lo rifiutò e il seme di Efesto si sparse al suolo. La terra, così fecondata, partorì Erittonio, uomo-serpente come Cecrope. Atena depose il neonato in una cesta che affidò alle figlie di Cecrope, imponendo loro di non aprirla. Ma due delle tre fanciulle, incuriosite, disobbedirono alla dea che, per punizione, le indusse a gettarsi giù dall'Acropoli. L'unica ad essere risparmiata fu Pandroso, che aveva distolto lo sguardo dalla cesta. Fu lei ad allevare Erittonio nel luogo dove poi sorse il recinto detto *Pandròseion*. Erittonio, divenuto re di Atene, collocò sull'Acropoli una statua lignea di Atena e istituì le feste Panatenee. Ad Erittonio successe suo figlio Eretteo. Questi fu ucciso da un fulmine scagliato da Zeus come punizione per l'uccisione di Eumolpo, figlio di Poseidone. L'altro figlio di Erittonio, Bute divenne sacerdote di Atena e Poseidone.

L'Eretteo fu edificato, a partire dal 421, su luoghi secondo la tradizione associati ad alcuni di questi eventi, ai margini del pendio settentrionale dell'Acropoli, nell'area immediatamente a nord del tempio di Atena *Poliàs* incendiato dai Persiani nel 480.

Il contesto storico era mutato rispetto all'epoca della costruzione del Partenone e dei Propilei. Di mezzo c'erano stati la profonda crisi della *pòlis* ateniese a seguito della guerra archidamica contro Sparta con i ripetuti saccheggi dell'Attica e lo scoppio di una violenta epidemia favorita dal sovraffollamento all'interno delle mura urbane in cui si era rifugiata la popolazione rurale. La guerra finì solo nel 421 con una tregua di cinquant'anni stipulata con gli spartani da Nicia, un esponente del partito conservatore che riprese il controllo della città. Nicia promosse una restaurazione religiosa, con la rivalutazione dei culti poliadici in contrasto con le correnti razionaliste che avevano trovato spazio nel clima più aperto della democrazia periclea. Emblematico è il caso di Protagora, sofista assai vicino e Pericle, condannato all'esilio per empietà nel 421.

La costruzione dell'Eretteo fu intrapresa subito dopo la pace di Nicia. I lavori, giunti ad uno stadio molto avanzato, furono interrotti fra il 415 e il 413 per le drammatiche conseguenze della fallita spedizione ateniese in Sicilia. Il completamento avvenne fra il 409 e il 407.

Dal punto di vista progettuale si poneva un problema analogo a quello dei Propilei: utilizzare il linguaggio degli ordini per un edificio volumetricamente articolato, rispondente ad un complesso programma funzionale e simbolico, in un sito in notevole pendenza. La soluzione compositiva adottata fu anche in questo caso di tipo paratattico, assemblando in un insieme asimmetrico tre corpi diversi in sé autonomamente definiti. Le facciate dell'Eretteo, tutte diverse fra di loro, riflettono tale complessità di impianto.

A differenza dei Propilei e del Partenone, edifici dorici con elementi ionici, l'Eretteo è interamente ionico, il che manifesta la volontà della committenza di sottolineare l'identità ionica di Atene allora in conflitto con la dorica Sparta.

Consideriamo prima di tutto la volumetria esterna. Il corpo principale, orientato in direzione est-ovest, aveva l'impianto semplice di un tempio prostilo, con portico esastilo sul lato orientale di ingresso, alla quota del Partenone. Nella fronte occidentale, al di sopra di un alto zoccolo che compensava il dislivello di tre metri fra i due lati opposti, semicolonne erano addossate a pilastrini rettangolari. Lo spazio fra questi era chiuso in basso da un muretto e in alto era aperto con finestre schermate da una grata in legno. Il motivo della parete scandita da semicolonne fu poi riproposto in infinite variazioni nella successiva architettura ellenistica, in interni ed esterni, anche in ambito civile.

All'estremità occidentale del corpo principale erano addossati, a quote diverse, due portici differenti per caratteristiche e dimensioni: il più piccolo, sul lato sud rivolto verso il Partenone, era la cosiddetta "loggia delle cariatidi", mentre quello a nord era un portico ionico. Sia il portico delle cariatidi che quello settentrionale si presentavano come elementi in sé compiuti, con autonome coperture: piana quella del portico delle cariatidi, a due falde quella del portico nord, raccordata con il corpo centrale in modo che il suo colmo coincidesse con la cornice del volume principale.

All'interno, il nucleo centrale replicava sostanzialmente l'organizzazione del tempio pisistratide di Atena *Poliàs*. Era diviso in due da un muro trasversale. La parte orientale, era la cella destinata al culto di Atena *Poliàs*, in cui era custodita l'antica statua in legno di Atena, cui era destinato il *pèplos* portato in processione nelle Panatenaiche. Questa cella, accessibile solo dal portico orientale, era illuminata, come quella del Partenone, da due finestre ai lati della porta di ingresso. La parte occidentale, a una quota più bassa di tre metri, era a sua volta suddivisa in aree destinate al culto di Poseidone, Eretteo, Efesto e Bute. Questi ambienti, fra loro comunicanti, si aprivano direttamente sul portico settentrionale e sul *Pandròseion* (il recinto che ospitava l'olivo sacro di Atena e l'altare di Zeus *Herkeios*).

Il portico settentrionale, impostato tre metri più in basso rispetto a quello orientale, era sfalsato in pianta rispetto al volume principale per consentire un accesso diretto al *Pandròseion*. Era un portico tetrastilo con ampi intercolunni e profondo due campate L'omissione delle colonne interne ne

accresceva l'ariosità. Questo portico non faceva solo da ingresso agli ambienti occidentali, ma ospitava due altari e la fenditura lasciata nella roccia dell'Acropoli dal colpo di tridente di Poseidone, visibile attraverso una lacuna del pavimento a cui corrispondeva un'apertura nel tetto.
L'ordine ionico dei portici orientale e settentrionale era simile. Su una crepidine di tre gradini si elevavano colonne dalle proporzioni snelle, che sostenevano trabeazioni relativamente pesanti con fregio scolpito al di sopra dell'architrave. Le basi erano di tipo attico come anche i capitelli, mentre la ricca decorazione appare una ripresa di modi tardoarcaici. Solo le colonne del portico settentrionale presentavano una leggera entasi.
La loggia delle cariatidi, sul lato opposto, sorgeva probabilmente sul luogo in cui la tradizione collocava la tomba di Cecrope. Si impostava alla quota del portico orientale ed era collegata, attraverso un passaggio scavato nel basamento, agli ambienti interni occidentali. La presenza di *kòrai* al posto delle colonne (quattro sul fronte e due nei risvolti est ed ovest), forse rimanda ad un rito processionale in onore del re defunto. Le cariatidi erano una tipologia ionica, ma se le confrontiamo con quelle del tesoro dei Sifni, notiamo l'evoluzione del linguaggio formale dalla rigidezza arcaica al classico effetto di "contrapposto". Sei figure femminili forti, ma flessuose nella postura e nei panneggi, si ergevano su un alto parapetto. Sostenevano un'elegante trabeazione ionica esprimendo con grazia la resistenza al peso, appoggiate sulla gamba destra le tre a occidente e sulla sinistra quelle a oriente. Le *kòrai* reggevano *phiàlai* (piccoli piatti rituali) e indossavano un braccialetto a forma di serpente. Sulla testa recavano un cesto sormontato da un capitello ionico del tipo a echino semplice. La trabeazione era costituita da un architrave a tre fasce con sottocornice a dentelli, senza fregio.

L'Eretteo era costruito interamente in marmo pentelico con inserti di pietra nera di Eleusi, usata nel fregio, come sfondo alle figure in marmo bianco. Ne risultava un effetto di grande preziosità che era stato fino a quel momento riservato ad interni o basi di statue di culto. Rispetto allo stile del Partenone nell'Eretteo si osserva il recupero di elementi arcaicizzanti insieme ad un accentuato decorativismo fino a quel momento estraneo alla cultura architettonica attica. Sappiamo, dai documenti contabili, che il costo dell'ornamentazione architettonica superò quello delle figure scolpite[142]. Nel complesso il linguaggio dell'Eretteo è quello "stile ricco" che si afferma negli stessi anni nella scultura attica.

Conclusione

Nell'insieme, la disposizione degli edifici di età classica sull'Acropoli non segue un rigido piano geometrico, ma si adatta ad un sito e a preesistenze del più alto valore religioso e identitario. Questo ovviamente non vuol dire che non ci fosse la ricerca di un ordine. Fra i vari elementi del complesso sono stabilite relazioni sottili e intrinsecamente dinamiche, basate su assi e coni visivi. Un esempio è la collocazione, di fronte al portico orientale dei Propilei, della colossale statua bronzea di Atena *Promàchos* ("Atena conduttrice di eserciti") opera di Fidia. Essa era il fulcro visivo rispetto al quale si ordinavano, per chi accedeva all'area sacra, gli edifici principali dell'Acropoli: il Partenone alla sua destra e l'Eretteo alla sua sinistra. Oppure si pensi all'attenzione che nella progettazione dei Propilei e nella sistemazione del bastione di Atena *Nike* si presta all'esperienza del pellegrino che sale verso il santuario. La stessa disposizione delle sculture del fregio del Partenone, come abbiamo visto, tiene conto del percorso che va dai Propilei alla facciata d'ingresso del tempio. Ma entravano in gioco anche relazioni a scala di paesaggio: la grande statua di

Atena *Promàchos* visibile da lunga distanza con la sua lancia dorata e scintillante, l'orientamento del bastione e del tempietto di Atena Nike in direzione di Salamina e soprattutto lo splendore luminoso del Partenone che emergeva sul limite dell'altura come elemento dominante e cuore simbolico dell'intera piana dell'Attica.

Per concludere citiamo un passo di Christian Norberg-Schultz: "*Le "Eumenidi" di Eschilo si concludono con la processione panatenaica, dopo la riconciliazione di Apollo con le potenze arcaiche, rappresentate dalle Furie, che alla fine concedono la loro benedizione alla città di Atena. La pòlis greca emerge quindi come il risultato simbolico del nuovo ordinamento di vita. E fin dall'epoca più gloriosa della città, nel V sec., il nome di Atene ha rappresentato il simbolo delle conquiste sociali e culturali della civiltà greca. Da molto tempo la dea aveva presieduto, sotto il nome di Atena Poliàs, agli insediamenti umani. Ma è ad Atene che troviamo la più alta rappresentazione del concetto di Atena: gli edifici dell'Acropoli periclea realizzano in termini architettonici nella maniera più completa la grande sintesi umana della Grecia classica.*

Il valore imperituro dell'Acropoli ateniese consiste nell'aver simbolizzato la società umana come una riconciliazione tra la natura e l'uomo"[143].

CITTÀ E ARCHITETTURA CIVILE

1. LE CITTÀ GRECHE

Nei poemi omerici è ancora distinta la *pòlis*, la città alta e munita, dove ha sede la residenza reale, simile alle cittadelle micenee, dalla città bassa (*àsty*), l'aggregato sottostante, abitato da contadini e artigiani. Entro l'VIII secolo, in concomitanza con la nascita della città-stato, mentre la cittadella assume la denominazione di *acropoli* e tende ad avere una destinazione religiosa, il termine *pòlis* viene a denominare sia la città alta che la città bassa e, nel senso di "comunità politica", si estende a tutto il suo territorio.

L'acropoli, con la sua posizione elevata, rimanda simbolicamente ad una gerarchica superiorità, ma la sola gerarchia naturale per cittadini fra cui vige il principio dell'*isonomìa* è quella fra gli umani e gli dei. Nella città-stato greca l'*acropoli* è riservata agli dèi e a nessun uomo è concesso abitarvi. All'inverso, è quasi una legge costante quella per la quale all'instaurarsi di un regime tirannico o la dipendenza da un governo straniero, corrisponde l'installarsi dei governanti sull'acropoli fortificata, al riparo da assalti esterni ma anche da minacce provenienti dall'interno della città[144]. Ricordiamo, fra i tanti, il caso di Pisistrato ad Atene e di Policrate a Samo. Aristotele riconobbe il senso simbolico di questa scelta quando osservò che *"un'acropoli è adatta alla monarchia o all'oligarchia, la pianura alla democrazia"*.

Le dimensioni territoriali e demografiche delle città-stato erano solitamente modeste. Esclusi rari casi, come quello di Atene, il centro urbano poteva raggiungere al massimo qualche centinaio di ettari e il numero di cittadini non era superiore a qualche migliaio (la popolazione ottimale è di 5.040 cittadini secondo Platone; 10.000 per Ippòdamo da Mileto). Come accennato a proposito della colonizzazione in Occidente, non appartiene alla *pòlis* l'idea di crescita illimitata. Esisteva piuttosto il concetto di limite della crescita, di

dimensione ottimale. Pertanto quando la popolazione superava una certa dimensione si fondavano colonie o si cercava di ampliare l'area di influenza della *pòlis*.
Le mura urbane erano normalmente presenti e spesso includevano anche aree agricole e di pascolo. Il centro civico della città era l'*agorà* (la piazza pubblica). Uno o più lati dell'*agorà* erano definiti da portici (*stoài*). Nelle sue vicinanze sorgevano i due principali edifici pubblici: il pritaneo, sede dei magistrati, con il focolare della città e le sale per le cerimonie ufficiali, e il *bouleutèrion*, sede del consiglio, principale organismo politico della città. L'assemblea di tutti i cittadini, l'*ekklesìa*, si teneva all'aperto, nell'*agorà* o nelle sue vicinanze. Dal V secolo sorgono anche edifici per la formazione dei giovani (ginnasio e stadio) e per lo spettacolo (teatro e *odèon*).
Una caratteristica tipica delle città greche, fino all'età ellenistica, era la modestia e tendenziale uniformità delle aree abitative.

1.1. Le città della madrepatria

Le *pòlis* della madrepatria si formarono, nel corso dell'VIII secolo., con un processo spontaneo di "sinecismo", cioè di convergenza di più villaggi in un'unica entità politica. Più tardi Aristotele descrisse tale processo in questi termini: "*Quando più villaggi si sono uniti in una singola e autonoma comunità, abbastanza grande da essere quasi autosufficiente, nasce la pòlis*".
La *pòlis* della madrepatria, come nucleo urbano, si forma dunque in modo progressivo e non pianificato, a partire dal consolidamento di alcuni luoghi che un certo numero di villaggi riconoscono come centrali per lo svolgimento delle funzioni economiche e politiche comuni. Ruolo catalizzatore dell'insediamento possono ad esempio svolgere un'antica roccaforte micenea o il luogo di convergenza di percorsi

preesistenti che continuarono poi ad essere utilizzati, diventando strade urbane. In ogni caso si tratta, come nel caso di Atene, di aggregazioni "spontanee", di impianto irregolare, la cui forma si adatta all'orografia del territorio e a preesistenze di varia natura.

1.2. Le città coloniali

Diverso è il caso delle città coloniali. Si può dire che in Grecia il concetto di città pianificata sia un prodotto della colonizzazione. A differenza delle città della madrepatria, formatesi spontaneamente per *sinecismo,* le città coloniali sorgevano con un unico atto fondativo sulla base di un progetto, in un territorio "vergine" nel quale per la nuova *pòlis* non esistevano usi e valori tradizionali che condizionassero le scelte insediative.
I coloni prendevano possesso del sito scelto, imponendogli un ordine razionale con una griglia ortogonale, un tipo di impianto semplice, oggettivo e rispettoso dell'uguaglianza fra i cittadini. La griglia, variando di schema e passo, era un modo per organizzare sia i settori pubblici e privati dell'area urbana che per suddividere il territorio agricolo (*chora*) ai fini della sua ripartizione tra i coloni.
Gli insediamenti basati su impianti ortogonali non sono una invenzione greca. Ma nessuna delle griglie pre-greche può essere considerata un sistema pienamente coordinato di aree pubbliche e residenziali, ossia un vero e proprio progetto urbano.
La varietà di griglia adottata nelle città coloniali greche era lo schema per *strigas* (per fasce). Un piccolo numero di strade principali in direzione est-ovest (dette *plateiai* o *plateè*), di larghezza fra i 10 e i 18 metri, correvano ad una distanza reciproca di circa 300 metri. Queste strade venivano incrociate

ad intervalli regolari (fra 35 e i 40 metri) da vie secondarie dette *stenòpoi*, larghe intorno ai 4-5 metri e ortogonali alle precedenti. Si ottenevano così degli isolati rettangolari dalla forma molto allungata, a loro volta suddivisi in lotti quadrati di circa 17 metri di lato, disposti su due file affacciate su strade secondarie opposte. All'interno della griglia, lasciando libero lo spazio occupato da un certo numero di isolati, trovavano spazio l'*agorà* e i santuari urbani, con i loro templi orientati parallelamente al reticolo stradale. È quanto già abbiamo osservato a Poseidonia.

Anche la prima suddivisione del territorio agricolo era effettuata con un reticolo ortogonale che rispettasse il criterio della *isonomìa*, ma di fatto finiva per sancire la preminenza sociale di una classe di proprietari, una specie di aristocrazia agraria costituita dai primi coloni che ripartivano tra loro il territorio e così si assicuravano il potere di governare la città. Per proteggersi contro il cambiamento dell'assetto della proprietà agraria, fondamento del potere politico, si adottarono leggi che dichiaravano la proprietà inalienabile e scoraggiavano il commercio della terra. Quelli che arrivavano in un secondo momento costituivano la classe media formata da fittavoli e artigiani. Un eccessiva pressione demografica rispetto alla dimensione delle aree agricole poteva poi portare alla creazione di nuove colonie, dando origine alle cosiddette sub-colonie.

1.3. Ippodamo da Mileto

Le fonti antiche attribuiscono a Ippodamo da Mileto (498-408), studioso di geometria, filosofo vicino ai Pitagorici e autore di trattati urbanistici, l'invenzione delle città ad impianto regolare e in particolare, oltre al piano del Pireo, quelli per Mileto, Thurii (la colonia panellenica voluta nel 444

da Pericle sul luogo della distrutta Sibari) e Rodi (408-407). Ma per ragioni cronologiche è difficile che egli sia stato direttamente l'autore di tutti questi piani.
Lo conosciamo soprattutto attraverso Aristotele secondo il quale Ippodamo inventò "la divisione delle città", pianificò il porto di Atene del Pireo e fu il primo uomo di quelli non concretamente impegnati nella politica ad avanzare proposte sulla migliore forma di costituzione, quindi una sorta di teorico della politica. Aristotele non dice che inventò la pianta a griglia ortogonale, ma suggerisce che ne promosse una particolare versione, combinandola con una teoria sociale della città. Secondo Aristotele Ippodamo concepì una città ideale di 10.000 cittadini suddivisi in tre classi - artigiani, agricoltori e soldati - e la terra suddivisa in tre categorie – sacra, pubblica e privata.
Più che inventore, Ippodamo va visto come il codificatore e teorizzatore di esperienze compiute soprattutto nelle città coloniali. Egli estrae da queste realizzazioni alcune caratteristiche essenziali e distintive dell'impianto urbano in generale (l'orientamento, la forma e la dimensione dei lotti, la collocazione degli edifici pubblici) e di formularle razionalmente a priori.
I principi essenziali della progettazione ippodamea sono: una maglia stradale ortogonale con l'individuazione di isolati di forma rettangolare tendente al quadrato e con una gerarchizzazione dei percorsi, assegnando ai principali una larghezza maggiore; quella che oggi chiameremmo una "zonizzazione", ossia l'individuazione di zone funzionali diverse, distinguendo fra aree abitative, commerciali, politiche e religiose.
Ippodamo da Mileto conferisce alla città fisica un ordine attuato in sincronia con la piena democratizzazione della vita cittadina, cioè basato sull'*isonomia*: *"il progetto "a scacchiera" altro non sarebbe che la trasposizione nello spazio fisico di un principio*

fondante di ordinamento sociale. L'ordine di per sé è un bene - asserisce Aristotele - e, di conseguenza, ogni legge che ricerca l'ordine nella società è buona. L'ordine, a sua volta, è assicurato dalla giustizia, dal governare riconoscendo ad ogni cittadino una posizione uguale dinnanzi alla legge. Per analogia, passando alla dimensione fisica e materiale, una città sarà buona qualora costituisca uno strumento per raggiungere l'ordine e la giustizia.. Un piano a scacchiera contribuisce a perseguire tanto l'uno che l'altra: esso impone regola e ordine allo spazio di espansione e offre a ciascun cittadino un lotto su cui costruire la propria casa accanto al proprio vicino, entro isolati uguali per forma, dimensione, orientamento, salubrità e servizio di strade. Basterà interrompere per un certo intervallo la scacchiera e si otterranno le aree pubbliche destinate alla comunità"[145].

Un'altra caratteristica assai significativa dei piani attribuiti a Ippodamo è l'inventiva e flessibilità pur nella fedeltà a questi principi. Ippodamo cerca di applicare ad una intera città i concetti di regolarità geometrica e di razionale organizzazione funzionale, in un modo non rigidamente astratto o formalistico, ma tenendo conto della specificità di ciascun insediamento, a partire dall'orografia del sito. La forma complessiva della sue città è definita da mura che non cercano di disegnare una geometria perfetta, ma si adattano alla morfologia dei luoghi traendone vantaggio in termini difensivi. La regola della costanza dello squadro, non impedisce che il reticolo stradale segua orientamenti leggermente diversi in aree morfologicamente diverse, al fine di occuparle in modo più razionale. Lo spirito è quello del razionalismo che caratterizza in ogni campo la cultura greca de V secolo, non astratto e aprioristico, ma rivolto a comprendere l'ordine della natura in cui si inserisce l'ordine della società.

2. SPAZI DELLA VITA CIVILE

2.1. L'agorà

Semplificando, possiamo dire che se il valore dell'*autonomia* si materializza soprattuutto nel tempio dedicato alla divinità poliade, quello della *isonomìa* non lo fa solo nella griglia delle città coloniali, ma anche nell'*agorà*, nella piazza pubblica. Mentre il potere personale di un sovrano si esercita nello spazio privato e chiuso del palazzo, nella *pòlis* il potere si esercita collettivamente in una pratica per la quale è essenziale la possibilità di poter dibattere pubblicamente i temi di interesse generale. Come fa notare Jean-Pierre Vernant "*le espressioni usate dal Greco sono illuminanti: egli dice che certe deliberazioni devono essere portate εν το κοινον, che gli antichi privilegi del re, che la stessa archè sono deposti nel mezzo, al centro*"[146]. Nasce nella *pòlis* il concetto di spazio pubblico, inteso come spazio comune, prima ancora che in termini fisici, come spazio sociale di confronto. Ed ecco che allora non un pieno, ma un vuoto destinato agli scambi materiali (commercio) e immateriali (confronto, discussioni, assemblee) si trova "nel mezzo" della città. L'*agorà* è il palcoscenico di discorsi e dibattiti pubblici, delle assemblee cittadine, degli spettacoli, come anche delle varie attività sociali e commerciali della vita quotidiana.

Porre nel cuore della città non il pieno del palazzo ma un vuoto, uno spazio civico di relazione, è un grande contributo della *pòlis* greca alla civiltà urbana occidentale. Agli occhi dei monarchi orientali, l'*agorà* era un teatro di sovversione dello Stato, una recente e velleitaria istituzione. "*Non temo quel tipo di uomini*" disse il re persiano Ciro "*che hanno un posto al centro della città in cui si riuniscono per dirsi bugie sotto una quercia*". Eppure proprio l'*agorà* era il simbolo della novità politica e della forza di resistenza della *pòlis*.

Nell'Iliade e nell'Odissea il termine *agorà* indica ancora innanzitutto un'assemblea, secondariamente e più raramente, evoca il luogo in cui le adunanze talvolta si svolgono. Le fonti di qualche secolo successive, parlando di *agorà*, non intendono più alludere alle solenni adunanze assembleari ma allo spazio fisico in cui il popolo tutto, liberamente, si incontra per molti e vari scopi, compreso quello di discutere e deliberare.

Una caratteristica tipica delle *agoràì* delle città greche fino a tutta l'età classica è la loro apertura: non sono mai spazi chiusi su sé stessi come i fori imperiali romani, ma aree solo vagamente delimitate da portici (*stoàì*) su uno o più lati e sempre in continuità con il contesto urbano circostante.

La fontana pubblica e dunque l'acqua come bene pubblico, non potevano mancare nell'*agorà*. Se non sgorgava qui direttamente dalla sorgente, vi era convogliata mediante tubature sotterranee in cotto e raccolta in cisterne costruite in pietra o scavate nella roccia. Vi erano due generi di fontane pubbliche. Nel primo, una scala conduceva a un'area ribassata e lastricata intorno a una vasca in cui immergere i recipienti; nel secondo, un portico proteggeva un bacino in pietra collocato dinnanzi alla parete di chiusura del vano della sorgente o della cisterna, da cui sgorgava l'acqua attraverso protomi animali o semplici cannelle.

Le *archàiai agoràì*, le prime *agorà* delle città non pianificate della madrepatria, furono aree aperte e irregolari di terreno livellato, delimitate semplicemente da cippi di confine, prossime ai santuari dedicati agli eroi fondatori della *pòlis* e a volte vicine ai luoghi prescelti per l'antico consiglio aristocratico. Spesso, il pendio di una collina su uno dei margini, era usato dalla folla per sedersi e assistere a spettacoli e partecipare alle assemblee.

Nelle colonie, l'area destinata all'*agorà* fu, naturalmente, individuata nel momento di tracciamento dell'impianto urbano e quindi aveva una forma regolare, occupando alcune maglie della griglia urbana. Nelle sue vicinanze (come vediamo a Poseidonia) era collocato l'*hèroon* del fondatore (ecista).

Tra il VI e il IV secolo, attorno all'*agorà* tendono a raggrupparsi gli edifici dell'amministrazione cittadina, così come le attrezzature per il commercio, ma l'*agorà* resta uno spazio aperto verso l'intorno urbano. E' solo in età ellenistica che le *agoràí* tendono a chiudersi su se stesse, monumentalizzandosi, e specializzandosi funzionalmente, in concomitanza con il venir meno della libertà politica della *pòlis*.

2.2. La stoà

Fra le costruzioni che delimitavano parzialmente l'*agorà*, il portico indipendente (*stoà*) non mancava mai, costituendo una sorta di espansione al coperto dello spazio pubblico e di attrezzatura al suo servizio.

La *stoà* era un tipo edilizio flessibile, adattabile alla varietà di impianti delle *agoràí* greche. Una o più *stoàí* delimitavano parzialmente l'*agorà* fornendogli un limite definito che era nondimeno permeabile, capace di assorbire parte delle attività che vi si svolgevano. La *stoà* era destinata ad una vasta gamma di funzioni sociali, politiche, economiche, finanziarie. Pubbliche sessioni dei tribunali e di assemblee potevano tenersi lì; venivano offerti nelle *stoàí* banchetti ufficiali; erano esposti avvisi pubblici. Ma più in generale era un luogo in cui la gente si intratteneva per discutere, fare acquisti e curiosare fra le merci. La parete di fondo offriva ampie superfici per pitture che spesso rappresentavano importanti eventi nella storia della *pòlis*, né mancavano le statue di cittadini illustri e altari.

La *stoà* come edificio autonomo è una invenzione dei Greci ed è il tipo edilizio più caratteristico dell'architettura civile greca. Il portico, come spazio di passaggio fra interno ed esterno, era abbastanza comune già nell'età del bronzo nell'area egea (micenea e minoica), ma sempre in quanto parte di un edificio. La *stoà*, nella sua forma base, consisteva in una fila di sostegni (normalmente colonne), seguita da una navata, chiusa posteriormente da un muro che poteva concludere la struttura o dare accesso ad una successione di ambienti retrostanti. In pianta la *stoà* era il più delle volte un semplice elemento rettilineo ma poteva anche piegare su uno o due lati con una forma ad L o a U. Era in genere coperta da un tetto in legno a una o due falde con struttura a vista. Questa forma base fu elaborata in varie maniere. Poteva espandersi in profondità, in modo da contenere due navate separate da una fila intermedia di supporti, o in altezza con un secondo piano. Normalmente, nel caso di *stoài* a due navate, fino al V secolo, la fila interna di supporti consisteva in due ordini sovrapposti di colonne.

Gli esempi più antichi che conosciamo compaiono nel contesto dei santuari, come il portico eretto dinanzi ad un muro di terrazzamento del santuario di Hera a Samo. Si trattava di portici ancora modesti nei materiali e nella struttura, destinati a funzioni come proteggere dal sole e dalla pioggia, e di notte fornire un riparo ai pellegrini e ai malati che si recavano nei santuari in cerca di guarigione.

Questo tipo edilizio fu ben presto secolarizzato. Tra la fine del VII e gli inizi del VI secolo, realizzato con colonne in pietra, divenne un comune tipo urbano, anzi la componente più importante nella progettazione dell'*agorà*. I supporti erano colonne doriche o ioniche a seconda della località, almeno fino alla metà del V secolo. Da allora in poi l'ordine dorico fu preferito quasi sempre per il colonnato esterno, anche nelle città ioniche. Ad Atene l'ordine dorico e ionico furono usati per la prima volta insieme in *stoài* a due navate, con il dorico all'esterno e una fila di colonne ioniche, più snelle e alte, all'interno.

Mentre nelle città non progettate come Atene, le *stoài* assecondavano i confini irregolari dell'*agorà*, nelle città coloniali e in quelle con impianto ippodameo, si disponevano secondo gli allineamenti stabiliti dalla griglia urbana. Ma prima dell'età ellenistica restò sempre valido il criterio dell'apertura dell'*agorà* verso l'esterno, per cui più *stoài* non si univano mai tra loro a definire un perimetro chiuso.

Un significativo sviluppo monumentale del tipo della *stoà* si ebbe per l'impulso che i monarchi ellenistici dettero all'architettura civile delle *pòlis*, soprattutto per esigenze politiche di prestigio. Pur rimanendo fedeli al tradizionale impianto rettilineo, le *stoài* da loro offerte alle città greche si caratterizzano per la ricerca di un elevato valore rappresentativo, con impianto a due piani e ricchezza nei materiali e nella decorazione. Il modello è quello della cosiddetta *stoà* "pergamena", tipo più volte adottato dagli architetti degli Attalidi di Pergamo e il cui migliore esempio è nel santuario di Atena *Poliàs* a Pergamo, realizzato al tempo di Eumene II (197-159). Qui due *stoài* disposte ad L delimitano a nord e ad est la terrazza del tempio, sviluppandosi su due piani, quello terreno di ordine dorico con trabeazione molto alleggerita, quello superiore con colonne ioniche arricchito da una balaustra marmorea riccamente decorata. A questo modello corrisponde la monumentale *stoà* a due piani e due navate donata ad Atene da Attalo I di Pergamo nel 140, la cosiddetta "Stoà di Attalo".

Un'altra variante tipologica è la "*stoà* di mezzo", nell'*agorà* di Atene (metà del II sec.). Ha una singolare disposizione periptera con colonne su tutti e quattro i lati e un muro di

spina a separare i due portici contrapposti in cui si divide la lunga pianta rettangolare (147x18,30 m.).
A Mileto e Priene furono costruite imponenti *stoài* con pianta a U, veri e propri fondali di grande effetto per edifici pubblici. In età ellenistica le *stoài* restano un elemento essenziale nella composizione di complessi civili e religiosi, ma normalmente utilizzate come strumento di definizione ritmica di spazi monumentali il più delle volte chiusi su sè stessi.

2.3. Sedi delle istituzioni civili

Per quanto diversi tra loro, gli ordinamenti politici adottati dalle varie *pòleis* prevedevano istituzioni analoghe che si mantennero fondamentalmente inalterate nel tempo.
Il sistema democratico di Atene era basato su tre organismi: l'*Ekklesìa*, l'assemblea di tutti i cittadini; la *Boulè*, il consiglio dei 500, vero organo di governo al quale erano riservate le decisioni più importanti per la vita dello Stato; e il Pritaneo, la sezione direttiva del consiglio, composta da 50 dei suoi membri rieletti ogni mese (detti pritani).
Nella realizzazione degli edifici destinati a questi organismi prevaleva un approccio funzionale più che monumentale e rappresentativo. Come abbiamo già osservato, oltre che per l'architettura religiosa, anche per l'architettura civile greca restò esclusivo il sistema costruttivo trilitico. Ciò, insieme ad una evoluzione lenta dei sistemi di capriate lignee, pose seri limiti nella copertura delle notevoli luci di grandi sale assembleari.

Ekklesiastèrion
L'*ekklesìa* di una *pòlis* di medio-piccole dimensioni riuniva circa un migliaio di cittadini. Con i sistemi costruttivi adottati,

difficilmente i Greci potevano realizzare idonei spazi coperti senza supporti intermedi, tali da garantire la visibilità dell'oratore da parte di tutti i partecipanti.
La maggior parte delle *pòlis* ospitava le sessioni dell'*ekklesìa* nell'*agorà*. Ad Atene l'*ekklesìa* si riuniva sulla collina della Pnyx a sud ovest dell'*agorà*. In una prima fase i cittadini si disponevano sul pendio della collina, con l'oratore in basso, ma forse l'infelice esposizione ai venti rese necessario il ribaltamento dell'orientamento. Alla fine del V secolo fu realizzato un terrapieno con un muro di sostegno per creare una sorta di cavea in contropendenza rispetto al pendio naturale. Ancor oggi si possono vedere le fondazioni del muro curvo di sostegno della cavea e il podio per gli oratori (*bema*) sulla sommità della collina. Nel IV secolo la struttura fu ampliata e avviata la costruzione, mai portata a termine, di due ampie *stoài* sul lato sud della Pnyx, adiacenti alle mura urbane. Gli architetti delle poche *pòlis* che, come Metaponto, intrapresero la costruzione di un *ekklesiastérion* non lontano dall'*agorà*, si orientarono verso imponenti strutture a cielo aperto consistenti in cerchi o segmenti circolari di gradinate incassati del tutto o in parte nel suolo e convergenti sulla tribuna dell'oratore.
Solo a Megalopoli e a Focea si realizzarono *ekklesiastéria* al coperto, destinati alle assemblee delle leghe dell'Elide e dei Focesi.

Bouleutèrion
La *boulè* era normalmente composta da alcune centinaia di cittadini. L'impianto tipico era una grande sala quadrangolare, con la tribuna per gli oratori e l'altare annesso addossati ad una delle pareti perimetrali. Da qui salivano, lungo gli altri tre lati, gradinate rettilinee intramezzate dai pilastri a sostegno della copertura in legno. Diverse versioni di questo impianto base (che potrebbe avere avuto origine nella grande sala dei

misteri nel santuario di Demetra a Eleusi, a poca distanza da Atene) furono impiegate nella maggior parte dei primi edifici assembleari.
Ad Atene in età classica furono realizzati due edifici destinati a *bouleutèrion*. Quello più antico, dei primi del V secolo, era una grande sala quadrangolare che poteva ospitare circa 700 persone, preceduta da un vestibolo. L'oratore dava le spalle alla parete di separazione fra sala e vestibolo, mentre gradinate rettilinee erano disposte lungo gli altri tre lati.
Alla fine del V secolo un nuovo *bouleutèrion* fu realizzato nei pressi di quello preesistente che fu destinato ad archivio pubblico. L'innovazione principale fu la realizzazione di una cavea semicircolare all'interno del consueto volume quadrangolare. La gradinata era ricavata scavando nella roccia del pendio che delimitava ad ovest l'*agorà*.
Un problema comune in questo tipo di sale era che i pilastri interni necessari per sostenere il tetto ostruivano la visuale di parte dei partecipanti all'assemblea.
Un passo in avanti in tale senso si osserva nel *bouleutèrion* di Priene della metà del IV secolo. Qui i supporti interni erano spostati verso le pareti perimetrali lasciando un anello di circolazione alle spalle delle gradinate, e un ampio spazio centrale privo di ostruzioni e ben proporzionato. Le ampie luci erano superate grazie all'uso di capriate lignee.
Il *bouleutèrion* di Mileto, costruito dopo il 175 in parte a spese del sovrano grecofilo Antioco IV di Siria, era simile al nuovo *bouleutèrion* di Atene, con gradinate semicircolari all'interno di un perimetro rettangolare e due coppie di supporti intermedi. Lo caratterizzavano non tanto l'organizzazione d'insieme della sala, ma la grandezza, quasi il doppio di quello di Atene, la disposizione periferica dei sostegni verticali, l'ingegnosa collocazione delle scale negli spazi angolari residuali fra gradinata e perimetro e la presenza di un cortile con peristilio dorico, nel quale era collocato l'altare che solitamente era

situato all'interno, presso la tribuna. All'edificio si accedeva attraverso un propileo corinzio che conduceva al cortile. La sala presentava numerose finestre nel registro superiore della facciata, separate da semicolonne doriche, secondo uno schema introdotto nell'Eretteo. Ma con questo impianto complesso e razionale, organizzato assialmente, siamo già nell'ambito dell'architettura ellenistica.

Pritaneo
Il Pritaneo era il più sacro e simbolico degli edifici civili, una vera e propria "casa della comunità" che pare aver ereditato alcune funzioni del *mègaron* dei sovrani micenei. Oltre ad ospitare le riunioni dei Pritani, custodiva il focolare della città, adempiva al sacro dovere dell'ospitalità verso gli illustri visitatori stranieri ed era anche una sorta di archivio di Stato. Inoltre vi si svolgevano le riunioni della corte speciale a cui erano affidati i casi di omicidio, le solenni cerimonie come l'introduzione dei giovani nel rango dei cittadini, il riconoscimento dei più eminenti cittadini e benefattori a cui era concesso il privilegio del pasto quotidiano offerto dalla città.
L'edificio era, composta da una o più sale. Nell'ambiente centrale ardeva perpetuamente il fuoco sacro a Hestia, dea protettrice del focolare domestico. In ambienti laterali si consumavano i banchetti rituali.

Skìas
La funzione principale dello *skìas* era quella di sala da pranzo dove i Pritani consumavano il pasto durante il loro incarico mensile, insieme agli altri a cui era eventualmente concesso tale privilegio.
Lo *skìas* di Atene sorgeva lungo il margine occidentale dell'*agorà*. Al tempo delle guerre persiane era un edificio circolare di 18 metri di diametro, una forma inusuale per

l'architettura greca, soprattutto civile. Gli unici edifici curvilinei conosciuti, le *thòloi*, sono edifici tardi e legati a funzioni religiose.
Lo *skìas* era delimitato da un solido muro cilindrico senza colonnato esterno, con una porta rivolta ad est verso l'*agorà* e probabilmente una seconda porta sul lato nord, che comunicava con una cucina e con il vicino *bouleutèrion*. La copertura, in legno con manto di tegole, poggiava su sei colonne interne. Letti e tavoli erano sistemati perimetralmente lungo le pareti e forse anche nello spazio centrale circondato dalle colonne.

2.4. Il teatro

La religione greca non aveva testi sacri né dogmi. Il mondo degli dèi e degli eroi Greci nasce da una lunga tradizione orale di racconti che poeti come Esiodo e Omero, nello stesso periodo in cui nasce la *pòlis*, fissano nella scrittura. Tali racconti acquistano un valore "quasi canonico"[147]. Questo repertorio tradizionale è la memoria collettiva dei Greci che fonda la loro identità. "*Respingere questo fondo di credenze comuni sarebbe, allo stesso tempo non parlare più greco, non vivere più al modo dei greci, cessare d'essere sé stessi*"[148].
Nel periodo più vitale della *pòlis*, fra VI e V secolo, nasce la tragedia, che mette in scena episodi tratti da questo repertorio tradizionale. Essa non è un semplice spettacolo, ma anche un atto religioso di collettiva rammemorazione, che conferma l'identità comune dei Greci, e stimola la città a interrogarsi su sé stessa e sui suoi valori fondanti. Tale riflessione avviene assistendo a vicende che rivivono in presenza dello spettatore, sollecitandone una partecipazione intellettuale ed emotiva. Per i temi prescelti e per la profondità dei grandi tragediografi, il teatro era allo stesso tempo *catarsi* individuale,

strumento di educazione civica e foro di critica permanente. Metteva in scena con Eschilo le conseguenze tremende che comporta la tracotanza dell'uomo non rispettoso dei suoi limiti o l'ineludibilità della giustizia divina; con Sofocle e Euripide il conflitto fra le leggi del *gènos* e quelle della *pòlis*. Inoltre, con le commedie di Aristofane metteva in scena anche una esplicita critica alla realtà politica e sociale contemporanea.

La tragedia greca, come forma di rappresentazione, ebbe origine dalle celebrazioni religiose in onore di Dioniso, durante le quali venivano intonati canti che narravano le vicende del dio, accompagnati da azioni mimiche di danzatori che impersonavano satiri *(tragōidía,* "canto dei capri"). La tradizione faceva risalire la nascita della tragedia attica alla metà del VI secolo ad Atene, allorché il poeta Tespi avrebbe preso l'iniziativa di isolare dal coro danzante un solista che impersonava il protagonista. Si stabilì così la struttura fondamentale di uno spettacolo basato sul dialogo tra l'attore che dava corpo a vicende e passioni e il coro che le commentava con danza e canti.

Il teatro rappresenta, dopo il tempio, il più importante contributo greco alla storia dell'architettura occidentale. I più antichi teatri prevedevano solo il pendio di una collina per gli spettatori, rivolto verso l'area aperta di terreno livellato in cui aveva luogo la rappresentazione. Nel tardo V secolo il teatro acquisì una forma costruita, ma raggiunse la piena definizione tipologica solo a partire dal IV secolo.

Come tipo canonico di teatro greco assumiamo quello di Epidauro, il più bello e meglio conservato, risalente al 300 circa.

Il teatro era essenzialmente costituito da una spianata circolare (*orchèstra*) destinata al coro, alla danza e all'azione drammatica, in cui era collocato un altare dedicato a Dioniso, il cui basamento si conserva ancora ad Epidauro. Attorno all'*orchèstra* si sviluppavano, per oltre la metà del cerchio, le gradinate in pietra concentriche della cavea per gli spettatori (il *kòilon*), ricavate direttamente in un pendio naturale, senza bisogno di sostruzioni. Le gradinate erano divise in cunei (*klìmakes*) da scalette radiali (*kèrkides*) e in settori orizzontali da passaggi anulari detti *diazòmata*. La fila dei posti a ridosso dell'*orchèstra*, detta *proèdria*, aveva sedili più elaborati ed era riservata a personaggi di particolare rilievo, come magistrati e sacerdoti.

Un elemento che comparve solo in un secondo tempo, è la scena (*skenè*). Essa si sviluppò lentamente, tanto che alla fine del periodo classico non era ancora completamente definita tipologicamente. La *skenè* era inizialmente una struttura autonoma di legno e tela sul lato dell'*orchèstra* opposto alla cavea ed era destinata a contenere il materiale di scena e a fare da fondale alla rappresentazione. Fra la scena e la cavea restavano liberi i passaggi per l'accesso e l'uscita, detti *pàrodoi*. Anche quando, in età ellenistica, la scena diventerà una vera e propria costruzione, il teatro greco non sarà mai un edificio compatto e chiuso su sé stesso, ma cavea e scena restano sempre elementi distinti.

Per quanto riguarda l'evoluzione tipologica in età ellenistica, sarà sufficiente notare che con il progressivo prevalere dell'azione scenica vera e propria sugli elementi tradizionali del coro, (forse collegabile alla diffusione della nuova commedia dalla fine del IV secolo sino alla metà del III secolo) si assiste all'introduzione, anche ad Epidauro, del *proscenio*, un corpo ad un piano, anteposto alla scena e la cui copertura era il palcoscenico su cui si esibivano gli attori. Gran parte dei vecchi teatri fu dotata, in età ellenistica, di un proscenio-palcoscenico. Nel corso del III secolo, la scena si tramuta in un vero edificio in pietra a più piani, ricco di decorazioni sul modello dei palazzi dei sovrani ellenistici. Alle spalle della scena si diffonde poi la presenza di portici destinati alla sosta degli spettatori nelle pause dello spettacolo e che architettonicamente accentuano la monumentalità dell'esterno del teatro.

Con orgoglio patriottico Pericle ebbe a dire che il teatro, concepito e nato ad Atene, divenne un modello per tutta la Grecia. Il primo teatro di Atene e della Grecia intera (metà del VI secolo), sul versante sud-orientale dell'Acropoli, non era che un pendio naturale con ai piedi una spianata (l'*orchestra*), situato poco al di sopra del santuario di Dioniso Eleuthèros. In seguito, alla base del pendio furono collocate file continue di panche in legno rivolte verso l'*orchèstra*, poggiate su fondamenta in pietra. Sul finire del V secolo compare una scena di legno montata contro la parete posteriore di una *stoà* lunga e stretta, situata tra l'*orchèstra* e l'attiguo tempio di Dioniso. Più tardi, forse già alla fine del IV secolo, la scena lignea fu sostituita da una struttura permanente in pietra, mentre una gradinata in pietra che poteva accogliere fino a 17.000 spettatori, sostituì i precedenti sedili di legno. In questo Atene era stata preceduta di molto da Siracusa che aveva realizzato il proprio teatro di pianta trapezoidale con le gradinate della cavea interamente in pietra già nella prima metà del V secolo.

Il teatro di Priene, risalente al III secolo, anche se meno ampio di quello di Epidauro, offre una altrettanto chiara idea del teatro ellenistico. Ricavato nel pendio naturale, subito al di sopra del terrazzamento principale della città, guardava verso la pianura un tempo coperta dal mare. Qui il gruppo scena-proscenio era spostato in avanti, invadendo in pianta il cerchio dell'orchestra e integrandosi più strettamente con la cavea.

Il teatro greco era un'architettura intimamente legata alla natura. Non poteva realizzarsi in qualsiasi luogo ma necessitava di un pendio naturale ai cui piedi ricavare una spianata per l'orchestra e la scena. Inoltre era una struttura aperta verso l'esterno così che dalle gradinate del *kòilon* gli spettatori non erano partecipi solo dello spettacolo, ma anche del paesaggio circostante. Le passioni umane rappresentate erano, in maniera immediata e palpabile, percepite come parte dell'ordine più vasto della natura. Al contrario, il teatro romano, è uno spazio chiuso su sé stesso. Inoltre con le sue sostruzioni autonome per le gradinate, è un edificio indifferente al sito, realizzabile in ogni condizione orografica, anche in pianura.

3. SPAZI DELLA VITA PRIVATA

Nella cultura greca le preoccupazioni relative all'abitazione restano a lungo secondarie e al di fuori di ogni ricerca estetica. Il carattere di una città greca, la sua bellezza, i suoi titoli di gloria, non risiedono nell'architettura privata. Fino a tutta l'età classica le ricerche architettoniche e l'esibizione di ricchezza sono riservate agli edifici pubblici; la dimora dei cittadini è sempre una presenza discreta.
Il potere e la ricchezza erano apprezzati solo se messi al servizio della città. A nessuno era concesso impunemente di esibire la sua superiorità sugli altri cittadini. Il meccanismo ateniese dell'*ostracismo* consentiva di esiliare per dieci anni con un voto dell'assemblea, coloro che fossero ritenuti, per qualsiasi motivo, una potenziale minaccia per la città. Ma Demostene, alla metà del IV secolo, constata la decadenza della regola morale della *sophrosùne*. Riprendendo il tema della superiorità delle generazioni che avevano combattuto le guerre persiane, egli sottolinea la grande differenza che un tempo vigeva fra lo splendore delle costruzioni dello Stato (santuari, edifici pubblici, teatri) e la modestia delle abitazioni private, tutte ridotte ad una misura comune, da cui non si allontanavano nemmeno quelle di uomini illustri come Aristide o Milzìade. "*E cosa fanno invece i nostri contemporanei?*" lamenta Demostene, "*essi sprecano i soldi pubblici o li destinano al loro uso personale; si fanno case sontuose mentre si trova difficoltà a reperire il denaro per fare muri di sostegno alle strade o riparazioni alle fontane*". Anima questa amara protesta lo spirito civile degli ateniesi di età arcaica e classica, a cospetto di una "involuzione" che pareva rendere i cittadini più sensibili al bene privato che a quello pubblico.
Al carattere estremamente sobrio dell'abitazione dei Greci contribuisce anche il fatto che il cittadino (e con tale termine si intendeva il maschio adulto) in casa viveva poco, occupato

negli impegni politici o militari a cui la città lo chiamava. L'abitazione non ha mai, per i Greci, il senso di una estensione dello spazio politico, come avviene per i Romani delle classi dirigenti, con la loro politica clientelare, ma è un luogo privato e innanzitutto lo spazio segregato e protetto della donna e dell'allevamento della prole, anche nell'abitazione stessa separato dall'area riservata all'uomo. In questo si riflette il ruolo della donna nella società greca, meno indipendente rispetto a quella romana. Ma come quella romana, la casa greca è un organismo essenzialmente introverso.

In età arcaica, nelle città della madrepatria come Atene, in un impianto urbano molto denso e irregolare, anche le case erano estremamente varie e irregolari in pianta. In genere formate semplicemente da due o tre ambienti, avevano fondazioni in pietrame, elevato in mattoni crudi, porte strette e finestre piccole. Il V secolo non apporta ad Atene significativi cambiamenti. Le abitazioni si fanno più grandi e complesse, ma in una situazione di disordine e affollamento che riflette quella dell'impianto urbano.

Intanto, nel corso della seconda metà del V secolo, la scuola ippocratica avvia una riflessione razionale sui temi dell'igiene e dell'influenza delle condizioni ambientali sulla salute. Ippocrate scrive un trattato, dal titolo "*Arie, acque e siti*", in cui studia gli effetti dei fattori naturali (esposizione, regime dei venti, qualità delle acque, natura del suolo e sue produzioni) sulla costituzione, la salute e l'indole morale degli abitanti, con l'esposizione a giocare un ruolo centrale. I princìpi formulati dalla scuola di Ippocrate avranno una profonda influenza, la cui eco si sente in Aristotele e prima di lui già nel suo maestro Senofonte, il quale nei *Memorabilia* (prima metà del IV secolo) fornisce indicazioni precise sul modo di costruire un'abitazione, che corrispondono sostanzialmente a quanto era stato già realizzato nell'espansione della città di Olinto nella penisola Calcidica, a partire dal 432.

Olinto
Ad Olinto si osserva un impianto urbano razionale che cerca di garantire l'uniformità delle condizioni abitative, dando a ciascuno la sua parte di superficie e di luce. All'interno di questo schema di base ciascun proprietario poteva organizzare al meglio il proprio spazio, ma i criteri organizzativi e funzionali erano comuni.
L'impianto urbano di Olinto è una griglia ortogonale i cui assi maggiori (*platèiai*), in direzione nord-sud, distano tra loro fra gli 80 e i 60 metri, mentre le strade trasversali minori (*stenòpoi*), sono ad una distanza compresa fra i 35 e i 50 metri. Si vengono così ad individuare isolati rettangolari disposti con il lato lungo in direzione est-ovest.
Ciascun isolato era composto da due file di cinque lotti quadrati, mediamente di 17 metri di lato. Originariamente ogni abitazione occupava un lotto. Le due file parallele di abitazioni erano separate da un cavedio di areazione e drenaggio largo 1,40 metri, pavimentato e con una pendenza regolare per garantire lo scolo delle acque. L'orientamento verso sud dell'impianto urbano e delle abitazioni garantiva il massimo soleggiamento, in conformità con le prescrizioni della scuola di Ippocrate.
Le case di Olinto si organizzavano sempre attorno ad una piccola corte scoperta ricavata nella metà meridionale del lotto. L'*òikos,* cioè la parte più privata della casa dove vivevano le donne e i figli, era collocato sempre sul lato nord della corte in modo che l'affaccio interno fosse verso sud. Di solito le camere da letto erano al piano superiore di quest'ala. Al piano terra vi erano gli ambienti di soggiorno per la famiglia (*diaitetèria*), aperti sulla corte tramite un portico detto *pastàs* (da cui il nome di questo tipo edilizio). La *pastàs* era sia un elemento di distribuzione su cui si aprivano i principali ambienti di soggiorno, che un luogo in cui si potevano svolgere attività all'aperto, al riparo dal sole e dalla pioggia.

Chiaramente separato dall'*òikos* e vicino all'ingresso esterno, a delimitare uno degli altri lati della corte, vi era l'*andròn*, l'ambiente conviviale riservato agli uomini e alle loro relazioni sociali. I letti per i partecipanti al banchetto (*sympósion*) erano disposti lungo le pareti della sala, lasciando libero lo spazio centrale.

Assumendo come dati di partenza la forma quadrata del lotto e le esigenze funzionali imposte sia dalla tradizione che dalle condizioni locali, questo tipo di pianta risponde razionalmente al programma. Le uniche varianti significative che si riscontrano a Olinto sono dovute alla posizione del lotto all'interno dell'isolato. Dato che la corte interna invariabilmente occupava la parte meridionale del lotto, nelle abitazioni della metà sud dell'isolato le corti erano adiacenti alla strada, mentre nella metà nord, erano sul limite del cavedio centrale di areazione. Ciò determinava una variazione nell'accesso all'abitazione. Direttamente nella corte tramite un vestibolo nelle abitazioni del lato sud, mentre nelle case del lato nord, il vestibolo d'ingresso si prolungava in un corridoio che conduceva alla corte. L'esterno di tutte le abitazioni era, come sempre in Grecia, estremamente semplice, con la sola porta di ingresso e rare finestre ad animare pareti in mattoni crudi e intonacate, elevate su uno zoccolo in pietra.

La casa A appartiene alla parte meridionale di un isolato. Si entrava direttamente nella corte attraverso un vestibolo abbastanza profondo. La corte era pavimentata e limitata sul lato nord da una *pastàs* lunga 12,80 metri con piccoli pilastri fra due ante (forse pilastri in legno con capitelli in pietra); una scala in legno dava accesso al piano superiore. Sulla *pastàs* si affacciavano le sale di soggiorno e il gruppo cucina-bagno, parte degli appartamenti privati (*òikos*). L'estremità orientale della *pastàs* era occupata da un deposito-cantina. Ad est della corte, con accesso diretto dall'area di ingresso, vi era l'ala di ricevimento, riservata agli uomini, costituita da una sala per banchetti (*andròn*) e dal suo vestibolo. L'*andròn*, un quadrato di 4 metri di lato, conserva lungo il perimetro le basi dei letti e dei tavoli per il banchetto. Nell'angolo sud-ovest del lotto era presente un grande ambiente, probabilmente un laboratorio o un magazzino, dotato di accesso diretto dalla strada.

Le case d'angolo (casa B) a volte avevano l'ingresso sulla *platea* principale piuttosto che sugli *stenòpoi* come le altre. In questi casi l'*andròn* poteva trovarsi nella metà nord, mentre il blocco cucina-bagno si spostava nel lato sud, ma l'*òikos*, con gli ambienti di soggiorno al piano terra e le stanze da letto al piano superiore, era invariabilmente sul lato nord della corte interna.

Colofòne e Priene

Nelle abitazioni delle città ioniche di Colofòne e Priene, risalenti al IV secolo, si osservano varianti dello stesso schema. Resta valido il principio organizzativo essenziale già osservato ad Olinto: il raggruppamento degli ambienti di una casa introversa attorno ad una corte aperta e l'orientamento verso sud dell'*òikos*, il corpo d'abitazione principale collocato sul lato nord.

A Colofone le abitazioni non sono inserite all'interno di una maglia regolare, ma è l'orografia un fattore determinante per la loro forma planimetrica. Per l'elevato dei muri non sono usati mattoni crudi, ma la pietra disponibile sul posto. In una tipica abitazione di Colofone, dalla strada si entra in una corte rustica, di contorni irregolari e dimensioni variabili, in cui si trovano di solito il pozzo e l'altare familiare. L'ala sul lato nord della corte è l'*òikos*. E' del tipo detto a "*mègaron con pròstas*". Il nucleo di quest'ala consiste in una sala principale (*mègaron*) preceduta da un vestibolo (*pròstas*) con o senza colonne fra le ante, aperto sulla corte. Ai lati della sala principale si aggregano ambienti minori. Isolato da questo corpo

principale, vi è un'ala indipendente con la sala di ricevimento riservata agli uomini (l'a*ndròn*) al piano inferiore e stanze per gli ospiti e servitori al piano superiore. Anche altri ambienti, come stalle e rimesse possono affacciarsi sulla corte.
A Priene le abitazioni si adattano alla maglia regolare degli isolati, ma non presentano l'uniformità e chiarezza di impianto di Olinto. Lo schema base è simile a quello di Colofone, a *megaron con pròstas* al piano terra dell'*òikos*, aperto verso sud sulla corte interna. Come ad Olinto, a seconda della posizione dell'abitazione nell'isolato si accede alla corte direttamente mediante un vestibolo, oppure attraverso un corridoio più o meno lungo oltre il vestibolo d'ingresso. Le abitazioni non hanno quasi mai il piano superiore. Le case più modeste si limitano a questi elementi essenziali. Altre più grandi presentano anche ambienti su uno o due degli altri lati della corte. Con il tempo diverse abitazioni vengono ingrandite incorporando lotti adiacenti e le corti interne, rese più ampie, sono circondate da peristili. Il rigoroso ordine urbanistico, si perde nell'organizzazione interna degli isolati.

Delos
Un quadro completamente diverso presenta Delos in età ellenistica. Qui non si riconosce alcun piano d'insieme nè l'effetto di regolamenti edilizi di qualche tipo. Per i proprietari, gli unici limiti paiono essere i diritti del vicino e i vincoli imposti dal terreno accidentato. L'effetto generale è di grande disordine. La città si forma per quartieri, nati in relazione alle fasi di sviluppo economico e demografico dell'isola. Non solo gli isolati sono molto irregolari nella forma, ma lo sono anche le abitazioni. E soprattutto, al contrario della *isonomìa* che domina a Olinto, qui vi è una notevole differenziazione fra le abitazioni in termini di dimensioni, complessità di impianto e ricchezza decorativa. Siamo in un'epoca in cui non vige più l'obbligo sociale alla misura e all'autocontrollo. La società è

sempre più stratificata e la ricchezza può essere liberamente esibita.

L'unico ma fondamentale aspetto che resta costante, è il carattere introverso dell'abitazione, organizzata attorno ad una corte interna, piccolo cortile nelle abitazioni più modeste o corte circondata da un sontuoso peristilio con colonne in marmo e mosaici in quelle più ricche. Sotto la corte si trovava di solito una cisterna. Come di consueto gli ambienti d'abitazione erano raggruppati su due o tre lati di questa corte cercando, quando possibile, di disporre l'*òikos* a nord in modo da aprirlo verso sud. Questa esigenza porta, nel tipo di abitazione con peristilio, alla formazione del tipo detto *"peristilio rodio"*, nel quale il portico sul lato nord è più alto degli altri traendo il massimo vantaggio dalla esposizione a sud. Nelle case della collina di Dioniso, questo portico nord è prolungato alle sue estremità fino ai limiti dell'edificio, per formare un vasto passaggio sul quale si aprono gli ambienti principali. In effetti non è che una espressione monumentale del dispositivo a *pastàs* adottato dai costruttori di Olinto.

La *casa delle maschere* ha permesso lo studio più dettagliato di questo portico più alto capace di offrire un migliore soleggiamento. Il pavimento era ornato da mosaici come quelli delle grandi sale di ricevimento. Dobbiamo al gusto dei ricchi armatori di Delo i più begli esempi giunti fino a noi di mosaici ellenistici. Ma la decorazione interna delle abitazioni più ricche è anche un precedente diretto del cosiddetto "primo stile" della pittura pompeiana. Le pareti interne erano infatti rivestite di stucchi dipinti che riproducevano un apparecchio murario isodomo, ad imitazione di quanto realizzato in marmi policromi, all'interno dei sontuosi palazzi ellenistici.

4. CASI DI STUDIO

4.1. L'agorà di Atene

Il sito di Atene presenta una continua frequentazione fin dall'età micenea. In quel periodo una cittadella fortificata occupava la sommità della collina dell'Acropoli, mentre aree abitative erano presenti sul gruppo di colline occidentali (la *Pnyx*, l'*Areopago* e la collina delle Muse). L'insediamento era delimitato a nord e a sud dai fiumi Eridanos e Ilissos.
La cittadella fu circondata da possenti mura ciclopiche nel tardo XIII secolo. Un'ulteriore fortificazione, più in basso, difendeva il lato occidentale, il solo che consentisse un accesso relativamente agevole. Un percorso anulare (*peripàtos*) correva alla base dell'Acropoli. In sommità si potevano riconoscere gli elementi tipici delle cittadelle micenee: un ingresso fortificato all'estremità sud-occidentale, il palazzo con il *megaron* sul margine nord, con una scala scavata nella roccia che conduceva alla sorgente fuori delle mura.
La prima *agorà* di Atene si estendeva ai piedi delle propaggini nord-occidentali dell'Acropoli. Nei pressi sorgevano il pritaneo arcaico e il santuario consacrato a Teseo, il leggendario promotore del sinecismo che aveva originato la *pòlis* ateniese.
Fra VII e VI secolo comincia a definirsi un'altra *agorà* nella depressione a nord dell'Acropoli, delimitata a ovest dal colle *Kolonos agoraios*, a sud dall'Areopago e aperta a nord verso l'Eridanos. Dall'età micenea fino all'VIII secolo, quest'area era stata luogo di sepoltura e nodo in cui convergevano diverse vie extraurbane. L'area era attraversata in diagonale da una via che portava fino ai piedi dell'Acropoli e che dalla metà del VI

secolo fu percorsa dalla processione delle Panatenee. Questa nuova *agorà* è nota come *agorà* del Ceramico perché si trovava nele vicinanze di un quartiere in cui si concentravano laboratori di ceramisti (*keramikeios*).
L'*ekklesìa* si teneva in un primo tempo in questa *agorà*. Quando il numero dei cittadini divenne troppo grande, l'assemblea si spostò sulla collina della *Pnyx*.
I primi interventi nell'*agorà* del Ceramico, realizzati in età arcaica, consistettero nella sistemazione, sul suo margine occidentale, di una terrazza ai piedi del *Kolonos agoraios* e la costruzione su di essa, alle estremità nord e sud, di due edifici di pianta quadrangolare. E' forse in essi che si installarono i Tesmoteti e il "Consiglio dei quattrocento" istituito da Solone.
Verso la metà del VI secolo, importanti lavori furono promossi dai Pisistratidi sulla stessa terrazza e sul margine meridionale dell'*agorà*. La terrazza fu estesa verso sud e delimitata da un muro di sostegno. Il più meridionale degli edifici arcaici fu sostituito da una grande costruzione ad uso amministrativo con ambienti disposti intorno ad una corte di forma irregolare con peristilio (edificio F). A nord si insediarono i primi culti: Apollo (in un piccolo tempio a pianta absidata) e Zeus. Di fronte, all'interno dell'*agorà*, fu consacrato un altare ai "Dodici dei" (le dodici principali divinità dell'Olimpo) al fine di materializzare il punto da cui avevano origine tutte le strade dell'Attica. Sul margine sud dell'*agorà* furono realizzati una fontana pubblica e un grande peribolo quadrangolare, probabilmente destinato a tribunale.
Prima delle guerre persiane sulla terrazza del *Kolonos agoraios* furono costruiti a sud un *bouleutèrion* di pianta quadrangolare e a nord un piccolo tempio consacrato alla dea *Meter* e la *stoà Basileios*, sede dell'*arconte-re* il quale svolgeva funzioni religiose e giudiziarie. La costruzione del *bouleutèrion*, il primo di Atene,

è associabile alle riforme democratiche di Clistene dell'inizio del V secolo.
Il triste spettacolo offerto da Atene dopo il saccheggio persiano del 480, è descritto da Tucidide: "*Delle mura restava in piedi molto poco e la maggior parte delle case erano abbattute; ne restavano solo un piccolo numero in cui avevano alloggiato i capi persiani*".
Neanche l'*agorà* era stata risparmiata. A sud l'edificio F e le costruzioni annesse dovevano essere in pessimo stato, perché il primo edificio ad essere costruito dopo le guerre persiane fu lo *skìas* destinato a sostituirlo; il *bouleutèrion* aveva sofferto meno danni e a lungo restò in uso. Solo alla fine del V secolo se ne costruì nelle vicinanze uno nuovo, destinando il precedente ad archivio.
Con la ripresa della vita civile ed economica della città, durante il V secolo, malgrado i cippi che ne fissavano i limiti, negozi e laboratori occuparono alcune zone dell'*agorà*. Cimone piantò platani e ornò il limite settentrionale con la *stoà Poikìle*, famosa per le sue pitture murali di soggetti storici e mitologici. Quasi alla sommità del *Kolonos Agoraios* fu costruito, intorno alla metà del V secolo, un tempio dedicato a Efesto. Il lato orientale dell'*agorà* fu lasciato libero per le attività di mercato.
Alla fine del V secolo due nuove *stoài*, la *stoà* di Zeus *Eleutherios* ad ovest e una lunga *stoà* a sud, proseguirono sull'esempio di Cimone nella delimitazione spaziale dell'*agorà*. La prima era un portico a due navate assai impegnativo in termini rappresentativi, per la ricchezza dei materiali e della decorazione plastica, con pianta ad U, con ordine dorico all'esterno e ionico all'interno. La *stoà* sud, anche a due navate, era più strettamente funzionale e presentava sul retro una serie di ambienti destinati a banchetti. Ma tutte queste costruzioni restavano isolate le une rispetto alle altre, con il loro orientamento dettato dall'andamento delle strade preesistenti e dalla situazione dei luoghi, lasciando all'*agorà* la sua forma

irregolare e la sua apertura verso l'intorno urbano. Al suo centro fu collocato il gruppo scultoreo dei Tirannicidi, che commemorava Armodio e Aristogitone, cospiratori contro la tirannide uccisi qui nel 514.

In età ellenistica Atene gode dell'evergetismo dei sovrani ellenistici e poi degli imperatori romani, in quanto città-simbolo della grecità. Alla realtà della grande Atene classica si sostituisce la rappresentazione del suo mito. L'*agorà*, mentre tende a monumentalizzarsi sempre di più, perde la sua funzione di cuore politico della *pòlis*. Intanto, nelle sue adiacenze, si forma una nuova *agorà* specializzata per il commercio.

La tendenza a unificare e monumentalizzare l'*agorà* secondo i criteri della progettazione urbana ellenistica si concretizza nella costruzione di due nuove grandi *stoài*. La prima è la cosiddetta "*stoà* di mezzo", lunga 146 metri, che isolava l'*agorà* dalla nuova area di mercato a sud. Lungo il margine orientale dell'*agorà* Attalo I di Pergamo costruì su una terrazza artificiale, per compensare la pendenza naturale del sito, la monumentale *stoà* a due piani che da lui prese il nome. Abbiamo già descritto queste *stoài* di epoca ellenistica nel capitolo dedicato alle tipologie dell'architettura civile.

Ma gli interventi più radicali e simbolicamente rilevanti furono realizzati in età romana. Con un gesto, che agli ateniesi di epoca arcaica e classica sarebbe parso sacrilego, l'Odeion offerto fra il 16 e il 14 da Agrippa, genero di Augusto, fu impiantato proprio al centro dell'*agorà*, occupando un vuoto dal più alto valore simbolico. Nello stesso periodo fu costruita una nuova *agorà* a nord dell'Acropoli, questa volta secondo l'impianto chiuso dei fori romani. L'insieme combinato dei due interventi è il simbolo della totale liquidazione della tradizione di *autonomìa* della *pòlis* ateniese.

4.2. Mileto

La città ionica di Mileto fu rasa al suolo dai Persiani a seguito della rivolta del 494. Una gran parte dei cittadini fu uccisa o fatta schiava. L'area rimase spopolata fino alla sconfitta dei Persiani a Micale nel 479, dopo di che i cittadini superstiti rifondarono la città negli stessi luoghi. Le grandi distruzioni e la scomparsa di una gran parte della popolazione consentirono al progettista Ippodamo da Mileto di impostare la città in modo nuovo, a differenza di quanto era successo ad Atene. La costruzione di Mileto si protrasse fino al I secolo sulla base del progetto ippodameo, dimensionato tenendo conto degli sviluppi futuri della città.

Questa occupava una penisola orientata da nord-est a sud-ovest presso la foce del fiume Meandro, al centro della quale una collina separava i due porti naturali: a nord il porto "del Leone" e a sud il porto "del Teatro", così denominato perché vi fu realizzato un teatro sfruttando uno dei pendii naturali del rilievo centrale. Il resto della penisola era quasi pianeggiante. L'impianto urbano era basato su una griglia ortogonale. Gli isolati base misuravano 175x100 piedi (29,50x51,60 m.). La griglia non aveva dappertutto identico orientamento, ma si adattava alla morfologia del sito, assecondando quello prevalente nelle diverse aree della penisola. All'interno della griglia urbana si distinguevano tre strade principali larghe 7.50 metri (una in senso longitudinale e due in senso trasversale); le altre avevano una larghezza di 4,50 metri. La strada longitudinale principale collegava direttamente l'area pubblica centrale con la Porta Sacra a sud, da cui partiva la via extraurbana che conduceva al santuario di Dìdyma.

Due aree commerciali erano situate in corrispondenza dei porti. Nelle vicinanze, in posizione lievemente appartata, sorgevano il santuario di Apollo *Dephinios* (a nord sul porto del Leone) e il santuario di Atena (a sud, sul porto del Teatro).

All'intersezione degli assi dei due porti si apriva la grande *agorà,* come nodo civico al servizio di entrambe le zone. Nella parte centrale della penisola si veniva così ad individuare una vasta area a forma di L destinata a funzioni pubbliche, su cui convergevano le tre aree abitative: quella a nord, quella a sud e quella sulla collina centrale.

Le mura difensive non riproponevano la regolarità geometrica dell'impianto urbano. Seguivano il profilo naturale della costa e alla base della penisola, la isolavano dall'entroterra adattandosi all'orografia del sito.

4.3. Priene

La città di Priene, situata presso la costa ionica dell'Asia Minore, tra Mileto ed Efeso, fu rifondata intorno al 350 dai suoi abitanti costretti ad abbandonare il sito originario in pianura a causa delle frequenti esondazioni del fiume Meandro.

La nuova Priene era una piccola città di circa 4.000 abitanti, ma è emblematica della cultura urbana dei Greci alla fine dell'età classica. Un razionale impianto ortogonale ospitava i più importanti tipi di edifici pubblici della *pòlis* greca (il tempio, il ginnasio, il *bouleutèrion,* il teatro, l'*agorà* con le annesse *stoài*) a comporre lo scenario di un modello di vita urbana altamente civilizzata.

A Priene lo schema ortogonale, orientato secondo i punti cardinali, fu realizzato sul fianco meridionale del monte Micale, al riparo delle esondazioni del Meandro, ma in una situazione altimetrica difficile, con quote che, in poche centinaia di metri, passavano dai 30 metri s.l.m. dello stadio ai 130 metri del santuario di Demetra, ai piedi del dirupo dell'acropoli la cui sommità era a quota 381 metri.

Sei strade principali (larghe circa 7,50 m.) correvano quasi in piano in direzione est-ovest, seguendo le curve di livello. Le strade secondarie erano ortogonali a queste e larghe circa 4,50 metri, individuando isolati di 120x60 piedi (35,40x47,20 m.). Le strade est-ovest erano le uniche vie carrabili, perché quelle minori in direzione nord-sud, che collegavano la parte bassa a quella alta della città, erano in forte pendenza o gradinate. La strada longitudinale principale sfociava in una porta urbana sul lato occidentale delle mura. Lungo questa strada una fascia di suolo larga sei metri era riservata a laboratori artigiani e negozi autonomi rispetto alle abitazioni retrostanti, a differenza di Olinto e Atene dove negozi e laboratori artigiani erano all'interno degli isolati abitativi.

Probabilmente non ottimale per un sito in notevole pendenza, il rigido reticolo ortogonale orientato secondo i punti cardinali, garantiva in compenso un uniforme orientamento verso sud dei principali spazi pubblici e di tutte le abitazioni disposte su terrazze parallele, con l'*òikos* sul lato nord del cortile.

Priene è un precoce esempio di grande composizione scenografica a terrazze, anticipando le successive esperienze di età ellenistica. Mediante notevoli opere di terrazzamento si suddivise il pendio al di sotto della rupe dell'acropoli in tre terrazze parallele.

Su quella più bassa sorgevano lo stadio e un ginnasio. Al centro della seconda terrazza, a circa 80 metri di quota, si apriva l'*agorà*, la cui ampiezza corrispondeva esattamente a quella di due isolati risparmiati nella zona centrale. L'*agorà* era delimitata a nord da una lunga *stoà* a due navate con la storia della comunità incisa sulla parete di fondo. La *stoà* fu ricostruita intorno al 130 e prolungata oltre l'*agorà* per una lunghezza di 116 metri. L'*agorà* era attraversata dalla principale arteria est-ovest, che costeggiava la *stoà* nord, mentre un'arteria parallela la lambiva esternamente sul lato sud, nel quale si aprivano tre accessi. Dalla *stoà* nord si accedeva al *bouleutèrion* di 640 posti. Alla metà del II secolo l'*agorà* fu ristrutturata, configurandola come uno spazio più chiuso, con un arco a tutto sesto a segnarne l'ingresso da est: si tratta forse del primo esempio di arco monumentale greco.

Sulla terrazza successiva, a circa 100 metri di quota, a ovest rispetto all'*agorà*, si trovava il *tèmenos* con il tempio ionico di Atena *Poliàs*. Emergendo dall'interno del suo recinto, il tempio non era chiuso nella sua cornice architettonica come nelle successive sistemazioni ellenistiche, ma era ancora concepito come un'unità plastica indipendente in relazione visivamente e simbolicamente dominante con il contesto urbano. Fu costruito dal famoso architetto Pithèos poco dopo la fondazione della città nel 350.

Ad est rispetto all'*agorà*, sullo stesso terrazzamento del santuario di Atena *Poliàs*, sorgevano il teatro e il ginnasio superiore.

Subito ai piedi dell'alto dirupo dell'acropoli, si trovava il santuario di Demetra, il cui *tèmenos* ospitava un basso padiglione dorico, con colonne largamente spaziate e senza frontone.

Così come a Mileto, le mura urbane non seguivano l'ortogonalità dell'impianto, ma l'andamento naturale del sito, per sfruttarne al massimo i vantaggi. Correvano lungo il ciglio delle scarpate che delimitavano a valle la città e si estendevano a monte per includere l'acropoli che la dominava dall'alto.

ARCHITETTURA E CITTÀ
NELL'ELLENISMO

1. ASPETTI GENERALI

Con l'espressione "età ellenistica" ci si riferisce al periodo compreso tra il 323, anno della morte di Alessandro Magno, ed il 30 a.c., allorché l'Egitto tolemaico, ultimo tra i regni ellenistici, cadde sotto la diretta dominazione di Roma.
Questo periodo è caratterizzato, dal punto di vista politico-sociale, dal declino della *pòlis* come entità politica autonoma e dalla formazione di grandi stati territoriali nati dalla suddivisione dell'impero di Alessandro a seguito di intricate lotte fra i suoi generali, (detti diadochi ovvero "successori") e poi tra i loro discendenti o epigoni: regno di Egitto sotto i Tolomei; regno di Macedonia sotto gli Antigonidi; regno di Siria, comprendente anche Mesopotamia e Persia, sotto i Seleucìdi; regno di Pergamo sotto gli Attalidi.
Il declino della *pòlis* e il formarsi delle grandi monarchie territoriali hanno profonde ripercussioni anche nella sfera culturale. La cultura greca si diffonde come mai prima di allora: verso nord sino ai confini settentrionali della Macedonia; verso est sino all'altopiano iranico; verso sud sino all'Egitto e alla fascia costiera mediterranea dell'Africa; verso ovest fino alle coste mediterranee della Spagna e della Francia. Tutta questa vasta area diviene un unico mondo in cui si affermano gli stessi modelli culturali. Con termine greco, esso è designato come l'*oikumène* (ecumene, cioè "mondo abitato").
Ma nello stesso tempo, in un contesto radicalmente mutato, priva del suo "terreno di coltura" (la *pòlis*), questa cultura muta profondamente nei suoi caratteri e nel ruolo sociale.
E' nel contesto della *pòlis* che si era definita l'identità dell'uomo greco, con tutto il suo mondo di valori religiosi, civili ed estetici. Il senso della misura, al centro della cultura classica, prima ancora di essere un ideale estetico era un valore etico e una necessità sociale, per assicurare la sussistenza di una comunità politicamente fondata sull'*isonomìa*. Venuta meno

questa necessità, il potere e la ricchezza potevano essere liberamente esibiti; ma anche la distinzione che fissava il posto degli umani nel mondo, la relazione subordinata dei mortali rispetto agli dei immortali dell'Olimpo, venne meno quando Alessandro Magno, un semplice mortale, fu deificato ancora in vita, istituendo il culto della figura del sovrano, comune nelle monarchie ellenistiche.

Si perde la commensurabilità fra cittadino e Stato. La *pòlis* era basata sul concetto di cittadinanza come una forma attiva di militanza praticabile solo se la città non superava certi limiti dimensionali. Ora che lo Stato si era esteso in maniera straordinaria e si erano affermati regimi monarchici, la rilevanza politica del singolo si era enormemente ridotta, stimolando fenomeni apparentemente contrastanti eppure intimamente connessi: il cosmopolitismo e l'individualismo. Alla religione civica subentrarono nuove filosofie (come l'epicureismo o lo stoicismo) che miravano alla felicità individuale su questa terra e religioni misteriche (come i culti di Attis, di Osiride e Mitra) che promettevano la salvezza individuale in un mondo ultraterreno.

I centri politici e culturali del mondo ellenistico sono fuori della Grecia e coincidono con le capitali degli stati più grandi: Antiochia in Siria, Pergamo nel regno omonimo, e soprattutto Alessandria in Egitto.

Nelle grandi città capitali dell'ellenismo, vere e proprie metropoli multietniche, non sono più il tempio né il vuoto dell'*agorà* il cuore della città, ma il palazzo o la tomba del sovrano che, come negli antichi regni orientali, dominano fisicamente e simbolicamente il paesaggio urbano. Dal punto di vista urbanistico una metropoli come Alessandria, impostata su una griglia stradale ortogonale e con la distinzione funzionale fra le parti urbane, ripropone aspetti della tradizione urbanistica ippodamea, ma ora la griglia ortogonale non è più al servizio dell'*isonomìa*. Si riduce ad uno strumento tecnico di pianificazione, ma anche di monumentalizzazione, con la realizzazione di immensi assi stradali porticati con grandi piazze o archi monumentali al loro incrocio.

Divenuta la corte l'unico centro del potere politico, è quasi esclusivamente intorno ad essa che ruota la vita culturale. La *pòlis* in declino difficilmente può offrire all'artista occasioni di lavoro e mezzi di sussistenza paragonabili a ciò che garantiscono i sovrani ellenistici e le nuove istituzioni da essi fondate (si pensi, ad esempio, al Museo o alla Biblioteca di Alessandria).

Mentre nel campo delle scienze fisiche e delle matematiche, l'ellenismo è un periodo di grande rinnovamento e sperimentazione, in campo artistico si assiste ad una sistematizzazione dell'eredità classica, piuttosto che alla sua ulteriore elaborazione. Il linguaggio dell'architettura classica è assunto come segno distintivo di una cultura prestigiosa che con la sua superiorità legittima l'espansione politico-culturale del mondo greco. In senso strettamente linguistico si assiste da un lato ad una "canonizzazione" degli elementi e delle relazioni fra di essi e dall'altro ad un "eclettismo" che nasce dal fatto che la tradizione viene vista ormai come un unico grande repertorio da cui poter attingere.

L'architettura degli ordini classici, nata come simbolo della comunità autonoma della *pòlis*, esempio di razionale equilibrio e senso della misura, ora si propone in primo luogo come immagine-simbolo di prestigio e autorità; come spettacolo finalizzato all'esaltazione del potere dinastico; elemento essenziale nell'allestimento di scenari in grado di imporsi grazie al prestigio delle sue forme, alla ricchezza dei materiali e della decorazione, alla smisurata dimensione, alla perentorietà di un ordine simmetrico e gerarchico che sa estendersi fino alla scala paesistica. Nelle grandi vie e piazze colonnate di metropoli come Alessandria e Antiochia l'architettura non è più lo sfondo discreto della vita politica, ma lo spettacolo che la la città offre di sé come manifestazione enfatica di un potere assoluto che opera nel chiuso dei palazzi dei sovrani.

Sintomatica è la perdita di "autonomia" della tipologia del tempio, non più libero nella sua onnidirezionalità, ma inquadrato nelle simmetriche geometrie di più vasti complessi monumentali, quasi sempre incluso all'interno di corti porticate che mediano e orientano in modo obbligato il suo rapporto con l'esterno e quindi la concreta esperienza fruitiva. Altrettanto significativa è la tendenza dell'*agorà* a diventare uno spazio chiuso e controllato, privo anche fisicamente di una libera relazione con il contesto urbano.

In compenso, le mutate circostanze della produzione architettonica contribuiscono ad una estensione dei limiti del linguaggio dell'architettura classica in termini tipologici e tecnici, introducendo nuovi temi come quelli legati all'esaltazione del potere dei dinasti ellenistici (palazzi reali e grandi tombe dinastiche) e una scala della progettazione prima sconosciuta.

2. CITTÀ ELLENISTICHE

In età ellenistica l'autarchia economica e culturale della *pòlis* cede di fronte al costituirsi di vasti sistemi economici. L'affermazione di nuove aree di produzione determina il crollo dell'economia della penisola greca e richiede la fondazione di nuovi empori commerciali, nei quali si concentrano le ricchezze di vasti territori.
Secondo Plutarco, Alessandro avrebbe fondato ben 70 città. Le nuove città si sviluppano su stanziamenti antichi, come Efeso, lungo vie commerciali, come Seleucia, o al loro sbocco, come Alessandria e Antiochia. In oriente il loro numero si moltiplica.
Come abbiamo accennato, negli impianti urbani si osserva l'applicazione dei criteri essenziali codificati durante il V secolo dalla scuola di Ippodamo da Mileto. Le città di nuova fondazione presentano una pianta ortogonale e una distinzione fra le diverse aree funzionali, ma si osserva anche un'inedita attenzione a valorizzare le potenzialità in senso monumentale insite in questo tipo di impianto. I criteri di localizzazione delle diverse funzioni urbane variano da città a città, in base alle caratteristiche economico-culturali e geografiche dei diversi centri, ma si riscontrano alcune tendenze comuni.
Le antiche acropoli perdono il ruolo di simbolo religioso e politico dell'*autonomìa* della *pòlis* trasformandosi in cittadelle militari e residenza dei governanti.
I santuari urbani, un tempo simbolo della religione civica, si riducono a meri luoghi di culto separati dalle altre funzioni urbane, situati in aree circoscritte, generalmente più piccole di quelle riservate ai centri commerciali e amministrativi. Conoscono invece un grande sviluppo i santuari extraurbani, importanti come luoghi di culto e di cura o sede di rinomati oracoli.

L'*agorà*, un tempo spazio aperto in cui convergeva l'intera vita cittadina sia politica che economica, si frammenta in più luoghi specializzati tendenzialmente chiusi su sé stessi. Accanto a piazze monumentali porticate si trovano *agorà* specializzate per usi commerciali, circondate da magazzini e uffici.

Il *bouletèrion* viene ancora costruito, ma ormai è soltanto espressione delle *élite* urbane che esercitano un controllo sociale a servizio delle dinastie dominanti. Il ginnasio, simbolo della idea greca di educazione del cittadino, non manca mai nelle città ellenistiche, ma diventa mero luogo di esercitazione fisica oppure centro di cultura riservato ad una *élite*.

Alessandria

Alessandria fu fondata da Alessandro Magno nel 332 sul delta del Nilo, in una stretta fascia di terra lunga poco più di 5 chilometri e larga poco meno di 1,5 chilometri., compresa fra il mar Mediterraneo e un lago interno, il lago Mareotide. Il piano fu redatto da Dinocrate di Rodi, ma pare che lo stesso Alessandro, che aveva individuato il sito, vi abbia contribuito fissando l'ubicazione di alcuni importanti monumenti. E' evidente che nelle sue intenzioni la città fosse destinata a svolgere un ruolo preminente nel Mediterraneo come centro di commercio e cultura.

L'impianto era ortogonale con le grandi arterie principali est-ovest parallele alla costa. La strada principale, la via Canopica, era larga circa 30 metri. Lo schema ippodameo è portato ad una scala monumentale mai vista prima. Il quadro rigido e per certi versi monotono della città democratica lasciava il posto a prospettive grandiose di ispirazione orientale ed egizia.

La città era divisa in aree funzionali e quartieri. Il palazzo con gli edifici annessi costituiva il centro della metropoli, una sorta di città nella città, con la grande biblioteca, il museo, le tombe

dei dinasti, edifici amministrativi, caserme, prigioni di Stato, teatro, palestra e parco.
Sull'isola di Faro nella prima metà del III secolo fu costruita una torre di straordinaria altezza (oltre 130 m.) per guidare con i suoi fuochi i naviganti. Il faro restò in uso per mille e cinquecento anni e fu distrutto da un terremoto solo all'inizio del XIV secolo. L'isola di Faro fu collegata alla terraferma da una diga (detta *Epistadio*) che divideva i due porti: il Porto Grande ad est e il Porto Eunosto a ovest. Entro quest'ultimo era stato ricavato un porto più piccolo nel quale sfociava il canale navigabile che collegava il lago Mareotide al Mediterraneo. Nei pressi dei due porti, sorgeva l'*agorà* commerciale, mentre più all'interno vi era quella civile con annesso ginnasio. Empori ed arsenali occupavano la fascia litoranea.
Il massimo santuario della città era dedicato ad un nuovo dio, Serapide, che riuniva in sé caratteri delle divinità greche ed egiziane, nello spirito della politica di sintesi culturale ed etnica avviata da Alessandro.
Un aneddoto riferito da Vitruvio ci dà il senso della fama che nell'antichità ebbero le grandiose imprese di Alessandro come fondatore di città. L'architetto Dinocrate gli si sarebbe presentato proponendogli un visionario progetto con queste parole: "*Sono Dinocrate, architetto macedone e ti porto progetti e cose belle, degne della tua fama. Ho ideato infatti il monte Athos in figura di statua virile, nella cui mano sinistra ho tracciato le mura di una grandissima città e nella destra un gran piatto ove confluiscano tutte le acque del monte, per poi cadere in mare*". Alessandro apprezza il progetto e il suo autore, che chiama a lavorare al suo seguito, e se ritiene il progetto non realizzabile non è per la sua grandiosa visionarietà, ma solo per la mancanza di sufficienti aree agricole a servizio della futura città[149].

Alicarnasso
I mausolei appartengono alla tradizione asiatica, non a quella greca. Nelle *pòleis* di età arcaica e classica, per le tombe erano consentite solo semplici steli in pietra, con al massimo una scena in bassorilievo. Inoltre, tranne quella del fondatore della città, le tombe dovevano trovarsi fuori delle mura urbane.
La tipologia del mausoleo prende il suo nome dalla monumentale tomba di Mausolo, sàtrapo della Caria in Asia Minore, regnante dal 377 al 353 su quello che era quasi un regno autonomo fortemente grecizzato e che per molti versi era una monarchia ellenistica ante litteram. Come notano Greco e Torelli "*Alicarnasso rappresenta una spettacolare anticipazione dei destini della città ellenistica, cinquant'anni prima della nascita stessa dell'ellenismo; la chiarezza del programma si rivela appieno in virtù delle qualità del suo ideatore, un dinasta orientale libero da tutte quelle eventuali remore che i sovrani ellenistici di origine e di cultura greca dimostreranno in futuro nella loro azione politica e urbanistica. Integrazione fra elemento indigeno ed elemento greco; attribuzione alla cultura urbana ellenica di una funzione unificante e di dominio al servizio di un potere dinastico; esaltazione, con i mezzi offerti dalla speculazione politica, filosofica, artistica e urbanistica della tarda classicità greca, del ruolo economico, sociale e ideologico della monarchia*"[150].
Mausolo non era un greco, ma cercò di dare una veste ellenica alla sua capitale, chiamando a lavorare gli artisti greci più famosi dell'epoca e organizzando la città su un impianto a forma di cavea teatrale con l'acropoli, la reggia e i templi in alto, e in basso l'*agorà* con il porto commerciale. A dominare la città, collocato sulla terrazza intermedia fra l'acropoli e l'*agorà*, quasi nel suo centro geometrico, in asse con l'imboccatura del porto, sorgeva il grande mausoleo. Il significato simbolico è chiaro se ricordiamo che nelle città coloniali greche l'*hèroon* del fondatore era collocato, come si vede ancora a Poseidonia, al centro della città nei pressi

dell'*agorà*. Il sovrano si propone come ecista, come nuovo fondatore della città.

A quanto pare, fu lo stesso Mausolo ad avviare la costruzione della sua tomba, alcuni anni prima della morte, avvenuta nel 353, ma fu la consorte e sorella Artemisia a portarla a termine nel 350, facendone un monumento sia al dolore privato che all'orgoglio dinastico. Le grandi dimensioni, la ricca ornamentazione e la singolarissima tipologia ne fecero una delle sette meraviglie del mondo antico.

Il mausoleo di Alicarnasso, realizzato alla fine dell'età classica, anticipa aspetti tipici dell'architettura ellenistica. Lo fa nell'adozione di un tema celebrativo come la tomba, estraneo alla tradizione greca classica e lo fa adottando linguisticamente un approccio eclettico, con l'architettura degli ordini inserita in un complesso in cui confluiscono anche elementi orientali.

Il mausoleo, a causa di una serie di terremoti avvenuti nel corso del Medioevo e poi dell'utilizzo dei suoi materiali per le fortificazioni urbane, è quasi completamente sparito. Descrizioni letterarie e rappresentazioni su monete ci consentono tuttavia di ricostruire con sufficiente approssimazione la sua configurazione essenziale. La tipologia funeraria di riferimento (una base su cui si eleva un tempio dedicato alla memoria del defunto) è di tradizione orientale, come dimostra la tomba dell'imperatore persiano Ciro il Grande a Pasagarde. Su un basamento cubico di 30 metri di lato, si elevava la camera tombale vera e propria, nelle forme di un anomalo tempio periptero di pianta quadrata, con una peristasi di 10x10 colonne ioniche. Questo "tempio" era coronato da una piramide di 24 gradoni sul cui vertice, a 41 metri dal suolo, era collocato il gruppo marmoreo della quadriga con il re e la regina. Il coronamento piramidale del mausoleo non era probabilmente privo di intenzionali riferimenti alle piramidi dell'Antico Regno egizio.

Gli architetti furono Pithèos - che scolpì anche la quadriga marmorea posta alla sommità - e Sàtyros. Essi descrissero la loro opera in uno dei molti trattati di architettura dell'antichità oggi perduti. I maggiori scultori greci dell'epoca attraversarono l'Egeo per scolpire i fregi con scene dell'amazzonomachia e della centauromachia, oltre a un gran numero di statue probabilmente collocate fra le colonne della peristasi.

Pergamo
Lo sviluppo ellenistico della città di Pergamo, nell'attuale Turchia nord-occidentale, ebbe origine dalla cittadella fortificata, in posizione arroccata e imprendibile, costruita da Lisimaco, uno dei diadochi di Alessandro Magno, per custodire il proprio tesoro. Ma il comandante della fortificazione, Filetero, si dichiarò suddito seleucide nel 282, e dette vita ad un proprio Stato. Il suo successore Attalo I (240-197) combatté contro i Galati (Celti nomadi), sui quali ottenne un'importante vittoria, e attraverso un'abile politica di compromesso con Roma (della quale fu alleato contro Filippo V di Macedonia), ottenne l'indipendenza della città e il titolo di re. Eumene II (197-159) rimase fedele ai romani, ottenendo grandi benefici dalla vittoria di Magnesia sui Seleucidi, che gli consentì di estendere i confini del regno sino alla catena montuosa del Tauro. Con lui Pergamo conobbe il momento di massima fioritura, cui seguì un rapido declino con Attalo II (159-138) e Attalo III (138-133), il quale lasciò il regno in eredità ai romani.
Fra la metà del III e la metà del II secolo, Attalo I e suo figlio Eumene II, fecero di Pergamo un gioiello dell'urbanistica ellenistica.
Era Atene che Pergamo intendeva emulare. Proporsi, non solo con la lotta contro i barbari Galati, ma anche attraverso la cultura e l'arte, come erede della grande civiltà della Grecia

classica, era per la dinastia Attalide, priva di antica nobiltà, un importante fonte di prestigio. La Pergamo degli Attalidi, centro culturale capace di richiamare i migliori artisti dell'epoca e essa stessa una grande opera d'arte, è stata paragonata alle corti del primo Rinascimento italiano. Il paragone appare calzante per il fatto che in entrambi casi l'arte e la cultura in generale sono, per i principi-mecenati, lo strumento di legittimazione di un potere molte volte acquisito e mantenuto con la forza e la spregiudicatezza politica.

La dea protettrice di Pergamo era Atena; l'ordine architettonico non era lo ionico delle vicine coste dell'Asia Minore, ma il dorico, allora non più comune nella grande architettura monumentale, non solo in area ionica. Scultori Ateniesi vennero a lavorare al grande altare di Zeus e una replica della statua di Atena del Partenone fu collocata nella famosa biblioteca. Questa custodiva circa 200.000 volumi, per la maggior parte realizzati su pergamena, materiale ricavato dalla pelle di pecora disponibile in loco, al posto del papiro, che invece doveva essere importato dall'Egitto.

La città, di origini arcaiche, sorgeva su di un'altura dalle pendici alquanto scoscese (dalla quota di 60 metri s.l.m. della pianura, fino ai 335 metri della sommità), situata alla confluenza tra i torrenti Ketios e Selinus nella fertile valle del Caico. In epoca romana si estese anche nella pianura, ma in età ellenistica si sviluppava solo sull'altura. Fino ad oggi sono state scavate le due grandi zone monumentali, quella bassa, sulle prime pendici del rilievo, e quella dell'acropoli in sommità. Fra di esse, a quota intermedia, si trovavano i quartieri d'abitazione.

L'ingresso alla città avveniva attraverso la monumentale porta sud (a quota 98 m.) in opera isodoma, con torri laterali e cortile quadrato, realizzata da Eumene II insieme alla cinta muraria. Da qui partiva la via principale che raggiungeva l'*agorà* bassa (a 118 m. di quota) circondata da *stoài* commerciali di ordine dorico a due piani.

Proseguendo nella salita, la strada raggiungeva la zona monumentale dei tre ginnasi, organizzata su terrazze a quote diverse e di ampiezza crescente. Il complesso delle terrazze dei ginnasi sfruttava abilmente l'orografia disponendosi parallelamente alle curve di livello, in modo da ottenere aree pianeggianti abbastanza estese in lunghezza, adatte agli esercizi di corsa che vi si praticavano.

Immediatamente al di sopra dei ginnasi si trovava, su una terrazza con lo stesso orientamento, il *tèmenos* di Hera *Basìleia*, centrato su un tempietto prostilo d'ordine dorico. Su un'altra terrazza, estesa per quasi cento metri con diverso orientamento, vi era il santuario di Demetra e Kore. Era questo una lunga spianata, bordata a valle da portici a due piani e a monte dalla gradinata per gli iniziati ammessi alle cerimonie. Al centro sorgeva un tempietto prostilo di ordine ionico dedicato alle due dee.

La strada principale, superato il vasto altopiano intermedio occupato dalle zone abitative, raggiungeva la seconda area monumentale, quella dell'acropoli, dividendola in due parti. Sulla destra vi erano il cosiddetto *hèroon* (il tempio dinastico dei sovrani pergameni), i palazzi reali e gli arsenali; a sinistra una serie di terrazze monumentali disposte a ventaglio attorno al teatro, a quote crescenti: l'*agorà* superiore, il santuario di Zeus con il grande altare, quello di Atena *Poliàs* e il Traianeo.

L'*agorà* superiore era una vasta piazza bordata sui lati sud ed est da una *stoà* dorica a due piani; sul lato ovest vi era un tempio prostilo d'ordine misto dorico-ionico, forse dedicato a Dioniso.

Sul lato nord dell'*agorà* incombeva il muro di sostegno della terrazza successiva, posta a quota notevolmente più alta. Al suo centro sorgeva il grande altare dedicato a Zeus da Eumene II tra il 181 e il 159. L'altare era una riproposizione, su scala ancora più grandiosa, degli altari monumentali della Ionia, il cui prototipo era quello di Rhoikos a Samo. Come in questo, il piano delle offerte era collocato su un alto zoccolo a cui si accedeva tramite una gradinata anteriore, e un muro a C isolava l'altare sugli altri tre lati. Ma qui tutto diventa più grandioso e spazialmente complesso, grazie all'introduzione di un elemento ulteriore: un colonnato ionico che fasciava con continuità il muro a C, sia sulle facce rivolte all'interno che su quelle rivolte all'esterno e proseguiva anche alla sommità della gradinata come un diaframma trasparente, circoscrivendo così l'altare in una sorta di recinto sacro. Lo zoccolo, con la trionfale scalea centrale fra le lunghe ante colonnate, era decorato dal colossale fregio (lungo circa 120 m. e alto 2,25 m.) ad altissimo rilievo, della gigantomachia capolavoro emblematico della scultura ellenistica per la straordinaria dinamicità ed espressività delle figure. Sulle facce interne, il muro di recinzione esibiva un fregio a bassorilievo con le storie dell'eroe locale Telefo, da cui gli Attalidi si vantavano di discendere.

Ad una quota superiore si impiantava la terrazza del santuario di Atena *Poliàs Nikephòros*, con un tempio periptero esastilo di ordine dorico in modesta trachite, preesistente alla sistemazione della terrazza e forse per questo con un orientamento diverso dalla *stoà* a due piani che la bordava su due lati, con ordine dorico al piano terra e ionico al piano superiore. Trofei dei nemici sconfitti dai sovrani Attalidi decoravano le balaustre fra le colonne ioniche del secondo piano. Il braccio nord della *stoà* dava accesso alla celebre biblioteca. Un elegante propileo a due piani fu aggiunto da Eumene II. Al centro della piazza fu sistemato un gruppo scultoreo che celebrava la vittoria sui Galati.

Il tempio di Traiano sulla terrazza più alta, sostituì nel II secolo d.C. un precedente complesso con esedra.

Il teatro di circa 10.000 posti, era ricavato nello scosceso pendio ovest, offrendo agli spettatori una spettacolare vista sul paesaggio. Per via dei limiti imposti dalla morfologia del sito, descriveva un semicerchio completo solo nel *diàzoma* inferiore. La scena originariamente era in legno e fu sostituita da una marmorea in epoca romana. L'orchestra si apriva su una stretta terrazza lunga 250 metri, una sorta di strada monumentale, bordata da *stoài* doriche a cui si accedeva da sud tramite un propileo con doppio arco di ingresso e che si concludeva sul lato opposto, oltre la scena del teatro, con il tempio di Dioniso *Kathegemòn* ("Dioniso condottiero").

Nei complessi monumentali di Pergamo è costante il tema della celebrazione della dinastia degli Attalidi come erede e baluardo della civiltà greca.

Nelle decorazioni figurate ricorre la tesi ciclica della lotta contro la barbarie: da parte degli dèi (gigantomachia), degli eroi (amazzonomachia), dei greci del passato (guerre Persiane) e dei greci del presente (guerre degli Attalidi contro i Galati).

I culti del ginnasio, come nella tradizione, si incentravano su Eracle, qui associato probabilmente a Telefo; ma attraverso le figure di Eracle e di Telefo si proponeva il paradigma del sovrano paterno e benefico, come mostra la glorificazione di Telefo nell'altare di Zeus.

Le terrazze che sovrastano i ginnasi sono invece il luogo dove le figure femminili della dinastia sono celebrate attraverso il culto di divinità del pantheon classico. Hera, con l'appellativo di *Basìleia*, rinvia immediatamente alla sposa e alla madre del sovrano. Una grande iscrizione sul propileo di accesso al santuario di Demetra e Kore, con la dedica della regina Apollonide ne esalta la devozione e allude all'aspetto soterico del culto praticato all'interno del santuario e alla figura, anch'essa soterica, della madre di Eumene II e Attalo II.

L'ingresso alla cittadella dell'acropoli avviene attraverso l'*agorà* superiore dominata dal culto dinastico di Dioniso. Segue la terrazza con il colossale altare di Zeus dalle forti valenze ideologiche. Tipologicamente rimanda ai grandi altari arcaici della Ionia, ribadendo la comunanza di stirpe fra tutti i Greci d'Asia. Nel grande fregio della gigantomachia è immediato il parallelo con la Pergamo degli Attalidi, come baluardo di ellenicità contro ogni barbarie. Ma ora questa cultura è al servizio di un potere dinastico e non più della libertà della *pòlis*. E così l'altare, con la sua posizione simmetrica all'*hèroon* e collocato su una terrazza intermedia, ha una posizione subordinata, quasi da culto di ingresso, rispetto all'acropoli, sede dei re e di Atena *Nikephòros*, protettrice personale del dinasta.

Il complesso dell'acropoli di Pergamo non è il frutto di un progetto unitario, ma della successione di interventi distinti, anche se realizzati in un arco di tempo relativamente breve (circa cinquant'anni). Non conosciamo i nomi degli architetti, ma certamente i sovrani, e in particolare Eumene II, furono l'elemento propulsore e unificatore di questa straordinaria impresa architettonica. Le diverse parti del complesso appaiono ciascuna come un episodio a sé stante e compiuto, con un proprio ingresso e orientamento, ma nell'insieme raggiungono una straordinaria e spettacolare coerenza.

Questo grazie ad un carattere fondamentale che si manifesta fin dai primi interventi del III secolo: l'adesione alla difficile e tormentata orografia. Nelle due grandi aree monumentali, le terrazze sono variamente orientate assecondando l'andamento naturale del rilievo. In quella superiore la scenografica disposizione a ventaglio attorno al teatro è suggerita dal sito stesso. Anche le mura e le strade urbane rivelano questo approccio, adattandosi al rilievo con rimarchevole naturalezza. Si può dire che gli architetti pergameni, costruiscono con il paesaggio mettendone in valore le qualità e sfruttandone le possibilità.

Pergamo introduce nell'architettura ellenistica un nuovo senso monumentale della composizione d'insieme, vista come una sola grande opera di architettura a scala paesistica. Non si tratta più della "casualità" apparente dei santuari panellenici di Delfi e Olimpia, ma nemmeno di un ordine geometrico imposto al sito. Ora il sito è l'elemento generatore di un progetto il cui valore è nel rivelare la forma e l'ordine insiti nel dato naturale, esaltandone le qualità scenografiche attraverso la regolarità e il ritmo dell'architettura.

Per questo, a fronte del patetismo della scultura, l'architettura pergamena è semplice nelle linee generali e non sovraccarica in termini decorativi. Per allestire e definire formalmente le terrazze, gli architetti ricorrono ad un solo tipo tradizionale, la *stoà*, che sviluppano liberamente in lunghezza e su più piani, sfruttando al massimo l'elasticità e adattabilità di questo tipo edilizio. Anzi proprio la valorizzazione delle potenzialità della *stoà* a più piani, con funzione sia spaziale di delimitazione e connessione di aree a quote diverse, che strutturale di contenimento del terreno, è forse il più originale contributo tipologico dell'architettura pergamena.

NOTE

[1] G. Glotz, *La città greca*, Torino 1973, p. 3.
[2] *Ivi*, pp. 26-27.
[3] J-P. Vernant, *Le origini del pensiero greco*, Roma 1976, p. 56.
[4] *Ivi*,, pp. 56-57.
[5] *Ivi*, p. 86.
[6] J-P. Vernant, *L'Uomo greco*, Bari, 1991, p. 9.
[7] M. Vegetti, *L'uomo e gli dei*, in *L'Uomo greco*, Bari, 1991, p. 272.
[8] Ovviamente tale senso della misura non necessariamente era il frutto di *sophrosune*, ma era anche una sorta di obbligo sociale per non apparire, con la propria esibizione di potenza, pericoloso per l'equilibrio della comunità, rischiando di incorrere in quelle pratiche sociali volte a difenderla, come l'ostracismo.
[9] Come nota Joseph Rykwert "*Il tempio della Grecia classica fu una delle innovazioni radicali citate da Tucidide.. Nei siti minoici e micenei anteriori non esistono edifici che possano essere definiti templi, nel senso inteso dalla parola greca naos: abitazione di un dio, cella che racchiude e protegge una statua, un oggetto commemorativo o un feticcio, come segno della sua presenza, circondata da file di colonne. La casa del dio era una tipologia architettonica conosciuta in tutto il Mediterraneo dell'antichità, ma il santuario che si ergeva all'aperto, le sue colonne che rialzavano il frontone scolpito sopra tutti gli altri edifici della città - o sopra la campagna circostante- erano un progetto greco*". J. Rykwert, *La colonna danzante. Sull'ordine in architettura*, Milano 2010, p. 104.
[10] Ai messi di Mardonio che nel 479, durante la seconda guerra persiana, propongono un accordo con Serse, gli Ateniesi rispondono: "*.. abbiamo con gli Elleni comunanza di sangue e di lingua; abbiamo in comune le sedi degli dei, e i sacrifici, e costumi consimili, dei quali non si addirebbe agli Ateniesi divenire traditori*". Erodoto, *Storie* - Libro VIII, 144, 2, trad. it. in, *Storici Greci*, Roma, 2011, p. 624.
[11] In effetti la competizione, come forma in qualche modo ritualizzata del conflitto, è insita nella cultura greca e diffusa in ogni campo (si pensi alle competizioni dei giochi nei santuari panellenici, ma anche alla competizione fra oratori nelle pubbliche assemblee) costituendo un importante fattore di dinamismo. Come osserva Esiodo, ogni rivalità presuppone rapporti di uguaglianza e sono proprio la comunità

culturale fra le città greche, e il riconoscimento della uguaglianza dei cittadini, a rendere così pervasiva la competizione nella vita dei Greci.

[12] "*Grazie alla mediazione delle sue divinità poliadi installate nei loro templi, la comunità stabilisce fra uomini e territorio una sorta di simbiosi, come se i cittadini fossero figli di una terra da cui sarebbero sorti all'origine sotto forma di autoctoni e che, grazie a questo legame intimo con coloro che l'abitano, si trova essa stessa promossa al rango di "terra di città. Si spiega così l'asprezza dei conflitti che, fra l'VIII e il VI secolo, hanno contrapposto città vicine per l'appropriazione dei luoghi di culto frontalieri, talvolta comuni ai due Stati*". J.-P. Vernant, *Mito e religione in Grecia antica*, Roma, 2009, p. 24.

[13] Esempi della Magna Grecia sono il santuario di Hera alla foce del Sele, al confine settentrionale del territorio di Poseidonia, il santuario di Francavilla presso Sibari e il santuario di Zeus Agalios e Artemide ai limiti del territorio di Metaponto, risalente all'epoca di fondazione della città. Osserva Mertens a proposito di quest'ultimo: "*La straordinaria quantità di dediche votive illustra l'alto significato del luogo di culto, laddove il primo fregio architettonico figurato dell'Italia meridionale abbellì il tempio più antico. I coloni vollero così rimarcare sin dagli esordi le loro pretese sull'estesa zona in modo inequivocabile, giacché, con il nitido linguaggio figurato del fregio, narrazione quasi letterale di scene chiave dell'epopea omerica, come la partenza di Achille e Patroclo per la guerra troiana, ostentarono al cospetto della popolazione nativa la propria identità. A contare maggiormente non furono tanto i contenuti delle immagini, quanto la dimostrazione della superiorità culturale, e dunque anche sociale, dei Greci e dei loro dei*". J.J. Mertens, *Città e monumenti dei Greci d'occidente*, Roma, 2006, p. 48.

[14] Studi recenti sostengono che in età arcaica e classica la distinzione fosse meno netta. *Bòmos* in senso specifico indicava una piattaforma sopraelevata in pietra, e *eschàra* era la parte a contatto con il fuoco di materiale diverso, una sorta di griglia che proteggeva la superficie del *bòmos* su cui era poggiata. Cfr. G. Ekroth, *The sacrificial ritual of greek herocult*, Liege, 2002; *Altars on attic vases: the identification of bòmos and eschàra*, Stockholm, 2002.

[15] J.-P. Vernant, *Mito e religione in Grecia antica*, Roma, 2009, pp. 23-24.

[16] E questo è il senso che viene ribadito nella chiesa medievale: nelvalore simbolico dei portali romanici con l'iconografia del loro apparato scultoreo, ma anche nell'immagine della chiesa gotica come "Gerusalemme Celeste".

[17] Scrive J.-P. Vernant, "*Grazie alla mediazione delle sue divinità poliadi installate nei loro templi, la comunità stabilisce tra uomini e territorio una sorta di*

simbiosi, come sei i cittadini fossero figli di una terra da cui sarebbero sorti all'origine sotto forma di autoctoni e che, grazie a questo legame intimo con coloro che l'abitano, si trova essa stessa promossa al rango di "terra di città". J.-P. Vernant, *Mito e religione in Grecia antica*, Roma, 2009, p. 24.

[18] Come osserva Enzo Lippolis "*Il mondo dell'Odissea non è, quindi, il riflesso di situazioni reali, ma il prodotto della sedimentazione di ricordi, esperienze dirette, rielaborazioni mitiche e artifici letterari che dovrebbe indurre ad attribuire al testo una dimensione ben diversa da quella della testimonianza direttamente utilizzabile per la ricostruzione storica*". *Architettura Greca*, E. Lippolis, M. Liviadotti, G. Rocco, Milano, 2007, p. 33.

[19] E. Lippolis, M. Liviadotti, G. Rocco, *Architettura Greca*, pp.71-72.

[20] *Ibidem*.

[21] La predilezione per i luoghi elevati e visibili da lontano (e dai quali il dio possa guardare ad un vasto territorio e proteggerlo) è una costante che incontriamo in tutte le aree del mondo greco in cui l'orografia lo renda possibile. In molti casi questi siti corrispondono a preesistenti acropoli micenee, che la *pòlis* trasforma da residenza del sovrano a residenza della divinità poliade.

[22] Questo orientamento non è sempre rispettato in modo rigoroso e a volte ne riscontriamo anche uno diverso legato forse a vincoli del sito (come forse nel tempio di Apollo a Basse orientato in direzione nord-sud) o a tradizioni e culti locali (come in molti templi ionici con l'ingresso ad ovest invece che a est).

[23] Ricordiamo che i templi greci sono dedicati alle divinità olimpiche che sconfiggono le forse del Caos. J.-P. Vernant, *Mito e religione in Grecia antica*, Roma, 2009, p. 31.

[24] "*Ma queste qualità informano anche la pittura e le altre arti simili, la tessitura, il ricamo, l'architettura e la fabbricazione di ogni altra suppellettile, e inoltre la natura dei corpi e degli altri organismi; in tutto questo c'è decoro o bruttezza*". Platone, Repubblica, III, 401a, *Platone Tutte le opere,* trad. G.Caccia, Roma, 2009, p. 1390.

[25] «*Dobbiamo dunque sorvegliare soltanto i poeti e costringerli a rappresentare nelle loro opere la bontà di carattere, o altrimenti a non poetare presso di noi; oppure dobbiamo sorvegliare anche gli altri artefici e impedire loro di introdurre ciò che è moralmente malvagio, sfrenato, ignobile e indecoroso sia nelle rappresentazioni di esseri viventi sia negli edifici sia in ogni altro manufatto, o altrimenti non permettere di lavorare presso di noi a chi non sia capace di osservare questo precetto, per evitare che i nostri guardiani, allevati tra immagini disoneste come tra le erbacce, cogliendone poco per volta ogni giorno una grande quantità e pascendosene, accumulino senza*

avvedersene un unico grande male nella loro anima? Non bisogna al contrario cercare quegli artefici che sappiano nobilmente seguire le tracce della natura di ciò che è bello e decoroso, affinché i giovani, come chi abita in un luogo salubre, traggano vantaggio da qualunque parte un'impressione di opere belle tocchi la loro vista o il loro udito, come un soffio di vento che porta buona salute da luoghi benefici, e sin dalla fanciullezza li conduca senza che se accorgano alla conformità, all'amicizia e all'accordo con la retta ragione?» Platone, Repubblica, III, 401b-c-d, *Platone Tutte le opere,* trad. G.Caccia, Roma, 2009, p. 1390-1391.

[26] G.C. Argan, *Storia dell'Arte Italia, dall'antichità al Medioevo,* Milano 2008, pp. 20-21.

[27] M. Vegetti, op. cit., p. 273.

[28] "*Stabilendo il contatto con gli dei e rendendoli in qualche modo presenti fra gli uomini, il culto introduce nella vita umana una nuova dimensione, fatta di bellezza, di gratuità, di serena comunione. Si celebrano gli dei con processioni, canti, danze, cori, giochi, gare, banchetti dove in comune ci si ciba degli animali offerti in sacrificio. Mentre offre agli immortali la venerazione che meritano, il rituale della festa si presenta, per coloro che sono destinati a morire, come un arricchimento dei giorni della vita, un arricchimento che, conferendo loro grazia, gioia, accordo reciproco, li illumina di uno splendore in cui riverbera parte del fulgore divino. Come dice Platone, per diventare uomini completi i bambini devono sin dai primi anni imparare e vivere giocando e giocando giochi quali i sacrifici, i canti, la danza. Quanto a noi uomini spiega "quegli dei che dicemmo esserci stati donati compagni di danza, ci furono anche donatori della piacevole sensibilità del ritmico e dell'armonico: e così essi sollecitano i nostri movimenti e guidano i nostri cori legandoci l'uno all'altro con la danza e con i canti (Leggi 654d)". E di questo legame creato dal rituale fra i celebranti, entrano a far parte anche gli dei, venendosi a trovare, attraverso il gioco lieto della festa, in accordo e in sintonia con gli uomini*". J.-P. Vernant, Introduzione a *L'Uomo greco,* Bari, 1991, pp. 9-10.

[29] C. Marconi, *Kosmos: The Imagery of the Archaic Greek Temple,* in *Anthropology and Aesthetics,* No. 45 (Spring, 2004), pp. 223-224.

[30] *Ivi,* pp. 211-224.

[31] Un esempio è il tesoro dei Sifni a Delfi. Cfr. R. T. Neer, *Framing the Gift: The Politics of the Siphnian Treasury at Delphi, Classical Antiquity,* Vol. 20, No. 2 (October 2001), pp. 273-344.

[32] Cfr. M. Barbanera, *Il significato della Gigantomachia sui templi Greci in Sicilia,* dipartimento di scienze storiche archeologiche e antropologiche dell'antichità, Università di Roma «La Sapienza», Studi Miscellanei n. 29, Roma, 1996, pp. 149-153.

[33] Una definizione più estesa può essere la seguente "*Si può considerare l'ordine architettonico come la trasposizione del sistema trilitico in una soluzione artistico formale che trae la sua origine dalla volontà di rivestire di una forma esteticamente definita la soluzione di un problema statico strutturale, attraverso cioè un sistema razionale di rapporti che regoli le proporzioni fra le parti e l'adozione di forme decorative ben determinate e rigorosamente articolate*". G. Rocco. *Guida alla lettura degli ordini architettonici antichi. I. Il dorico*, Napoli 1994, p. 11.

[34] Il primo tempio che su suolo greco impiega l'ordine corinzio per la peristasi, è quello di Zeus Olimpio ad Atene progettato dall'architetto romano Cossutius, alla metà del II secolo

[35] Tucidide, *La guerra del Peloponneso*, I, 12: "*Anzi dopo la guerra troiana l'Ellade subì altre migrazioni e colonizzazioni, sicché non poté raggiungere, con la pace, una potenza maggiore. [2] Infatti il ritorno degli Elleni da Troia, avvenuto tardi, portò molte novità, e nelle città scoppiavano per lo più guerre civili, in conseguenza delle quali i vinti esulando fondavano nuove città. [3] Così nel sessantesimo anno dalla presa di Troia i Beoti odierni, cacciati da Arne per opera dei Tessali, si stabilirono nell'odierna Beozia, detta prima Cadmeide (c'erano anche prima in questa terra alcuni di loro, donde pure si partirono per la spedizione di Ilio); e i Dori nell'ottantesimo anno occuparono con gli Eraclidi il Peloponneso. [4] L'Ellade, trovata a stento dopo molti anni una pace duratura, e non più soggetta a violenti spostamenti di popolazione, mandò colonie; e gli Ateniesi colonizzarono la Ionia e la maggior parte delle isole, i Peloponnesi colonizzarono la maggior parte dell'Italia e della Sicilia e alcune zone della rimanente Ellade: tutte fondazioni che avvennero dopo la guerra troiana*".

[36] Erodoto, *Storie*, VII, 94.

[37] Erodoto, *Storie*, VIII, 44; Tucidide, *La guerra del Peloponneso*, I, 6.

[38] La filosofia greca prende avvio dalla cosiddetta scuola di Mileto, città ionica dell'Asia Minore. Dalla Ionia provenivano anche Pitagora (Samo) ed Eraclito (Efeso).

[39] Una sorta di "luogo comune" nella cultura greca era il senso di superiorità dei Dori nei riguardi degli Ioni, per la presunta effemminatezza e mancanza di risolutezza di questi ultimi. Una ragione di ciò veniva individuata nell'influsso del dolce clima dell'Asia Minore e della contiguità con le popolazioni orientali; una conferma era vista nel fatto che le città Ioniche avevano a lungo sopportato di vivere sotto la tutela dei regni vicini, rinunciando, per amore di tranquillità, ai valori della libertà e autonomia, fondanti per l'identità greca.

[40] I tre fondamentali modi o scale musicali (detti "armonie") in Grecia erano il dorico, frigio (o eolico), lidio (o ionico) e corrispondevano alle

tre stirpi e aree linguistiche greche. A ciascun modo (come anche ai diversi tipi di ritmi) era attribuito un diverso significato emozionale che corrisponde al carattere che comunemente si attribuiva alle etnie da cui derivavano. Ad esempio a proposito del modo dorico Aristotele osserva "*Riguardo al modo dorico tutti sono d'accordo che è molto grave e ha sopra tutti carattere virile. Inoltre, poiché elogiamo il medio tra gli estremi e diciamo che si deve seguirlo e poiché il modo dorico ha tale natura rispetto agli altri, è evidente che soprattutto nei canti dorici conviene educare i giovani*". Aristotele, *La Politica*, 1342a-b; per quanto riguarda quello ionico leggiamo in Platone "«*E quali sono le armonie molli e adatte ai simposi?*» «*Certe armonie ioniche e lidie*», rispose, «*che si chiamano appunto rilassate*»". Platone, *Repubblica*, 398c.

[41] Ad esempio il tempio ionico del tardo VI secolo (forse dedicato ad Artemide) che sorge nel santuario urbano di Siracusa accanto a quello dorico di Atena; il tempio ionico della fine del V secolo in contrada Masarà a Locri; il tempio D di Metaponto (470).

[42] In età arcaica si pensi ai templi di Hera I e di Atena a Paestum; in età classica al Partenone o al tempio di Apollo a Basse; in età tardoclassica ai templi di Atena Alea a Tegea e di Zeus a Nemea. La tendenza alla fusione fra gli ordini diventa uno dei caratteri tipici dell'architettura ellenistica.

[43] Cfr. J. M. Hall, *Ethnic identity in Greek antiquity*, Cambridge 2000, pp. 51-56.

[44] Assumendo come parametro di valutazione della snellezza della colonna il rapporto fra altezza e diametro inferiore della colonna, nel tempio arcaico di Apollo a Selinunte (prima metà del VI secolo) il suo valore è 3,97, nel tempio classico di Zeus a Olimpia (metà del V secolo) è pari a 4,7 e nel tempio tardoclassico di Zeus a Nemea (metà del IV secolo) è pari a 6,3. Per quanto riguarda l'altezza della trabeazione, passa mediamente da 1/3 dell'altezza della colonna in età classica a 1/4 in età tardoclassica.

[45] Giorgio Rocco, *Guida alla lettura degli ordini architettonici. II. Lo ionico*, Napoli, 2003, p. 15.

[46] *Ibid.*

[47] Le più slanciate sono in età arcaica. Nel tempio di Era III a Samo iniziato intorno al 570 il rapporto a/d (altezza/diametro inferiore) è pari a 12, nel portico nord dell'Eretteo (421-406) il rapporto a/d è pari a 9,5; molto meno slanciate sono le colonne del coevo tempietto di Atena Nike dove a/d è pari a 6,7. Dati da Gottfried Gruben, *L'Architettura dei Templi e dei Santuari greci*, op. cit.

[48] Il più antico esempio conosciuto di capitello ionico d'angolo è nel tempio di Apollo a Didyma (Mileto), iniziato fra il 575 e il 550.

⁴⁹ Il primo esempio conosciuto (per quanto non su una colonna a tutto tondo) è quello dell'ordine ionico all'interno del tempio di Apollo a Basse databile all'ultimo quarto del V secolo.

⁵⁰ Le architetture funerarie scavate nella roccia dalle popolazioni anatoliche dei Lici e dei Lidi, riproducono con notevole dettaglio costruzioni in carpenteria lignea. Nell'architettura egizia è assai frequente l'uso di rappresentare in pietra le forme di edifici più antichi in materiali deperibili. Un bell'esempio di età ellenistica sono i padiglioni di Heb-Sed presso la piramide di Zoser a a Saqqara, che riproducono in pietra le strutture leggere di padiglioni provvisori festivi in legno.

⁵¹ Un'analisi del tempio greco come costruzione intrinsecamente tettonica è svolta da Karl Bötticher, nel suo *Die Tektonik der Hellenen*, 1844-52, che Kenneth Frampton considera " *un contributo fondamentale ricco di conseguenze, che consiste nella distinzione fra Kernform e Kunstform; tra la forma intrinseca dei travetti in legno di un tempio greco e la rappresentazione artistica degli stessi elementi in quanto costituiscono le estremità in pietra delle travi espresse nei triglifi e nelle metope della trabeazione classica. Bötticher interpreta il termine di tettonica dandogli il significato di un sistema completo che lega ogni parte del tempio greco in un tutto unico, compresa la scultura in rilievo e incorniciata, che si presenta in tutte le sue molteplici forme* ". K. Frampton, *Tettonica e Architettura*, trad. it. Milano 1999, p. 22.

⁵² L'archeologo Adolf Heinrich Borbein, nel suo contributo del 1982 sulla storia del concetto di tettonica afferma: "*La tettonica diventa l'arte della connessione*". Cit. in K. Frampton, *Tettonica e Architettura*, trad. it. Milano 1999, p. 22.

⁵³ Un indizio a favore di questa ipotesi sarebbe il fatto che l'area in cui per la prima volta si manifesta il processo di litizzazione per il dorico è quella di Corinto, grande centro di produzione della ceramica e luogo di origine dei primo tipo di tegole in laterizio, detto appunto "corinzio". Inoltre Corinto era una esportatrice di terrecotte architettoniche a partire dalla fine del VII secolo, come dimostra il caso del Tempio C di Apollo a Thermon della seconda metà del VII secolo. Cfr. G. Rocco, op. cit., 1994, nota 31, p. 56.

⁵⁴ Vitruvio, *De Architectura*, IV, II, "*Ora da queste cose e da questi lavori di legname hanno dappoi gli artefici imitata la disposizione nelle fabbriche dei sacri Templi colle loro sculture in pietre ed in marini, ed hanno creduto doversi attenere a queste invenzioni*". *Questo tema ritorna nei teorici settecenteschi dell'architettura neoclassica.*

55 "*La trasposizione dell'architettura dalle strutture deperibili dell'età geometrica alle grandi costruzioni dell'arcaismo greco procede per tappe intermedie che vedono la progressiva sostituzione delle componenti lignee con i loro corrispettivi in pietra, prima le colonne e poi a poco a poco gli elementi della trabeazione [..] Di edifici con colonne in pietra ed elevato ligneo si conservano numerose attestazioni archeologiche e possono essere considerati elementi di transizione che già alla fine del VII secolo poteva dirsi completata e che deve aver avuto nell'area di Corinto uno dei centri propulsori più significativi*". G. Rocco, *Guida alla Lettura degli ordini architettonici. I. Il dorico"*, Napoli 1994, p. 56.

56 Tra la fine del VII e l'inizio del VI secolo si afferma in Asia Minore il regno di Lidia che arriva a sottomette le colonie greche dell'Asia Minore. Ma non esercita una grande interferenza sugli affari interni delle città, mentre si incrementano gli scambi commerciali e culturali fra le città ionie e la Lidia. Molte delle colonie dell'Asia Minore creano in comune una stazione commerciale nell'area del delta del Nilo, Naukratia, nel VII secolo.

57 Si pensi alla colonna nel bassorilievo della Porta dei Leoni a Micene, a sua volta direttamente legata a prototipi minoici, oppure al cosiddetto "fregio a triglifi", motivo decorativo dell'architettura palaziale micenea. Un legame più problematico è quello con il cosiddetto "protodorico egizio", con colonna cilindriche a 8 o 16 facce prive di base e con capitello costituito da un abaco parallelepipedo, che troviamo a Deir-el-Bahari, nel cenotafio della regina Hatshepsut risalenti al Nuovo Regno (XVI-XI sec.) e quindi di un millennio più antichi dei primi esempi greci.

58 Si è sostenuto che nel dorico la forma di ogni suo elemento (quella che Botticher chiamava *Kunstforme*), è congruente con la sua forma strutturale (*Kernform*).

59 A proposito delle differenze fra ionico cicladico e microasiatico in età arcaica, Giorgio Rocco osserva " *Le differenze naturalmente esistono e sono consistenti..riguardano anche l'immagine stessa dell'ordine che, pure nella corrispondenza degli elementi, appare profondamente influenzata dal ruolo che assume nel mondo asiatico, il rilievo figurato. La sua presenza sulle diverse membrature architettoniche (colonne, architravi, fregi, sima) appare infatti condizionata nei modelli di riferimento, così come nei tratti e nelle tematiche, dalle realizzazioni egiziane e vicino orientali, infondendo alla produzione microasiatica un tratto inequivocabile*". G. Rocco, *Guida alla Lettura degli ordini architettonici. II. Lo ionico*, Napoli 2003, p. 93.

⁶⁰ Vitruvio in *De Architectura*, IV, III, considera un difetto sia l'ampliamento dell'ultima metopa che la contrazione dell'ultimo intercolunnio. La sua soluzione rispetta la regola dell'assialità fra triglifo e colonna, ma inserisce all'estremità della trabeazione una mezza metopa, elemento anomalo privo di un chiaro senso strutturale. Invece i Greci rinunciano all'assialità, privilegiando la regolarità nel ritmo del fregio. La soluzione proposta da Vitruvio si riscontra, nell'architettura romana, solo in pochi esempi di età imperialee forse il suo più impportante esempio rinascimentale è la bibllioteca di San Marco del Sansovino.

⁶¹ Questo tema rimanda a quello della differenza fra la ragione greca e quella illuministica, fra una ragione intesa come apollineo "senso della misura", criterio morale, ancor prima che gnoseologico, in un mondo di potenze molteplici e in cui il disordine e il caos sono reali quanto l'ordine, e una ragione intesa come criterio ultimo di verità in un mondo totalmente "disincantato" e razionalizzato. Su questo tema cfr. J. Rykwert, La colonna danzante, e in particolare il capitolo XII, *Ordine e amplesso*.

⁶² J. Rykwert, *La colonna danzante*, Milano, 2010, p. 266.

⁶³ *Ibid.*, p. 277. Nello stesso testo Rykwert sottolinea che il concetto di *mìmesis* per i Greci non indica il rispecchiare qualcosa, ma "*fare come*", "*creare alla maniera di*", e che ogni produrre riuscito è una forma di *mimesis* in quanto l'artigiano nel produrre trae dall'ordine del mondo le proprie regole "*Il mondo percepito sarà infatti pieno di accenni, di ammiccamenti, da cui persino i manufatti più comuni derivano una propria dignità (e il loro artefice una propria posizione sociale), attraverso un consenso sull'abilità richiesta per attuali, abilità conseguita dal suo inventore scomponendo l'ordine del mondo e ricomponendolo attraverso i gesti manuali usati per la costruzione del manufatto*". p. 91.

⁶⁴ Rykwert ricorda come "*pali antropomorfici sono abbastanza comuni nell'Europa nordorientale, nell'Asia sudorientale e in Africa, ovunque, cioè, il legno sia il principale materiale da costruzione*" e che il passaggio alla costruzione in pietra richiedeva "*un altro passo nella ricerca dell'astrazione*". Per le costruzioni in pietra cita le statue che, con funzione strutturale, si alternano a pilastri, inserite in rientranze dei muri del tempio di Inrnin, costruito dal re cassita Karaindash, a a Warka in Mesopotamia nel 1440 circa; per L'Egitto il tempio di Hator presso Dendera dove le colonne hanno un capitello dalla forma di testa della dea Hator con una pesante

parrucca ricadente ai lati, del IV secolo a.c. J. Rykwert, *La colonna danzante*, Milano, 2010, p. 217 e p. 221.

[65] Vitruvio, *Architettura*, IV, I, 6-7, trad. cit. p. 223-225. Parlando della costruzione del primo tempio dorico, Vitruvio racconta: *"Ma quando vollero in quel tempio collocar le colonne, non avendone le simmetrie, e cercando con quali criteri e computi potessero conseguire lo scopo di costruirle capaci a sostenere il carico e, al tempo stesso, di riconosciuta bellezza nell'aspetto, presero a unità di misura l'impronta del piede dell'uomo. E poiché avevano riscontrato che il piede è al sesta parte dell'altezza dell'uomo, applicarono questa proporzione anche alla colonna, facendola alta sei volte il diametro della base. Così la colonna dorica rappresentò negli edifici la proporzione, la solidità e la bellezza del corpo virile"*. Continua così riguardo alla colonna ionica: *"In seguito poi, volendo edificare un tempio ad Artemis, e di un nuovo tipo di bellezza, lo intonarono alla gracilità femminile, pur usando lo stesso vestigio del piede come misura. Fecero così la colonna alta otto volte il diametro dell'imoscapo, onde avesse un aspetto più slanciato; sottoposero una base a modi calzare; a destra e a sinistra del capitello collocarono poi le volute pendenti come crespi cincinni di capigliatura, e ornarono le fronti con cimase ed encarpi disposte a guisa di crini, e lungo il fusto tutto lasciarono andare a basso i listelli delle scanalature, come pieghe di lunghe vesti matronali. Così mutuarono dalla figura umana l'invenzione delle colonne ma con due differenze fondamentali: l'una colonna dall'uomo - nuda bellezza senza ornati -; l'altra, svelta, adorna e armoniosa dalla donna"*.

[66] J. Rykwert, *La colonna danzante*, Milano, 2010, p. 101. Inoltre osserva Rykwert: *"In considerazione di quanto discusso sulla natura della mimesis negli edifici, pare dopotutto ragionevole la riluttanza degli architetti Greci a mettere in luce il nucleo centrale del processo metaforico e la loro insistenza nel sostenere che si trattava di un caso speciale che richiedeva una giustificazione storica. In verità la costruzione di tali figure potrebbe essere stata vista con diffidenza dai greci, perché troppo aneddotica, forse troppo particolare per i grandi concetti generici dell'architettura"*.

[67] Un esempio è quanto racconta Diodoro Siculo a proposito di Agatocle tiranno di Siracusa: *"Agatocle, a cui era stato dato l'incarico della fabbrica del tempio di Minerva, fece tutta la spesa del suo denaro proprio; ma tra le pietre tagliate fece scegliere le più belle, e con esse edificare per sé una casa magnifica. Bisogna dire che la Dea vide il fatto; perciocché Agatocle fu da un fulmine abbruciato insieme colla sua casa"*. G. Compagnoni, *Biblioteca storica di Diodoro Siculo*, Milano 1820, p. 23.

[68] J.J. Coulton, *Lifting in Early Greek Architecture*, The Journal of Hellenic Studies, vol. 94(1974), pp. 1-19.

[69] Questa ipotesi è confermata da quanto riferisce Plinio il Vecchio a proposito dei lavori dell'architetto Chersiphron nel tempio di Artemide ad Efeso, alla metà del VI secolo. Plinio il Vecchio, *Storia Naturale*, XXXVI, 21, 14.

[70] Le tegole sono gli elementi piatti che costituiscono la copertura vera a propria, i coppi sono gli elementi convessi che servono a proteggere le giunzioni fra le tegole.

[71] *Cfr.* E. Lippolis, M. Liviadotti, G. Rocco, *Architettura greca*, Milano 2007, p. 906.

[72] *Ivi*, p. 909.

[73] Rykwert ricorda come, oltre a Policleto, Vitruvio citi altri nove artisti ciascuno dei quali aveva elaborato un canone. cfr. J. Rykwert, *La colonna danzante*, Milano, 2010, p. 81.

[74] "*La composizione del tempio è una simmetria; il cui calcolo gli architetti debbono scrupolosamente conoscere e applicare. La simmetria nasce dalla proporzione, in greco αναλογια. E la proporzione è la commensurabilità di ogni singolo membro dell'opera e di tutti i membri dell'insieme dell'opera, per mezzo di una determinata unità di misura o modulo; questa commensurabilità costituisce il calcolo o sistema delle simmetrie. E' infatti chiaro che nessun tempio potrebbe presentare un sistema di costruzione senza simmetria e senza proporzione; se cioè non abbia avuto un esatto calcolo delle sue membra, come nel corpo umano*". Vitruvio, *Architectura*, III, I, 1, trad. cit. p. 165-167.

[75] Vitruvio propone che la lunghezza del peristilio sia il doppio della larghezza. Questa "ricetta" nel caso di un tempio esastilo porta a undici colonne sul lato lungo, ossia alle proporzioni contratte predilette in età tardoclassica ed ellenistica.

[76] J.J. Coulton, *Ancient Greek architects at work*, New York, 1991, *passim*.

[77] Non ci sono giunti disegni architettonici nè riferimenti ad essi nelle fonti letterarie o nelle iscrizioni fino al IV secolo, prima dell'età Ellenistica, nè si sono ritrovati strumenti per il disegno tecnico. In effetti, nel contesto di una architettura altamente "conservativa" come quella religiosa greca, il compito dell'architetto dal punto di vista inventivo si limitava alla definizione delle proporzioni, dei profili e delle decorazioni di un tipo di edificio a tutti noto. Per questo descrizioni tecniche dettagliate (che fornivano le dimensioni fondamentali, le caratteristiche del materiale) potevano essere sufficienti per coloro che dovevano approvare il progetto; invece il modo più univoco e diretto per fornire indicazioni di dettaglio agli esecutori era realizzare prototipi o schemi grafici in scala 1:1. Si tenga inoltre presente che per quanto

riguarda le tecniche di calcolo matematico, queste fino all'ellenismo sono limitate dall'utilizzo di un sistema di notazione nel quale mancava un sistema di notazione delle frazioni.

[78] Esempi di Hekatòmpedon sono l'*Heràion* di Olimpia di età geometrica, il tempio arcaico che sorgeva sull'acropoli nell'area del Partenone, il tempio di Hera I e di Atena a Poseidonia e, per quanto riguarda l'ordine ionico, i primi templi di Samo. Osserva Joseph Rykwert " *Molti dei nuovi templi venivano misurati a passi, in modo da delimitare un'area lunga cento piedi. Il numero cento, corrispondente a una dimensione grande, ma pur sempre calcolabile, aveva una particolare sacralità: i grandi templi erano hekatompeda, i grandi sacrifici hekatombé (di cento bestie). Hekatòmpedon, "lungo cento piedi" è un aggettivo usato da Omero per riferirsi a navi e forse era usato in quel genere di misurazioni*". J. Rykwert, *La colonna danzante*, Milano, 2010, p. 156.

[79] Per una dettagliata esposizione di questi problemi vedi J.J. Coulton, *op cit.*, pp. 50-73.

[80] "*La "semplificazione classica" che si compì nel tempio di Zeus ad Olimpia consiste unicamente in questo: tutta la pianta è costruita moltiplicando o dividendo una misura fondamentale "interna", l'interasse di 6 piedi; le grandezze "esterne", cioè del rettangolo dello stilobate, sono in conseguenza uniformi e desunte da questa. Sorge così tutto intorno anche una intelaiatura essenziale di rapporti assiali: le pareti del naos largo tre interassi corrispondono con l'asse delle seconde colonne della facciata, le fronti delle ante del naos lungo nove interassi cadono al centro dei secondi interassi laterali. Ma proprio il fatto che questi rapporti "classici", resultato di una chiarissima consapevolezza, coincidano esattamente, in maniera sorprendente, col "semplice" e antico ordine dell'Heràion di Olimpia, dettato per così dire, durante la costruzione, testimonia la coerenza intellettuale di questa architettura*". H. Berve, G. Gruben, *I Templi Greci*, Firenze, 1962, p. 119.

[81] J.J. Coulton, *Ancient Greek architects at work*, New York, 1991, p. 66.

[82] Una prova materiale di questo modo di procedere può essere l'incompiuto tempio di Segesta. Recenti ricerche hanno dimostrato, al contrario di quanto da alcuni sostenuto, che la cella era prevista e ne era stato realizzato lo scavo di fondazione. Cfr. E. Lippolis, M. Liviadotti, G. Rocco, *Architettura greca*, Milano 2007, p. 830.

[83] Così D. Mertens sui sistemi di proporzionamento in età classica. "*Proporzioni numeriche semplici dettarono tutti i dimensionamenti, sia nella pianta sia nell'alzato, dai contorni dell'intero ordine sino alle singole membrature: gli architetti si impegnarono sempre più a sviluppare, di volta in volta, una misura dall'altra; le misure dovettero, inoltre, trovarsi in un reciproco rapporto tale che alla*

fine, a partire da un valore di base, tutte le singole misure potessero venire a poco a poco dimensionate mediante procedimenti di calcolo, basati su semplici conteggi con numeri frazionari. Al tempo stesso gli architetti ebbero sempre più dimestichezza con l'effetto estetico delle proporzioni, riuscendo a padroneggiarle e divenendo sempre più versati nelle armonie con quelle prodotte [..] Questo procedimento ebbe dunque duplice accezione: da un lato, dal tassativo impiego di rapporti numerici razionali si attese una garanzia di ordine conforme alle visioni del pensiero contemporaneo, dall'altro, ciò assicurò una razionale pianificabilità dell'edificio sino al dettaglio "D. Mertens, L'Architettura dei Greci in Occidente, Roma, 2006, p. 383.

[84] Coulton cita Filone di Bisanzio che verso la fine del III secolo confronta lo sviluppo, per tentativi ed errori, nella ricerca delle proporzioni più efficaci nelle catapulte con il simile modo di procedere dell'architettura. J.J. Coulton, *op. cit.*

[85] Vitruvio, *op. cit.*, (III, IV, 5).

[86] *Ivi*, (III, III, 13).

[87] *Ivi*, (III, III, 11).

[88] *Ivi*, (III, V, 4).

[89] D'altra parte bisogna tenere conto del fatto che in ogni caso non esisteva nella costruzione del tempio la possibilità di una totale "prefabbricazione", in quanto le inevitabili irregolarità esecutive imponevano di conformare e verificare singolarmente ogni elemento in relazione a quanto già messo in opera.

[90] Vitruvio, op. cit., (III, III, 11).

[91] Una tradizione riportata nel XII secolo dal letterato bizantino Giovanni di Tzetzes narra di una gara fra gli scultori Alcamene e Fidia per una statua da realizzare un su alto piedistallo, gara vinta da Fidia perché aveva opportunamente deformato le proporzioni della statua in funzione del punto di vista dal basso.

[92] Scrive Rykwert: "*sosteneva Filone di Bisanzio che non si possono realizzare parti di edifici in modo che sembrino diverse da quelle che sono tramite calcoli precisi, ma sperimentalmente: attraverso un processo di prova ed errore, aggiungendo alle misure e poi sottraendo, inclinando i piani e tutti gli altri metodi finché la forma è gradita e armoniosa alla vista*". J. Rykwert, op. cit., p. 167.

[93] Come osserva Giorgio Rocco "*La documentazione sull'uso del colore nell'architettura antica, che si arricchisce sempre di nuovi reperti portati alla luce in scavi recenti, evidenzia.. una ricerca cromatica che contrasta sensibilmente con lo stato attuale di gran parte dei monumenti più noti, mentre per altri versi sembra richiamare le manifestazioni architettoniche del Vicino Oriente, riconducendo l'immagine dell'architettura greca, sia dorica che ionica, ad un contesto storicamente*

e culturalmente più coerente e meno idealizzato di quello che il perdurare degli ideali neoclassici ci ha tramandato anche al di là delle incontrovertibili acquisizioni archeologiche" G. Rocco, *Guida alla Lettura degli ordini architettonici. II. Lo ionico",* Napoli 2003, p. 38. Non è un caso che la ricerca sul colore nell'architettura greca, avviata nell'Ottocento, da J.I. Hirtoff nel 1830 e proseguita da un teorico dell'architettura tacciato di "materialismo" come Gottfried Semper, fosse un tema cruciale su cui si scontravano l'ortodossia neoclassicista con una emergente concezione antidealistico all'architettura, non solo antica.

[94] cit. in J. Rykwert, op. cit., pp. 169-171.

[95] E' celebre il caso degli abitanti di Efeso che rifiutarono l'offerta di Alessandro Magno di ricostruire a sue spese il loro tempio di Artemide distrutto dai Persiani, a patto di porre una iscrizione dedicatoria con il suo nome. Strabone, *Geografia*, XIV, 1,22.

[96] vedi M.-C. Hellmann, *L'Architecture greque*, p. 15-21, Paris, 2013

[97] Un famoso esempio sono le due *stoài* che nel II secolo i re di Pergamo Eumene II e Attalo II sull'*agorà* nel 140, donano al città di Atene.

[98] Questo processo collettivo Dieter Mertens lo riconosce all'opera, nella straordinaria sequenza dei templi del V secolo di Agrigento".

Sembra non privo di significato il fatto che i templi sono di dimensioni pressoché uguali tra di loro e di tipologia planimetrica e forme artistiche estremamente simili. Essi sono commissionati secondo criteri altrettanto simili e sono senza dubbio progettati da una coerente, ben organizzata e attivissima scuola architettonica. La loro progettazione segue dei principi di estrema razionalità e trasparenza basati sull'applicazione di semplici, ma convincenti criteri di proporzione numerica. Ciò permette di seguire in modo molto diretto e concreto l'evoluzione da un tempio all'altro e fa capire, seguendone direttamente il percorso, come gli architetti dell'epoca classica abbiano sviluppato il disegno dei loro monumenti attraverso una specie di dialettica elaborazione dei prototipi già realizzati. Disponendo infatti della precisa conoscenza dei valori metrologici e soprattutto proporzionali di un "paradigma" (un monumento già realizzato) e sappiamo dalle fonti antiche (Vitruvio) che gli architetti classici usarono rendere pubblici questi criteri - era possibile disegnare un nuovo monumento analogo apportando solo le modifiche che il progresso automaticamente comporta. Tale procedere non toglie nulla al valore artistico dei monumenti, che dipende unicamente dalla felice e sensibile scelta delle proporzioni (e questa dall'esperienza e abilità dell'architetto) ma rende tutto il complesso processo della commissione, progettazione e perfino dell'esecuzione (dai lavori di cava fino ai lavori di rifinitura del monumento compiuto), una sequenza di atti di amministrazione pubblica e gestione economica ben controllabile. La razionalità e chiarezza di pensiero dei cittadini di queste ormai mature e ricche città non potevano avere monumenti più eloquenti e nello stesso tempo più belli". D. Mertens, *L'architettura del mondo greco d'Occidente*, in *I Greci in Occidente*, a cura di G. Pugliese Carratelli, Milano, 1996, p. 334.

[99] Si tocca qui un aspetto distintivo del modo greco di fare architettura, caratterizzato da quelli che Leonardo Benevolo definisce "controllo indiretto" e "limitazione delle esperienze". " *Il controllo dei risultati è scaglionato in diversi tempi: infatti una parte delle decisioni occorrenti per definire un edificio può esser scorporata dalla progettazione di quel singolo caso e formulata in via generale, mentre una seconda serie di decisioni consente il passaggio dalla formulazione generale all'applicazione particolare. Il progettista non avrà dunque bisogno di ricominciare ogni volta gli stessi ragionamenti, ma potrà immettere nella sua equazione una serie di termini noti, che gli consentiranno di concentrarsi sulle incognite peculiari del suo caso. Questo sistema di controllo, per cui alcune decisioni d'ordine generale sostituiscono un numero molto maggiore di decisioni particolari - che chiameremo controllo indiretto - produce una specie di economia di pensiero, e consente una distribuzione di forze altamente redditizia. Infatti assicura, fissando alcuni temi obbligati, la collaborazione di molti progettisti, in diversi luoghi e in diversi tempi, sulle medesime ricerche, e consente un approfondimento delle soluzioni assai maggiore di quel che sarebbe possibile a ciascun singolo. Poiché ognuno parte da presupposti già largamente collaudati, assicura inoltre che tutte le opere avranno un elevato grado di dignità, anche se non tutti i progettisti saranno personalità di prim'ordine, cioè garantisce un elevato livello medio della produzione generale; infine fornisce ai progettisti e al pubblico, attraverso la conoscenza di certe regole approssimative e proporzioni medie, un punto di riferimento per mettere in massimo risalto gli scostamenti, anche minimi, da quelle forme e da quei rapporti*". [..] " *La controfaccia di questo procedimento è la limitazione delle esperienze. Infatti il riferimento alle regole garantisce l'approfondimento delle ricerche in un determinato campo, ma ostacola fortemente l'ampliamento di questo campo, e pone una specie di distacco fra il progettista e l'opera, perché ogni problema è tradotto preventivamente in certi termini obbligati, impedendo di aderire in modo veramente spregiudicato ricerca sono trascurati a priori, specialmente in sede tecnica. Gli ordini architettonici derivano da un'interpretazione particolare del sistema costruttivo trilitico, che diventa perciò il sistema obbligato per la costruzione di tutti gli edifici più impegnativi, sebbene i Greci conoscano anche la volta. Solo in questo modo, infatti, i Greci si sentono sicuri in anticipo dell'accordo fra le esigenze statiche e compositive*". L. Benevolo, *Introduzione all'architettura*, Bari, 1972, p. 18-20.

¹⁰⁰ Gli altri ottastili dorici noti, tutti di età arcaica, sono il tempio di Artemide a Corfù (pseudodiptero), il tempio G di Selinunte (pseudodiptero) e l'Olympieion di Atene (diptero).

¹⁰¹ *"Con la costruzione in pietra vennero eliminate le travi di collegamento; la stretta travatura della copertura del corridoio anulare, che non è più in nessun rapporto di grandezza con i triglifi in pietra di dimensioni fortemente accresciute, viene trasferita nella zona del gèison, copertura e travature del tetto vengono spartite indipendentemente dal ritmo delle colonne. Si sono smembrati così gli antichi legami costruttivi e il naos comincia a "nuotare" incerto nella peristasi".* H. Berve, G. Gruben, *I Templi Greci*, Firenze, 1962, p. 119.

¹⁰² *Cfr.* H. Berve, G. Gruben, *I Templi Greci*, p. 217.

¹⁰³ Il parallelismo tra i due eventi viene sottolineato già da Erodoto: *"E un'altra cosa dicono ancora: essere accaduto che, nello stesso giorno in cui gli Elleni vinsero a Salamina il Re di Persia, Gelone e Terone vincessero Amilcare il Re di Cartagine".* Erodoto, *Storie*, VII -166.

¹⁰⁴ D. Mertens, *Città e monumenti dei Greci d'Occidente*, Roma, 2006, p. 257

¹⁰⁵ H. Berve, G. Gruben, *I Templi Greci*, pp. 166-167.

¹⁰⁶ Gottfried Gruben riassume così questa evoluzione: *"Verso la metà del VI secolo la nuova concezione della monumentalità si esprime in colonne tarchiate, di incredibile pesantezza e di maggiori dimensioni; l'echino si inturgidisce come un muscolo teso sotto il peso quasi insopportabile della massiccia trabeazione di pietra. Con questa eccezionale intensità espressiva si è raggiunta una svolta decisiva e da ora in poi le cose saranno riportate alla giusta misura. Sopra le colonne più sottili i capitelli tendono energicamente incontro al peso, una forza essenziale percorre le membrature visibilmente più sciolte, finché nel classicismo attico le antiche antinomie di forze e di forme vengono accordate in una armonia che nella sua perfezione rappresenta ancora una svolta decisiva. Nel IV secolo la colonna, un tempo così corposa, comincia a irrigidirsi in fredda eleganza. I fusti eccessivamente assottigliati non aderiscono più con sicurezza al suolo, l'echino si indurisce in un tronco di cono stereometrico. L'ellenismo accoglie nel suo repertorio formale l'ordine "dorico", ormai vorrei dire congelato, come un elemento non particolarmente amato, usato per lo più come contrasto col più decorativo ordine ionico. Anche la peristasi ha la sua storia, complicata e complessa, perché essa da una parte è condizionata, nella pianta, dal collegamento col naos, dall'altra dalla struttura delle colonne e dalla suddivisione del fregio".* H. Berve, G. Gruben, *I Templi Greci*, pp. 118-119.

¹⁰⁷ Assumiamo come parametro di valutazione della snellezza della colonna il rapporto fra altezza e diametro inferiore della colonna. Nel tempio arcaico di Apollo a Selinunte (prima metà del VI secolo) il suo valore è 3,97, nel tempio classico di Zeus a Olimpia (metà del V secolo)

è pari a 4,7 e nel tempio tardoclassico di Zeus a Nemea (metà del IV secolo) è pari a 6,3. Per quanto riguarda l'altezza della trabeazione, passa mediamente da 1/3 dell'altezza della colonna in età classica a 1/4 in età tardoclassica.

[108] E' la tesi sostenuta da Gottfried Gruben per il quale il dorico attico è un vero proprio "superamento" (in senso hegeliano) del dorico e dello ionico intese come tesi e antitesi, rispetto a cui costituisce una realtà nuova. Scrive Gruben "*Questa profonda metamorfosi del dorico come del ionico non va intesa naturalmente come una tarda rifioritura del dorico con immissione di elementi ionici; si tratta invece di una creazione specificamente attica, dell'azione di maestri geniali che non stavano incerti a mezza strada tra gli indirizzi locali dell'architettura ellenica, ma ne dominavano dall'alto l'intero patrimonio di forme, senza sentirsi vincolati alle loro arcaiche limitazioni e distinzioni; questi maestri seppero dissolvere i due "ordini" e fonderli con un processo di integrazione spirituale in un nuovo ordine, soggetto alla regola classica del contrasto armonico. Oppure, con un concetto hegeliano a doppio senso: i due ordini furono "superati" (aufgehoben) in un terzo; persero la loro validità limitata per assurgere ad una sfera più alta*". H. Berve, G. Gruben, *I Templi Greci*, Firenze, 1962, p. 179.

[109] Una sistematizzazione di questa evoluzione diacronica delle proporzioni, ridotta ad un quadro classificatorio di tipi e possibili varianti espressive (secondo un approccio alla tradizione tipicamente ellenistico), è fornita da Vitruvio il quale individua cinque generi diversi in base all'ampiezza dell'intercolunnio misurato in relazione al diametro inferiore della colonna: il *picnostilo* ("a colonne fitte") con intercolunnio pari a un diametro e mezzo; il *sistilo* ("un poco più rade") pari a due diametri; il *diastilo* ("assai aperte") pari a tre diametri; l'*areostilo* ("a intercolunni più larghi del bisogno") maggiore di tre diametri; *eustilo* ("a intercolunni giusti") pari a due diametri e un quarto, tranne l'intercolunnio centrale pari a tre diametri. Vitruvio, *Architettura*, III, III, trad. it. di Silvio Ferri, Milano 2002, pp. 181-183.

[110] E. Lippolis, M. Liviadotti, G. Rocco, *Architettura Greca*, pp.398-403.

[111] "*Nella chiarezza della pianta e dell'alzato si profila già con evidenza un tratto del carattere ionico: una particolare razionalità, una comprensione logica di ogni oggetto intelligibile. Agli ioni, a questa popolazione slava di navigatori astuti e di mente aperta, si dovranno in futuro le più significative conquiste tecniche; anche la matematica teorica e la filosofia ebbero origine in Ionia. Ma questo è solo un aspetto dell'essenza ionica. Il secondo, la fantasia, scaturì dal fruttuoso incontro di questi navigatori senza pace, con l'antica e saggia cultura dell'Oriente, con Babilonia e l'Egitto. Nel VII secolo una fresca ondata di motivi tratti da piante e da animali*

- *palmette, girali di tralci, volute a spirale - si riversò sulla ceramica ionica e di qui si diffuse per tutto il mondo greco"*. H. Berve, G. Gruben, *I Templi Greci*, Firenze, 1962, p. 260.
[112] H. Berve, G. Gruben, *I Templi Greci*, Firenze, 1962, p. 262.
[113] Nell'isola di Naxos gli esempi più significativi sono il cosiddetto *òikos* dei Nassi e il tempio di Dioniso, entrambi del primo quarto del VI secolo. Cfr. E. Lippolis, M. Liviadotti, G. Rocco, *Architettura greca*, Milano 2007, p. 378-79 e pp. 149-152.
[114] E' il caso del tempio di Hera III a Samo (progettato da Theodoros e Rhoikos) la cui costruzione comincia fra il 570 e il 560.
[115] Questa soluzione, invece di quella precedente con scanalature a spigoli vivi, la troviamo per la prima volta nel tempio di Hera IV a Samo, la cui costruzione inizia fra il 525 e il 500.
[116] Anche successivamente i peripteri dorici non raggiunsero mai queste dimensioni colossali, nè il tempio di Zeus a Olimpia (27,68 x 64,12 m.), nè il Partenone ((30,88 x 69,50), il più grande tempio dorico in assoluto. Anche fuori della Ionia, in effetti, abbiamo esempi di edifici colossali di età tardo arcaica (tempio G di Selinunte (50,07 x 119,12 m.), Olympieion di Atene 41 x 107,75 m.) e Olympieion di Agrigento 56,30 x 113,45 m), ma nessuno è un periptero dorico e soprattutto si tratta di imprese "fuori misura" rispetto al contesto.
[117] La triplicazione della peristasi fu poi adottata, su entrambi i lati minori, anche nella ricostruzione tardoarcaica del tempio di Hera a Samo.
[118] In particolare le colonne più snelle erano quelle dell'*Heràion* di Samo e dell'Artemìsion di Efeso, alte 18 metri, (dodici diametri) con diametro inferiore massimo di circa 1,50 metri. Si pensi che le colonne del portico est dell'Eretteo, le più snelle dell'Attica, era alte pari a 9,5 diametri e che Vitruvio propone per l'ordine ionico, in base all'ampiezza dell'interasse un'altezza dagli 8 ai 10 diametri.
[119] Sulla base delle epigrafi relative ai lavori per l'Eretteo, si è ipotizzato che solo la presenza di manodopera qualificata proveniente dalle *pòleis* cicladiche e asiatiche, abbia reso possibile l'adozione del linguaggio ionico ad Atene con tale elevatissima qualità. Cfr. G. Rocco, *Guida agli ordini architettonici antichi. II Lo ionico*, p. 132.
[120] E. Lippolis, M. Liviadotti, G. Rocco, *Architettura greca*, Milano 2007, pp. 378-79 e p. 605.
[121] P.Amandry, *Le portique des Atheniens a Delphes, Bulletin de Correspondance Hellénique Année* 1946 70 pp. 1-8. Il portico sarebbe stato destinato a

esporre polene di navi e gomene utilizzate dai Persiani per per la costruzione del ponte sull'Ellesponto, attraverso il quale il loro esercito era passato in Grecia.

[122] A questo proposito nota Gruben, "*La monumentale unità di una forma equilibrata era negata a questa architettura* [l'architettura arcaica della ionia], *ma quello che non riuscì agli Ioni fu possibile ad Atene: la trasformazione delle vibranti articolazioni decorative in organismi rigorosi e solidi. I riccioli delle volute divengono forme cave piene di tensione; i bordi turgidi delle foglie dei kymatien divengono gusci profilati che serrano, con un movimento ricco di contrasto, la parte centrale di forma ovale*". H. Berve, G. Gruben, *I Templi Greci*, op. cit. p. 293-294.

[123] Preceduti, per quanto riguarda il capitello, dal tempietto sull'Ilisso di una decina di anni precedente e attribuito a Callicrate.

[124] Non si possono infatti considerare un precedente diretto le colonne ioniche che fanno da testata ai setti interni del tempio di Apollo a Basse.

[125] Cfr. D. Musti, *Storia Greca, Linee di Sviluppo dall'età micenea all'età romana*, Bari, 1989, p. 458 e ss.

[126] Emanuele Greco sottolinea "*il ruolo che Hera gioca nel pantheon di una società come quella achea fra VIII e VI secolo, quando con tutta evidenza questi abitanti del Nord del Peloponneso, che conservavano il nome di Achei, si si chiamavano all'epopea omerica. In Omero con l'epiteto di Achei si indicavano tutti i Greci ed in quell'epoca Hera svolgeva un ruolo fondamentale di protezione degli Achei*". E. Greco, *Città greche della Magna Grecia: caratteri e strutture*, p.66

[127] D. Mertens, *I templi di Paestum paradigmi per lo studio dell'architettura classica*, in *Architettura pubblica e privata nell'Italia antica*, Roma, 2007, p.152

[128] "*I monumentali templi, con i loro volumi che superano le costruzioni che li attorniano, assursero a rappresentanti più visibili della città nella sua interezza e dunque dell'ordine che ne impregnò la pianta complessiva.. essi si elevarono pertanto a garanti, verso l'esterno e verso l'interno, dell'ordine che cementa l'intera comunità e visualizzano la monumentalità della regolare pianta urbana, non otticamente afferrabile nella sua bidimensionalità*" D. Mertens, *Città e monumenti dei Greci d'Occidente*, Roma, 2006, p.158.

[129] F. Krauss, *Paestum. Die griechischen Tempel*, Berlin 1941.

[130] A Mileto la distruzione di Sibari nel 510 fu commemorata con un lutto cittadino.

[131] D. Mertens, *Città e monumenti dei Greci d'Occidente*, Roma, 2006, p. 136.

[132] *Ivi*, p.153.

[133] D. Mertens, *Città e monumenti dei Greci d'Occidente*, Roma, 2006, p. 278.

[134] Berve Gruben, op. cit., p.126.

[135] D. Mertens, *Città e monumenti dei Greci d'Occidente*, Roma, 2006, p. 381.
[136] D. Mertens, *I templi di Paestum paradigmi per lo studio dell'architettura classica*, in *Architettura pubblica e privata nell'Italia antica*, Roma, 2007, pp.158-159.
[137] D. Mertens, *Città e monumenti dei Greci d'Occidente*, Roma, 2006, p.282. p.293.
[138] Lippolis, op. cit. 138.
[139] Tucidide, *Storie*, II, 34-36.
[140] Plutarco ricostruisce nella *Vita di Pericle* un quadro del fervore di attività che caratterizza la città in questo periodo «[Pericle] *propose risolutamente al popolo grandi progetti di costruzioni e piani di lavori che avrebbero messo in movimento molti mestieri e richiesto molto tempo. In tal modo, la popolazione sedentaria avrebbe avuto la medesima occasione che i marinai e i soldati di guarnigione o di spedizione, per essere aiutata a ottenere la sua parte di fondi pubblici [..]. Infatti Atene aveva a sua disposizione, come materie prime, il marmo, il rame, l'avorio, l'oro, l'ebano, il cipresso; e i mestieri per sfruttarle e lavorarle erano: falegnami, scultori, bronzieri, marmisti, doratori, artigiani dell'avorio, pittori, incrostatori, cesellatori; e, per spedire e trasportare questi prodotti, c'erano commercianti e marinai e timonieri, per mare; e per terra: carrozzai, e allevatori di animali da tiro e aurighi e funaioli, linaioli, cuoiai, cantonieri, minatori. E ogni 'arte', a guisa di un generale che dispone di un proprio esercito, disponeva di una massa di salariati e di personale non specializzato, come di uno strumento o di un corpo al proprio servizio..* ».
[141] Berve Gruben, op. cit., p.177.
[142] I rendiconti minuziosi, incisi nel marmo nel 409-407, registrano i pagamenti fatti a circa 130 operai, il 54% dei quali era costituito da residenti stranieri, il 24% da liberi cittadini e il 21% da schiavi. Cfr. M.C. Helmann, *L'Architecture grecque*, Paris, 2007, p.11.
[143] C. Norberg-Schultz, *Il significato nell'architettura occidentale*, Milano, 2012, p. 34.
[144] E. Greco, M. Torelli, *Storia dell'urbanistica. Il mondo Greco*, Bari 1983, p. 316.
[145] P. Morachiello, *La città greca*, Bari, 2003, pp. 65-66.
[146] "*Il ricorso a un'immagine spaziale per esprimere la coscienza che un gruppo umano prende di sé stesso, il sentimento della sua esistenza come unità politica, non ha un semplice valore di comparazione. Esso riflette l'avvento di uno spazio sociale completamente nuovo. Le costruzioni urbane, in effetti, non sono più raggruppate come prima attorno a un palazzo reale, circondato da fortificazioni. Ora la città ha il suo centro nell'agorà, spazio comune, spazio pubblico in cui si dibattono i problemi*

di interesse generale". Jean-Pierre Vernant, *Le origini del pensiero greco*, Roma, 1976, pp. 40-41.
[147] J.-P. Vernant, *Mito e religione in Grecia antica*, Roma, 2009, p. 5.
[148] *Ivi*, p. 4.
[149] Vitruvio, *Architettura*, prefazione al libro II.
[150] E. Greco, M. Torelli, *Storia dell'urbanistica. Il mondo Greco*, Bari 1983, p. 321.

TAVOLE

GEOGRAFIA DEL MONDO GRECO INTORNO AL V SECOLO a.C.

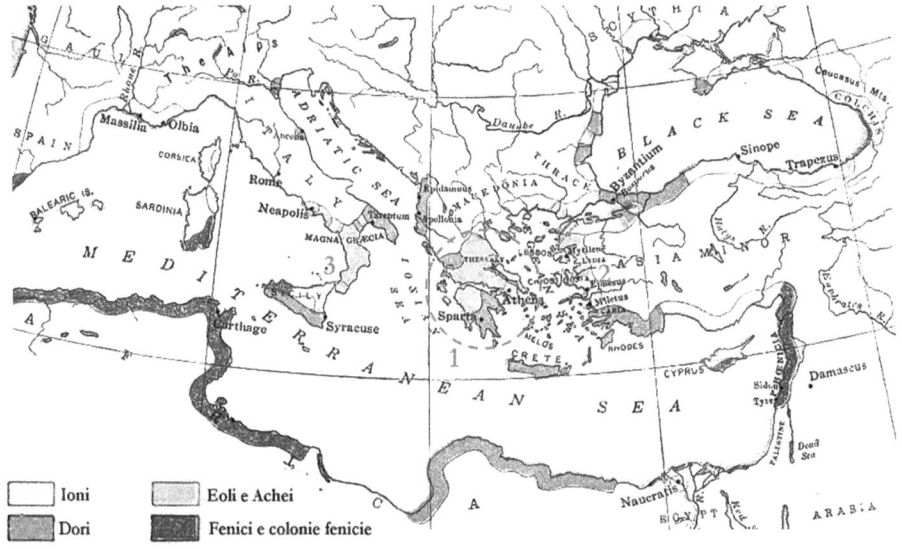

☐ Ioni   ▨ Eoli e Achei
▨ Dori   ▨ Fenici e colonie fenicie

1 – Grecia continentale
2 – Ionia (colonie orientali)
3 – Magna Grecia e Sicilia (colonie occidentali)

CRONOLOGIA DELL'ARTE E DELL'ARCHITETTURA GRECA

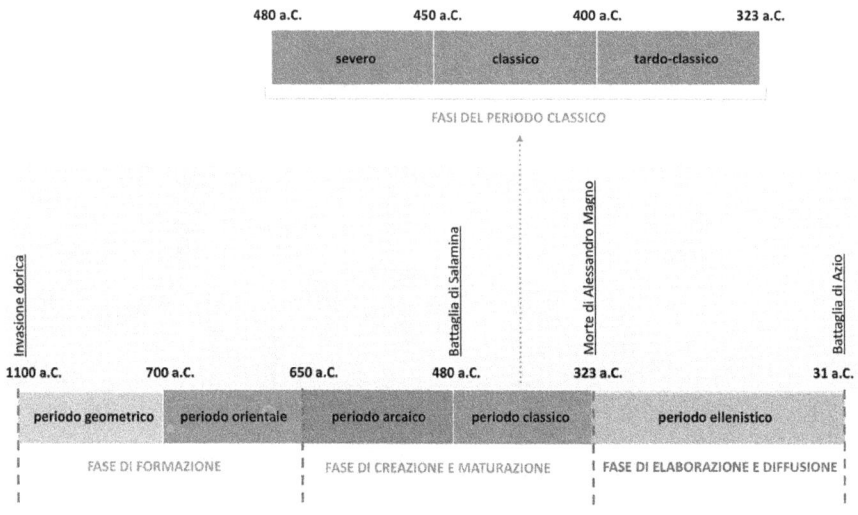

207

Altare a bòmos

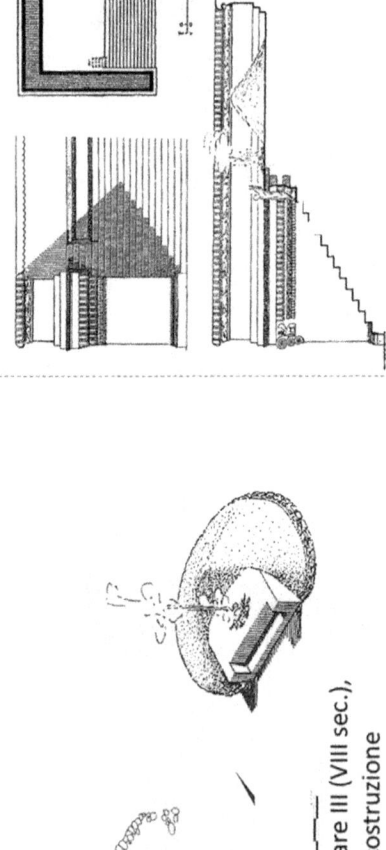

Altare di Rhoikos a Samo, ricostruzione. In basso l'altare dinanzi al tempio di Hera (metà del VI sec. A.C.)

1 Tempio di Hera **2** Altare di Rhoikos

Heraion di Samo, altare III (VIII sec.), pianta e ipotesi di ricostruzione

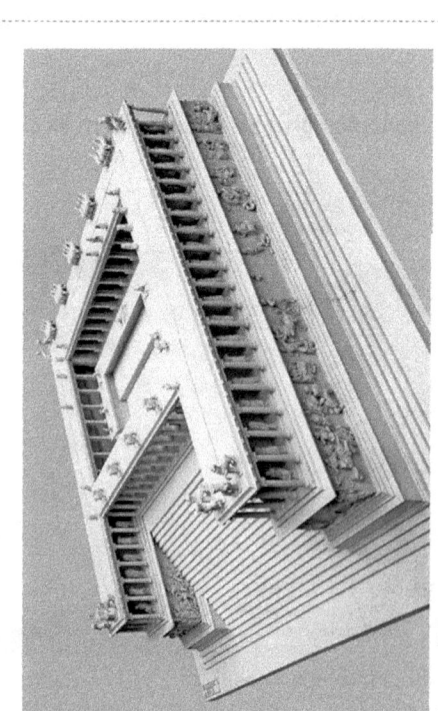

Altare di Zeus a Pergamo, II sec. a.C.

IL TEMPIO GRECO - NOMENCLATURA

IL TEMPIO GRECO - NOMENCLATURA

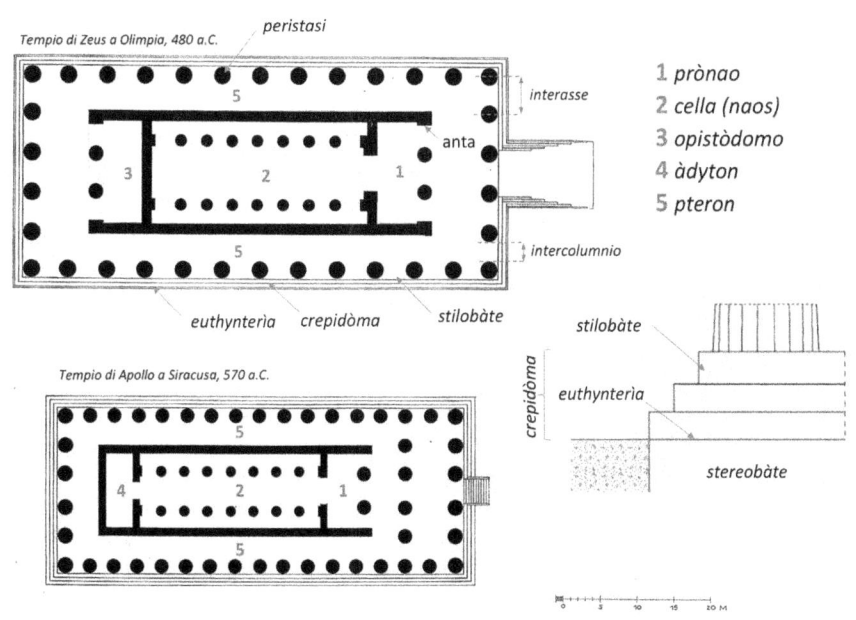

1 prònao
2 cella (naos)
3 opistòdomo
4 àdyton
5 pteron

IL MEGARON DI PYLOS

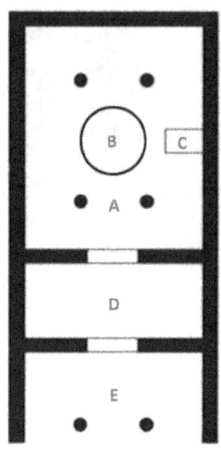

Pianta del palazzo di Pylos

Pianta del megaron di Pylos

A sala del trono
B eschàra (focolare)
C trono
D vestibolo
E portico

1 megaron
2 avancorte
3 propileo
4 megaron della regina

IL MEGARON DI PYLOS

I resti del megaron di Pylos

Ricostruzione ipotetica del megaron di Pylos

IL MEGARON DI MICENE

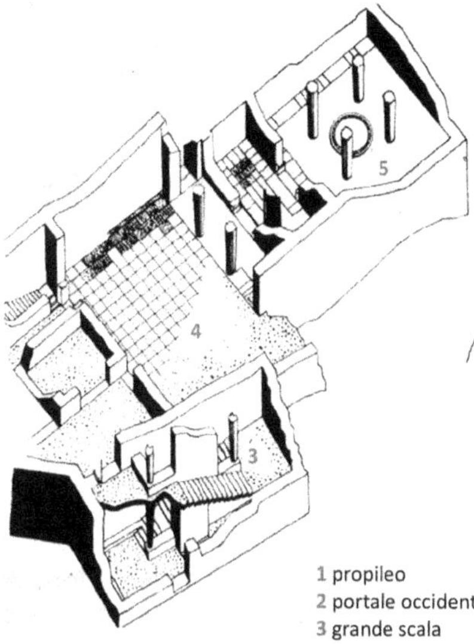

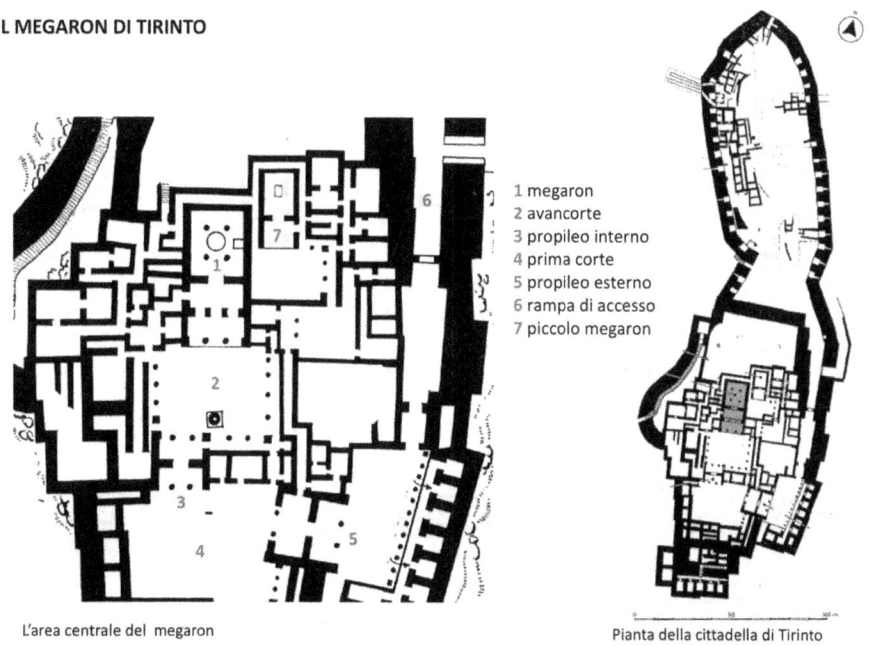

Ricostruzione tridimensionale

1 propileo
2 portale occidentale
3 grande scala
4 avancorte
5 megaron

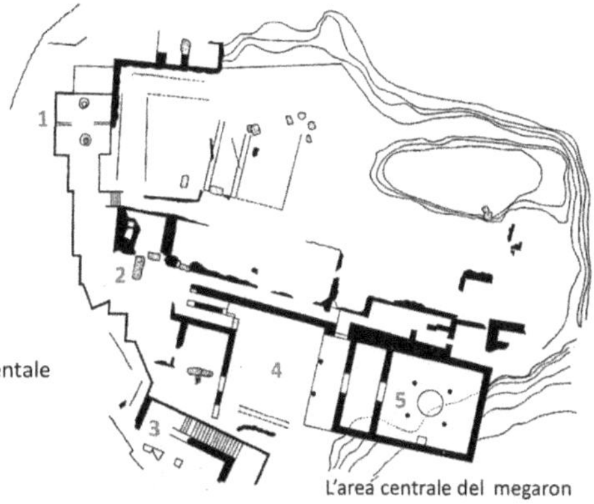

Pianta della cittadella di Micene

L'area centrale del megaron

IL MEGARON DI TIRINTO

1 megaron
2 avancorte
3 propileo interno
4 prima corte
5 propileo esterno
6 rampa di accesso
7 piccolo megaron

L'area centrale del megaron

Pianta della cittadella di Tirinto

DISPOSIZIONE DELLE COLONNE ESTERNE

TIPI BASE	In antis Colonne fra le ante	Prostilo Colonne davanti alla cella	Periptero Colonnato intorno alla cella	Diptero Doppio colonnato intorno alla cella
Monostilo Una colonna	Monostilo in antis			
Distilo Due colonne	Dstilo in antis			
Tetrastilo Quattro colonne		Prostilo tetrastilo		
Esastilo Sei colonne	Esastilo in antis	Prostilo esastilo	Periptero esastilo	
Ottastilo Otto colonne			Periptero ottastilo	Diptero ottastilo

NUMERO DI COLONNE IN FACCIATA

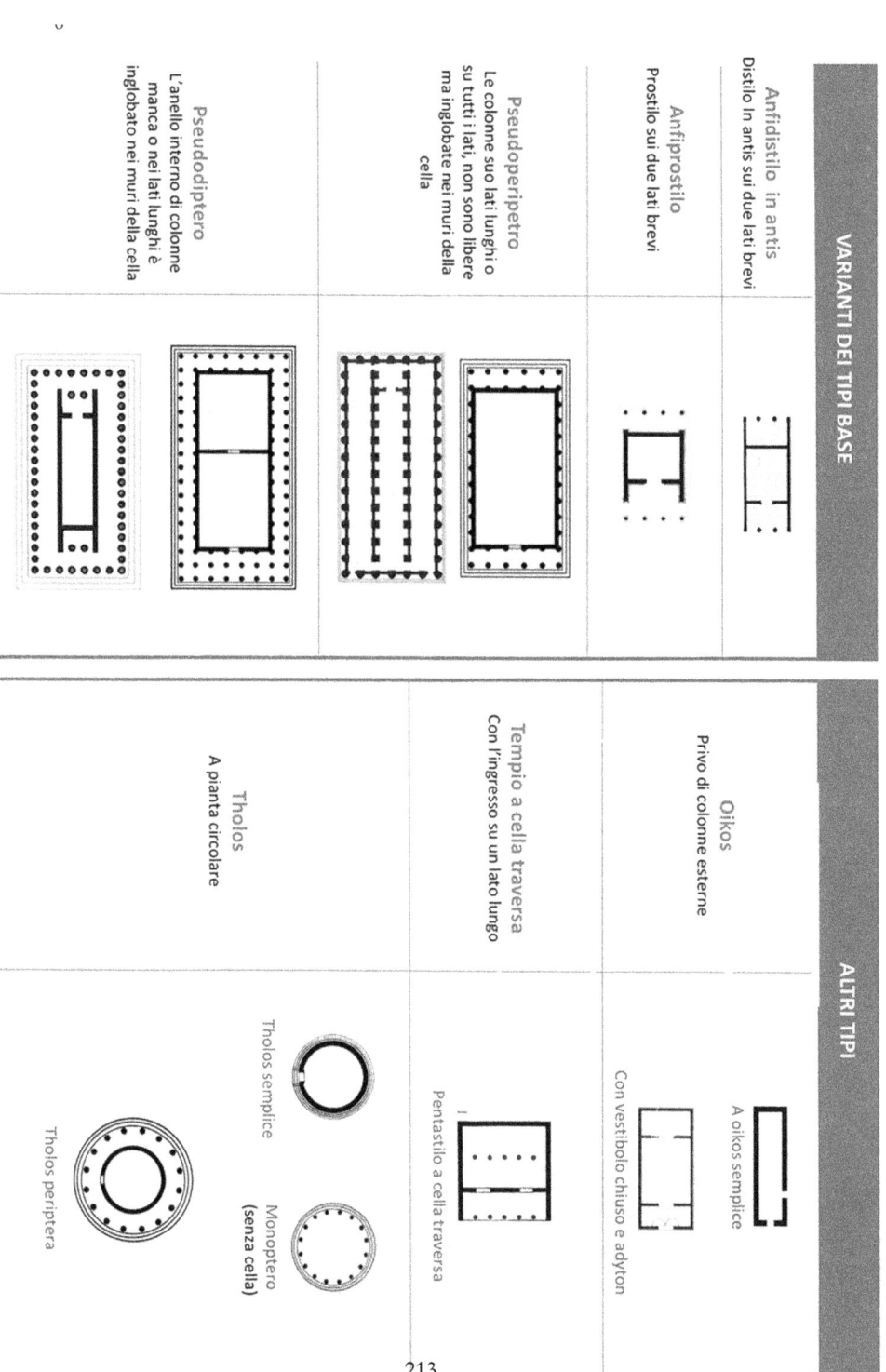

IL TEMPIO PERIPTERO

Il tempio di Hera II a Poseidonia (metà V secolo)

I COMPLESSI MONUMENTALI

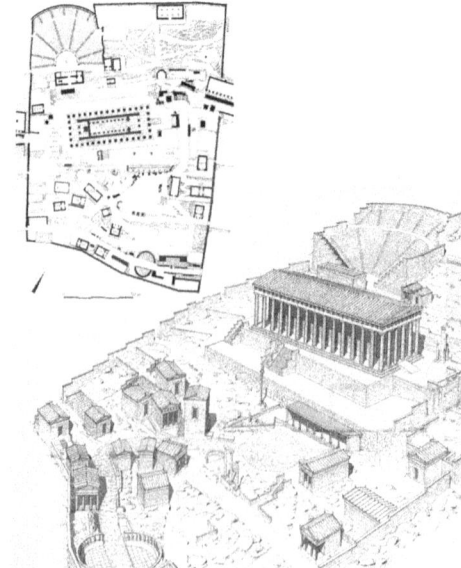

Il santuario di Delfi. In alto pianta, in basso ricostruzione assonometrica

Ricostruzione del santuario di Asklepios a Kos (metà del III sec. a.C.)

LA SCELTA DEL SITO

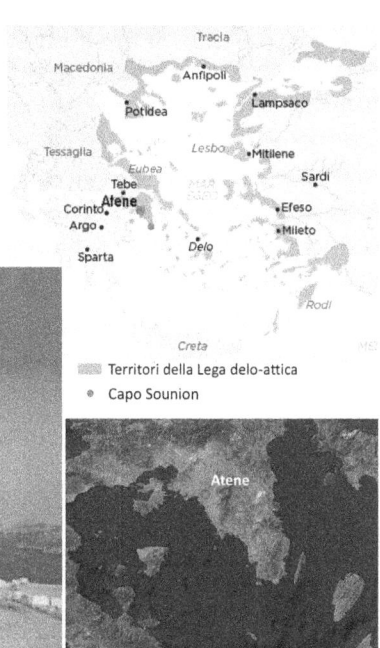

Territori della Lega delo-attica
○ Capo Sounion

Il tempio di Poseidone a capo Sounion

LA SCELTA DEL SITO

1 - Acropoli
2 - Città bassa
3 - Collina dei templi

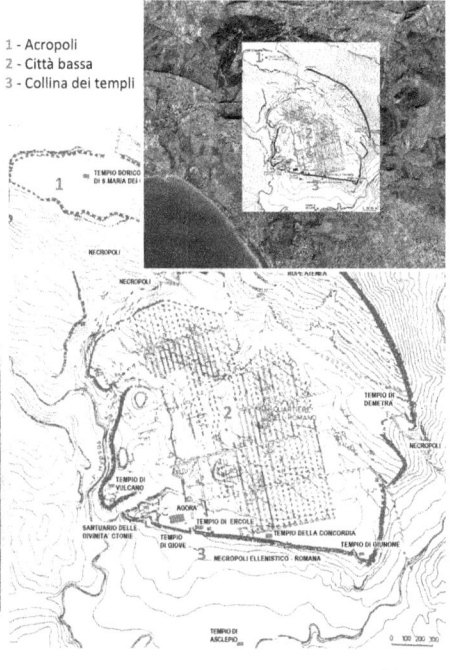

Il tempio della Concordia ad Agrigento

DAL TEMPIO IN LEGNO AL TEMPIO IN PIETRA

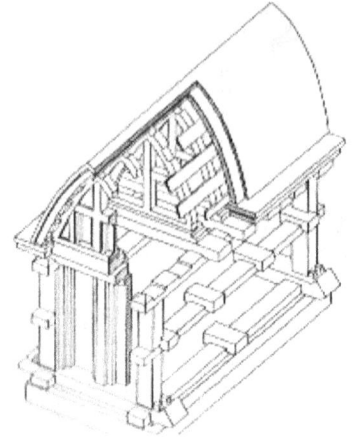

Necropoli ipogea di Myra, in Turchia

Architettura funeraria licia: spaccato assonometrico del modello ligneo originario da cui sarebbe derivata la tomba a sarcofago

---

Le decorazioni figurate

Frontone del tempio di Artemide a Corfù, con Gorgone e due pantere, accompagnata da Pegaso il cavallo alato e il gigante Chrisaor

Gorgone dal frontone del tempio di Apollo a Siracusa (VI sec. a.C.)

Gigantomachia. Fregio del tesoro degli Ateniesi a Delfi (V sec. a.C.)

IL SISTEMA COSTRUTTIVO TRILITICO

Fibre
compresse
trave
Fibre tese
pilastro

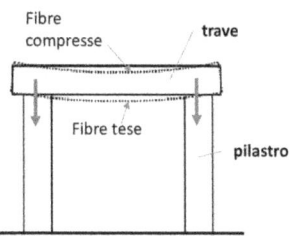

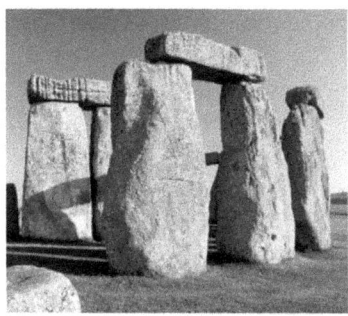

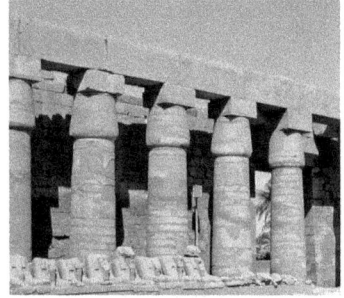

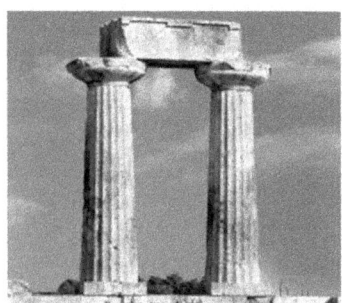

GLI ORDINI GRECI

Struttura trilitica in legno – stadio base

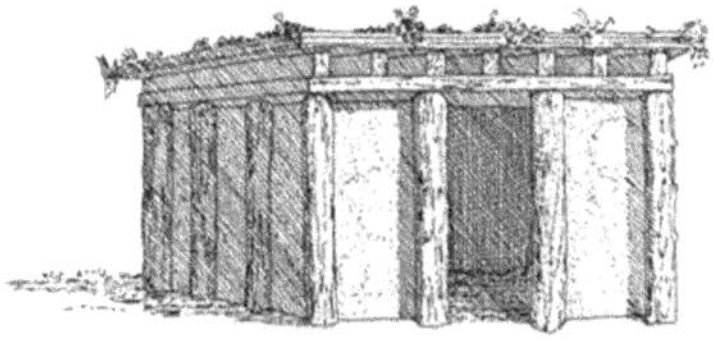

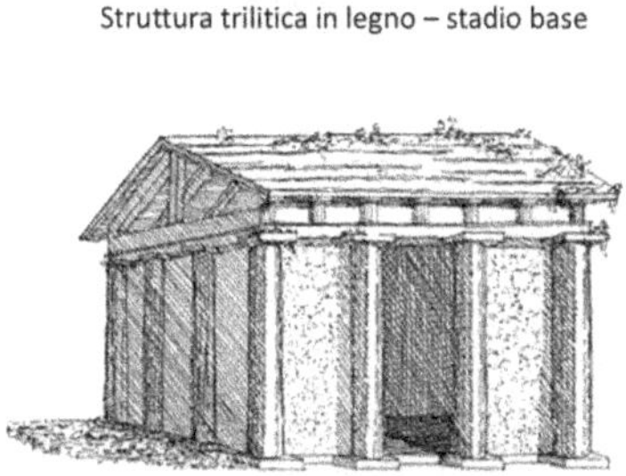

Struttura trilitica in legno – stadio evoluto

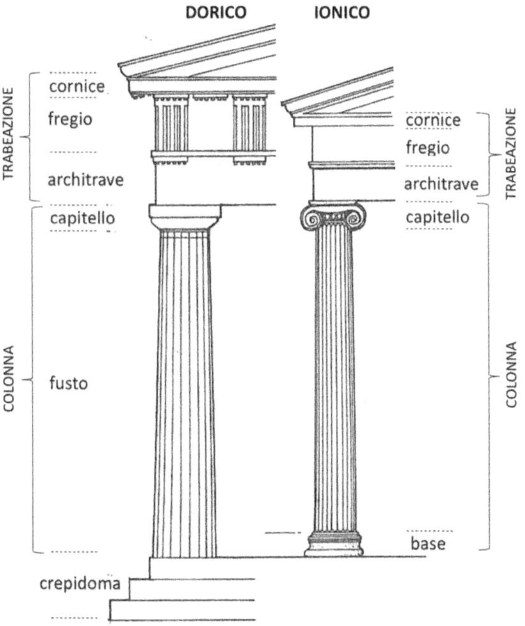

DORICO
IONICO
TRABEAZIONE
cornice
fregio
architrave
capitello
COLONNA
fusto
base
crepidoma

LE MIGRAZIONI FRA ETA' DEL BRONZO E ETA' DEL FERRO

GLI ORDINI GRECI

ORDINE DORICO

Tempio di Zeus a Olimpia (V sec. a.C.)

ORDINE IONICO

Tempio di Artemide a Magnesia sul Melandro (III sec. A.C.)

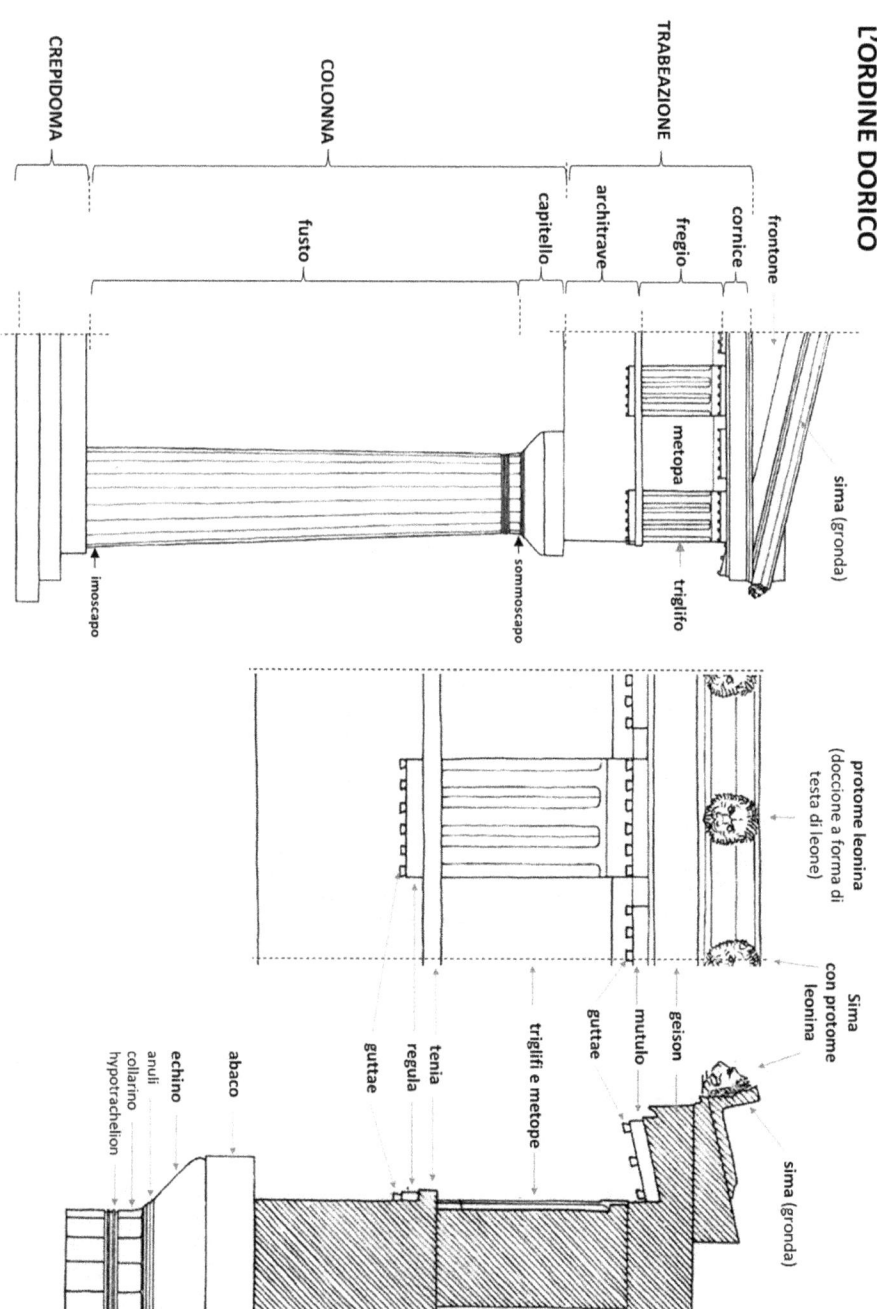

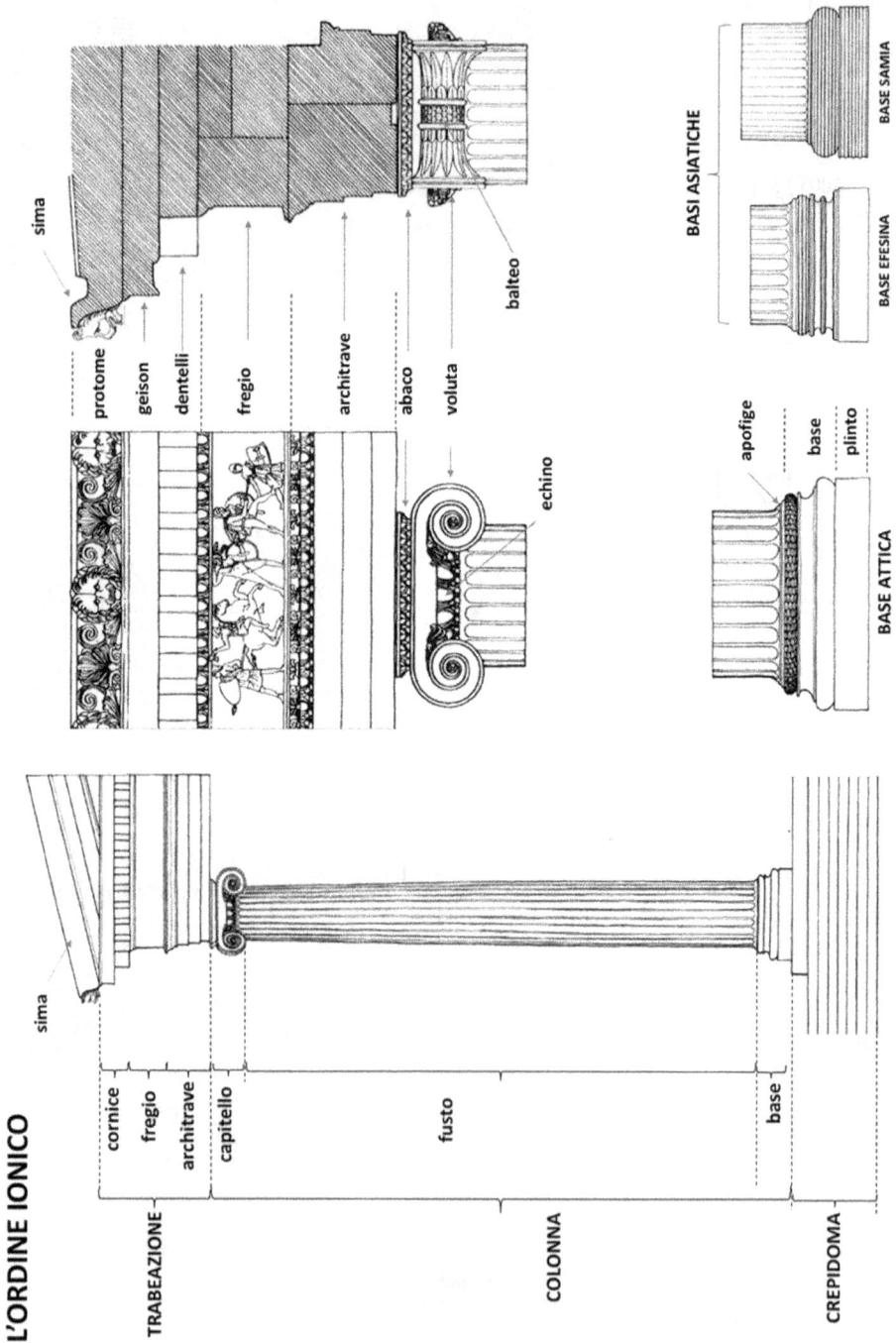

IL CAPITELLO IONICO

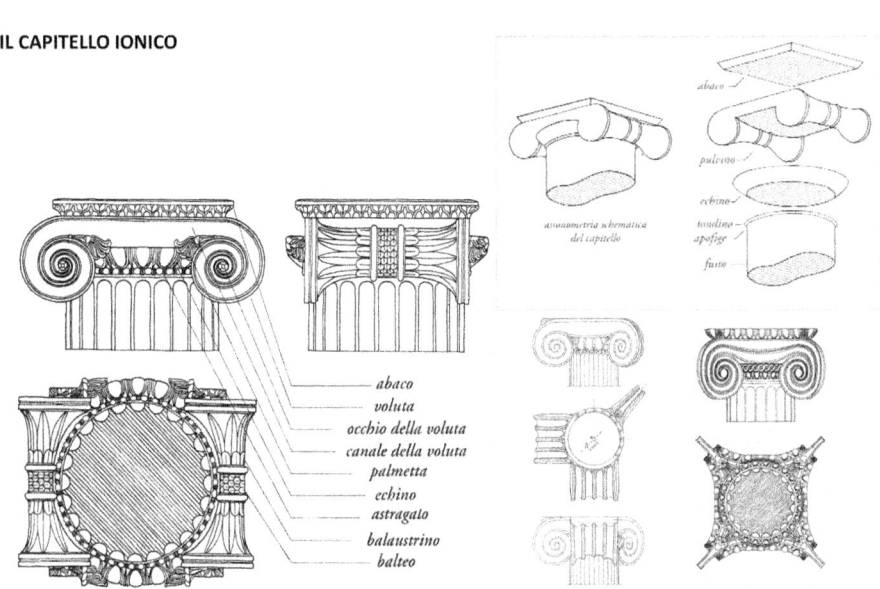

CAPITELLO IONICO A VOLUTE ORIZZONTALI

CAPITELLO IANGOLARE
(Tempio di Apollo a Didyma)

CAPITELLO A QUATTRO FACCE
(monumento delle Nereidi a Xanthos)

DAL TEMPIO IN LEGNO AL TEMPIO IN PIETRA

Il passaggio dal tempio in legno a quello in pietra (Choisy, 1899)

Ipotetico edificio dorico in legno. A sinistra sezione, con gocciolatoio fittile e chiodi di fissaggio corrispondenti alle *guttae*. A destra assonometria. Si notino i triglifi in corrispondenza delle teste delle travi, poste in asse con le colonne.

DAL TEMPIO IN LEGNO AL TEMPIO IN PIETRA

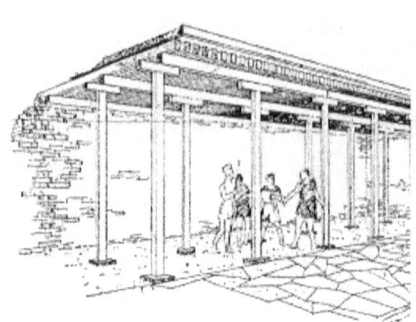

Restituzione ipotetica della stoa meridionale dell'Heraion di Samo. Con la configurazione a stampella dei capitelli

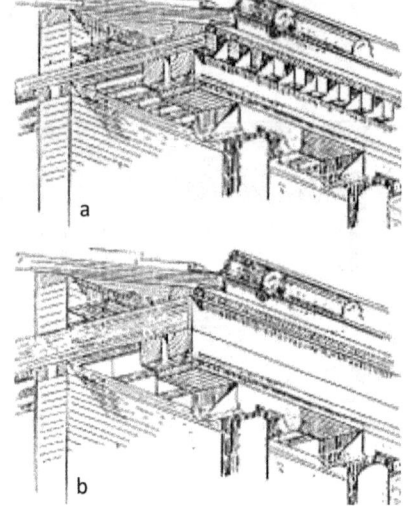

Schizzi prospetti dell'ordine architettonico di un ipotetico edificio ligneo ionico, rispettivamente con trabeazione bipartita (a) e con trabeazione tripartita (b)

IL CONFLITTO ANGOLARE NEL DORICO

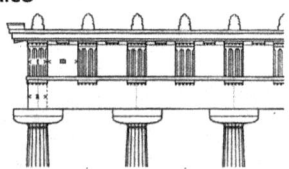

Assenza di conflitto angolare in un ordine architettonico in legno

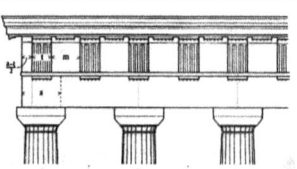

Soluzione mediante la disposizione del primo triglifo in asse con la prima colonna

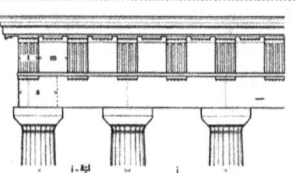

Soluzione mediante contrazione dell'interasse d'angolo

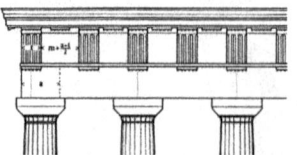

Soluzione mediante ampliamento della prima metopa

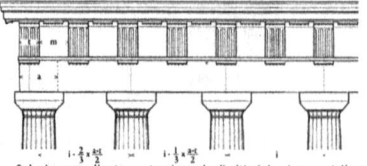

Soluzione mediante contrazione degli ultimi due interassi d'angolo (doppia contrazione)

LA COLONNA E IL CORPO UMANO

L'ordine dorico ed Ercole, l'ordine ionico ed Era, John Shute, 1563

CARIATIDI E TELAMONI

Ricostruzione del tesoro dei Sifni a Delfi con le due cariatidi

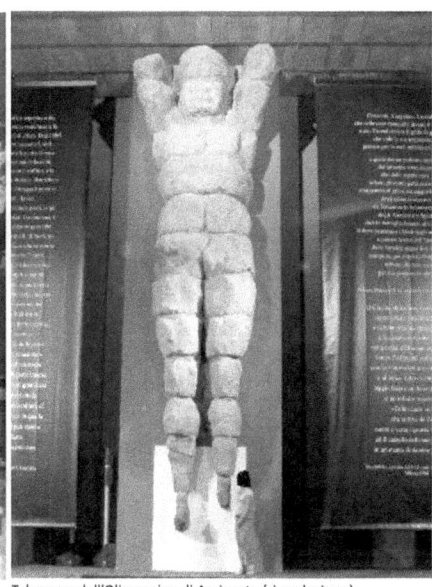

Telamone dell'Olimpyeion di Agrigento (riproduzione)

TECNICHE E MATERIALI COSTRUTTIVI

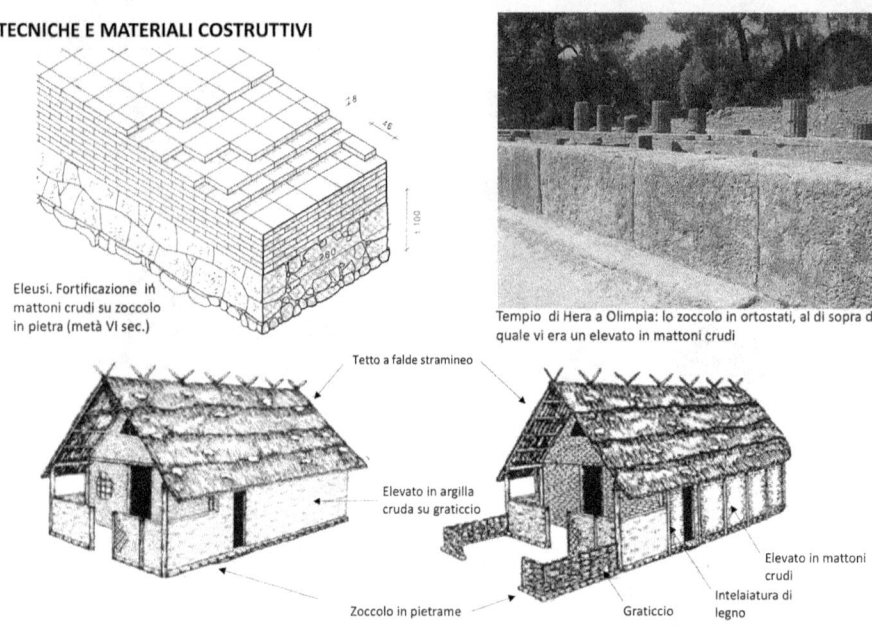

Eleusi. Fortificazione in mattoni crudi su zoccolo in pietra (metà VI sec.)

Tempio di Hera a Olimpia: lo zoccolo in ortostati, al di sopra del quale vi era un elevato in mattoni crudi

Ricostruzione di case dell'VIII secolo a Nichoria (Messenia, Peloponneso)

TECNICHE E MATERIALI COSTRUTTIVI

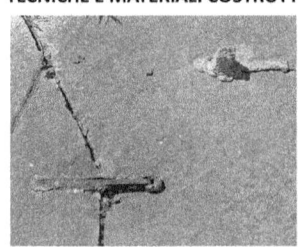

Grappa a Π e tenòne, con il piombo di fissaggio

Grappe a coda di rondine in un altare di Delo

Anathyrosis dei blocchi del toicobate e dell'elevato, nel tesoro di Massalia a Delfi

L'uso della leva per il sollevamento dei blocchi

Anathyrosis alla base del tempio a Apollo a Delo

TECNICHE E MATERIALI COSTRUTTIVI

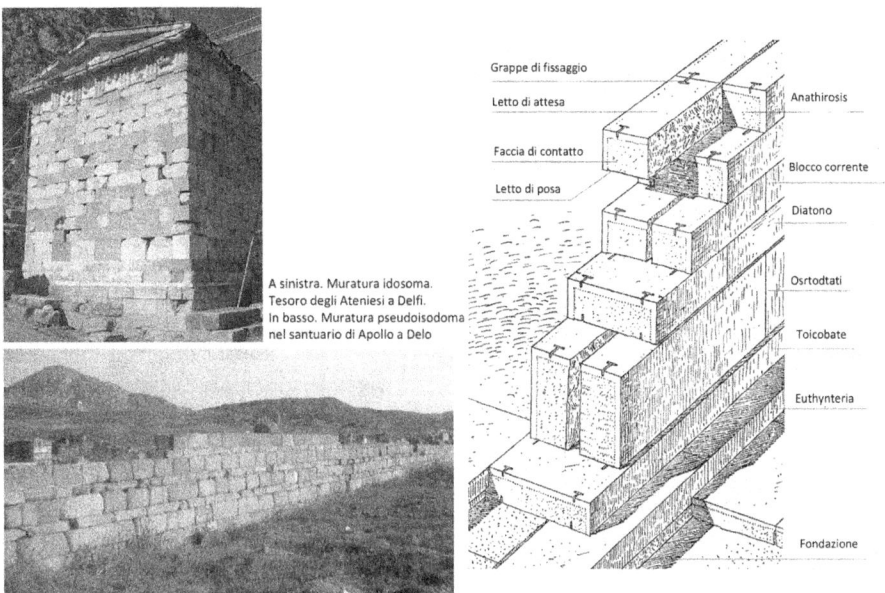

A sinistra. Muratura idosoma.
Tesoro degli Ateniesi a Delfi.
In basso. Muratura pseudoisodoma nel santuario di Apollo a Delo

TECNICHE E MATERIALI COSTRUTTIVI

Crepidine in marmo lasciata incompiuta del grande tempio di Apollo a Delo lasciata non rifinita al disopra di una stretta fascia inferiore che serve come riferimento per la rifinitura in opera.

Crepidine incompiuta del del tempio di Ramnunte con fasce protettive ancora presenti sull'alzato dei gradini

TECNICHE E MATERIALI COSTRUTTIVI

Tempio di Ramnunte. Colonna rimasta incompiuta. In basso ci sono le guide per la realizzazione della scanalatura sul posto

A sinistra, colonne monolitiche del tempio di Apollo a Corinto. A destra colonne composte di rocchi del tempio E di Selinunte

SISTEMI DI SOLLEVAMENTO

Architravi del tempio di Afaia a Egina, con incisioni a U

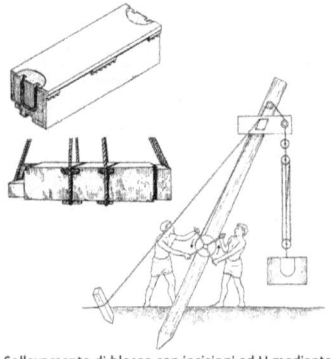

a) con U praticate su due facce laterali
b) con U praticate sul letto di attesa
c) con sporgenze (bugne di sollevamento)
d) con pinze
e) con olivella

Sollevamento di blocco con incisioni ad U mediante un argano

Muratura della cella di un tempio greco

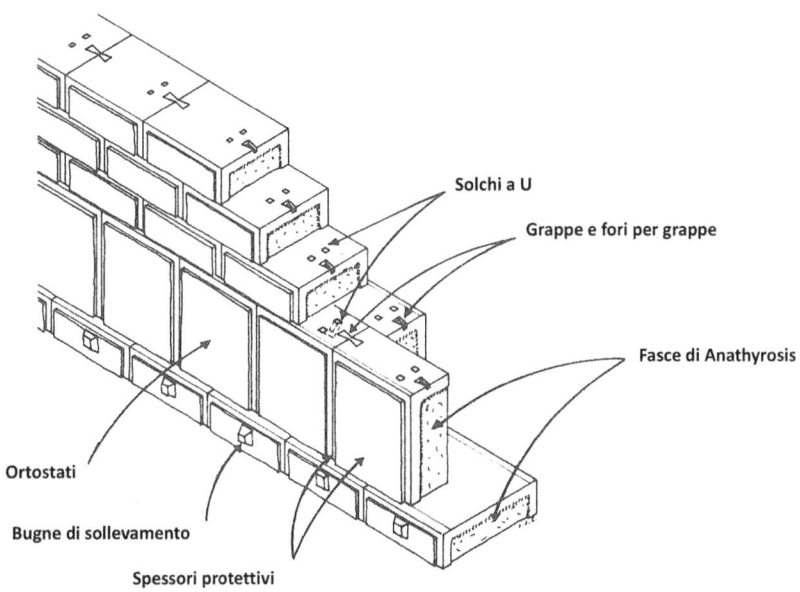

PROPORZIONI ARMONICHE

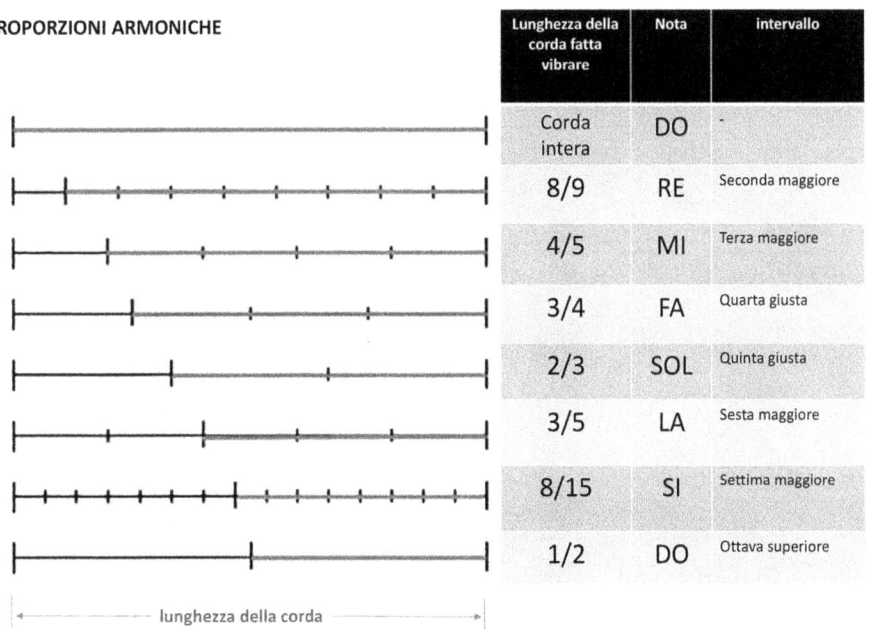

Lunghezza della corda fatta vibrare	Nota	intervallo
Corda intera	DO	-
8/9	RE	Seconda maggiore
4/5	MI	Terza maggiore
3/4	FA	Quarta giusta
2/3	SOL	Quinta giusta
3/5	LA	Sesta maggiore
8/15	SI	Settima maggiore
1/2	DO	Ottava superiore

PROGETTAZIONE DEL TEMPIO DORICO ARCAICO

Pianta ipotetica con 6 x 16 colonne su uno stilobate di proporzioni 6:16, suddiviso in una griglia di 6 x 16 quadrati.

Lato sinistro (a) con colonne collocate al centro dei quadrati della griglia, e intercolunni frontali e laterali
Lato destro (b) con colonne collocate sui margini dello stilobate e intercolunni frontali più ampi di quelli laterali.

IL TEMPIO DI ZEUS A OLIMPIA

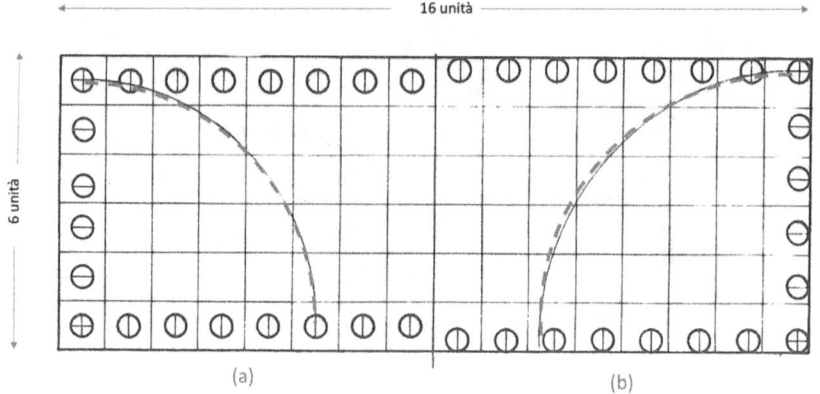

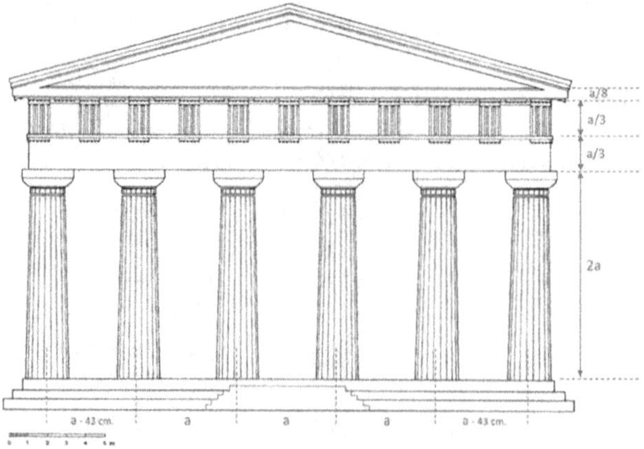

Prospetto

a (modulo) = 16 piedi dorici = 32,6 x 16 = 522 cm.

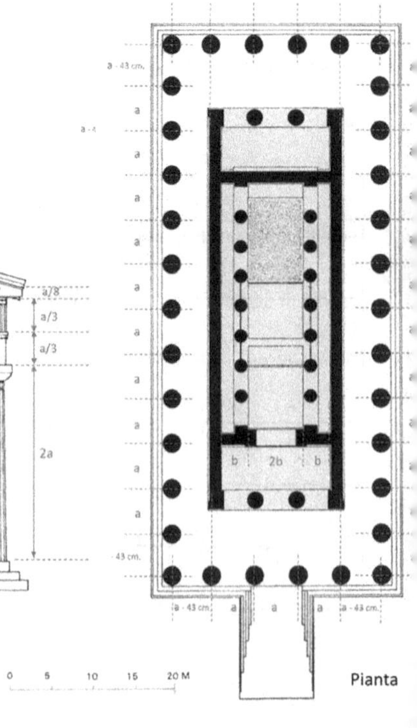

Pianta

PERISTILIO E CELLA NEL TEMPIO DORICO

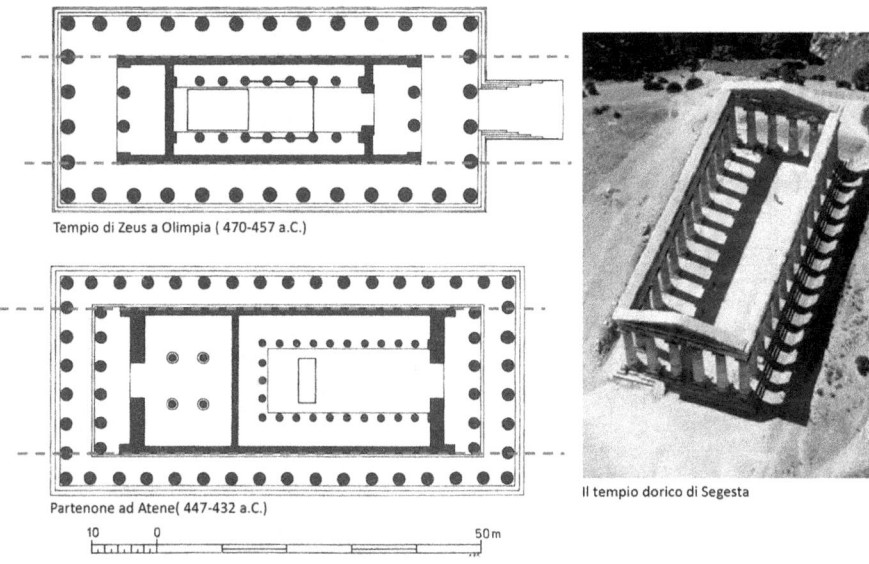

Tempio di Zeus a Olimpia (470-457 a.C.)

Partenone ad Atene(447-432 a.C.)

Il tempio dorico di Segesta

PROGETTAZIONE DEL TEMPIO IONICO

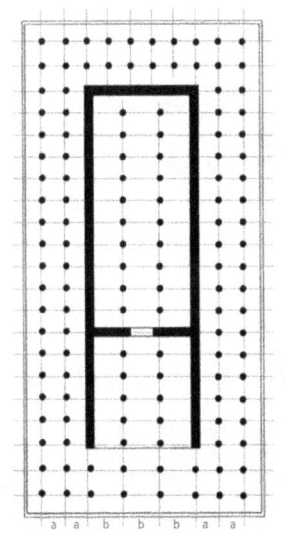

Tempio di Hera a Samo
ca,. 575 a.C. –

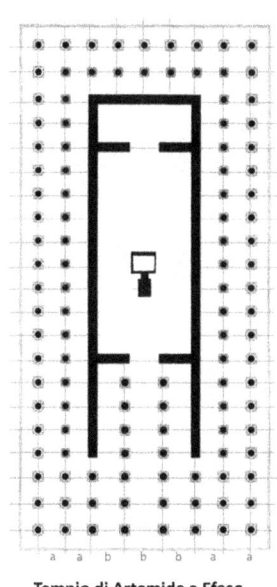

Tempio di Artemide a Efeso
ca, 560 a.C. –

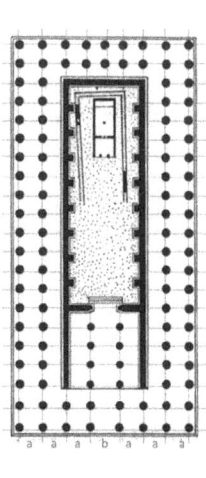

Tempio di Apollo a Didyma
ca, 550 a.C.

PROGETTAZIONE DEL TEMPIO IONICO

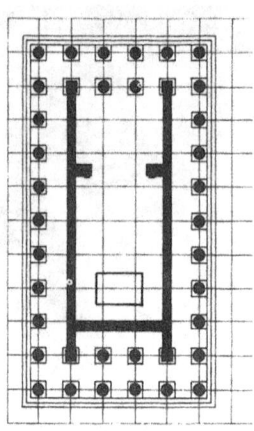

Tempio di Atena a Priene (350-330 a.C.) impostato su una griglia quadrata uniforme.

0   10   20m

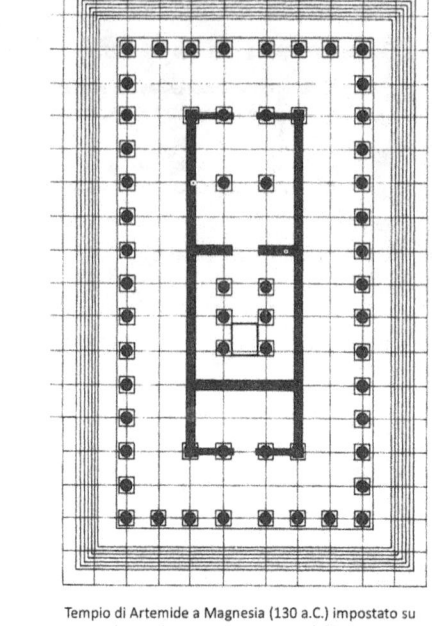

Tempio di Artemide a Magnesia (130 a.C.) impostato su una griglia quadrata con ampliamento dell'interasse centrale di un terzo più ampio.

STRUTTURE DI COPERTURA IN LEGNO

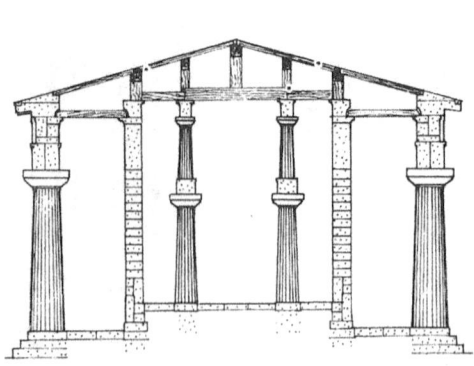

Tempio di Hera II a Poseidonia, con ricostruzione dell'armatura a cavalletto del tetto

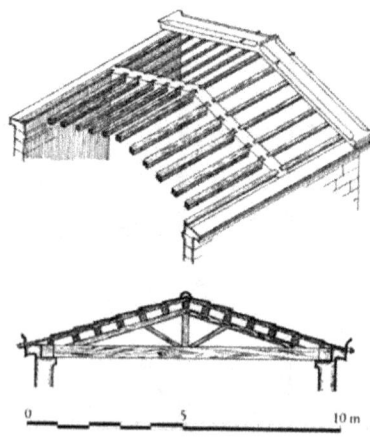

0   5   10 m

Selinunte, Tempio della Melaphoros, armatura a capriata

MANTI DI COPERTURA

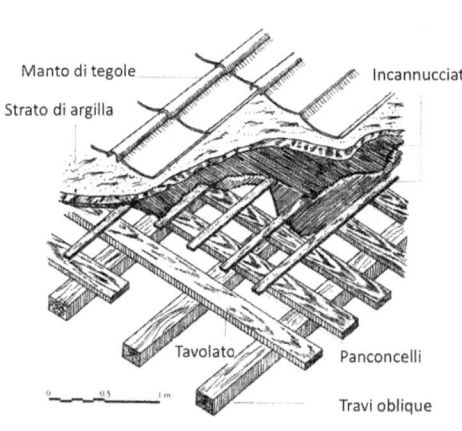

Manto di tegole
Strato di argilla
Incannucciata
Tavolato
Panconcelli
Travi oblique

Manto di preparazione per le tegole

Tipologie principali di tegole

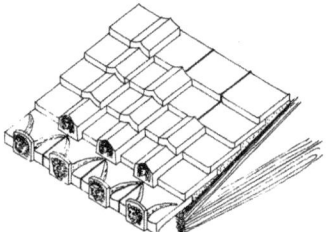

Tegole corinzie del tempio di Apollo a Thermon

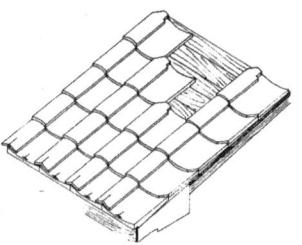

Tegole laconiche del tempio di Hera a Olimpia

CURVATURA DELLO STILOBATE

Partenone, la curvatura dello stilobate

0,0
8,1 cm.
10,8 cm.
Piano teorico orizzontale
8,1 cm.
Piano di imposta attuale
5,4 cm.
6,6 cm.
5,6 cm.
0,0

Partenone, rappresentazione esagerata curvatura dello stilobate

Partenone, rappresentazione esagerata curvatura dello stilobate e della relativa curvatura della trabeazione

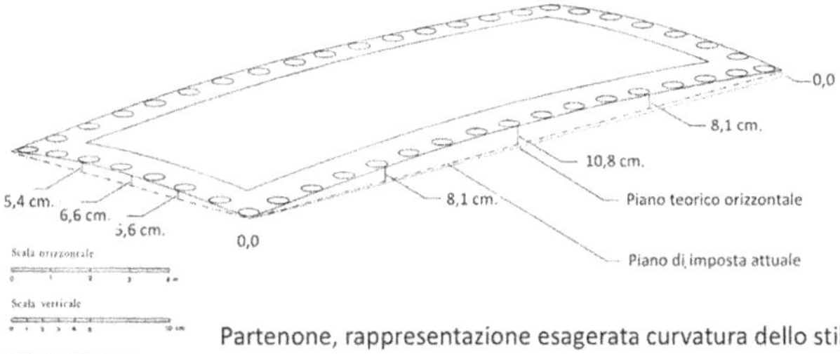

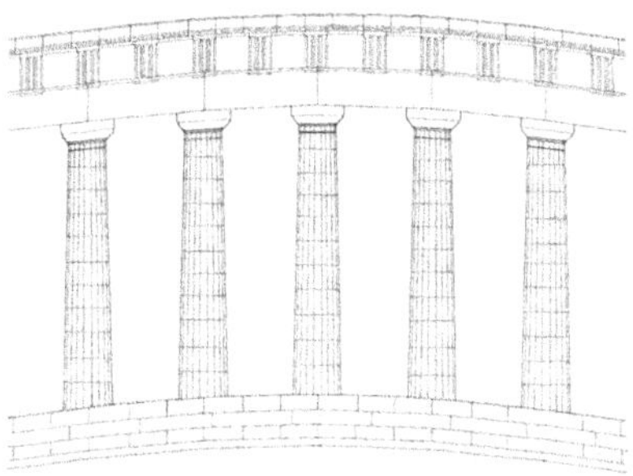

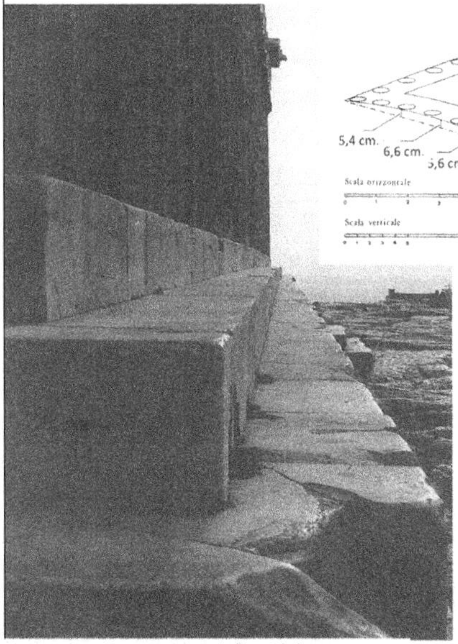

ENTASI

Colonna del tempio di Era I a Poseidonia   Colonna del Partenone

Colonna del Partenone. Rappresentazione esagerata dell'entasi e della rastremazione.

(Annotazioni sul disegno: Scala verticale; Scala orizzontale; 1,1 cm; Generatrice del tronco di cono teorico; 1,7 cm; Asse verticale; 1,1 cm)

ENTASI

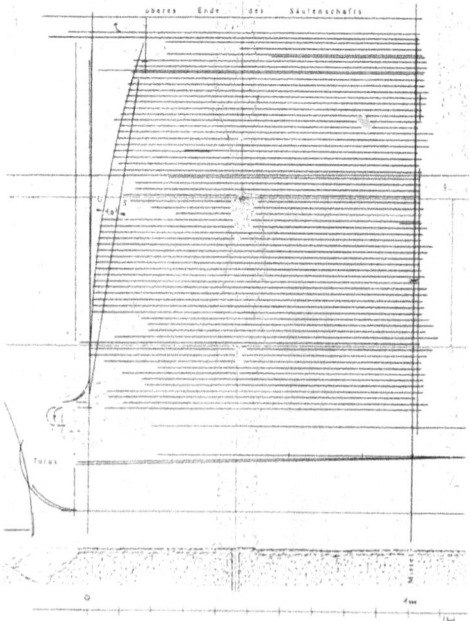

Disegno preparatorio su u muro del *sekos* del tempio di Apollo a Didyma, con tracciato per il disegno della curvatura dell'entasi

INSPESSIMENTO DELLA COLONNA D'ANGOLO

Angolo de Tempio di Aphaia a Egina

Angolo del Tempio della Concordia ad Agrigento

INCLINAZIONE DELLE COLONNE

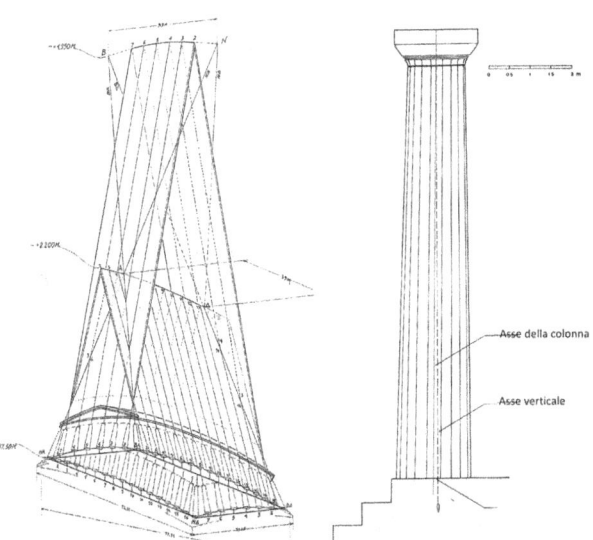

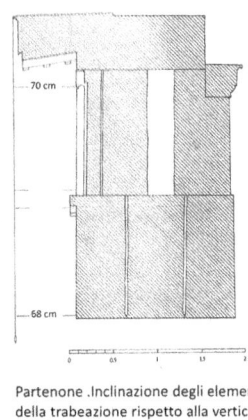

Partenone .Inclinazione degli elementi della trabeazione rispetto alla verticale

Partenone .Rappresentazione esagerata della curvatura dello stilobate e dell'inclinazione de colonne verso l'interno

Partenone . Colonna con rappresentazione esagerata dell'inclinazione verso l'interno

L'EVOLUZIONE DEL TEMPIO GRECO FRA VII E III SECOLO A.C:

L'HEKATOMPEDON DI SAMO (I fase metà VIII sec.; II fase metà VII sec.)

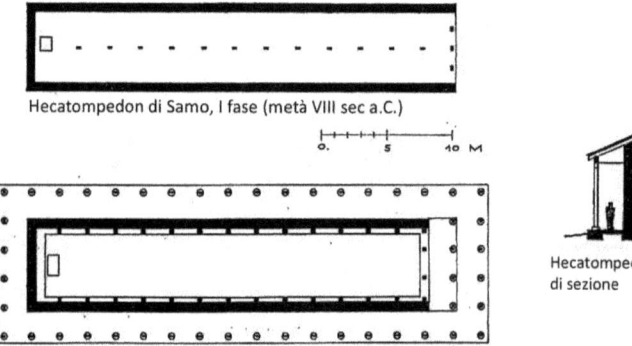

Hecatompedon di Samo, I fase (metà VIII sec a.C.)

Hecatompedon II, ipotetico schema di sezione

Hecatompedon di Samo, II fase (metà V'' ~~~~ ~ `

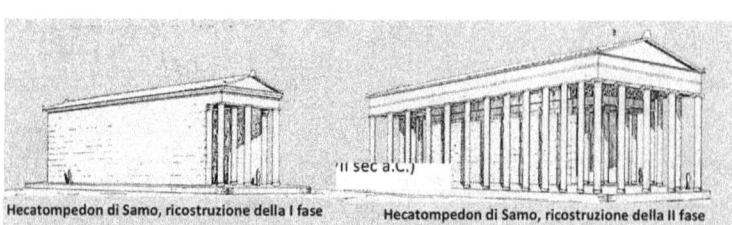

Hecatompedon di Samo, ricostruzione della I fase

Hecatompedon di Samo, ricostruzione della II fase

TEMPIO DI APOLLO A THERMON (625 a.C)

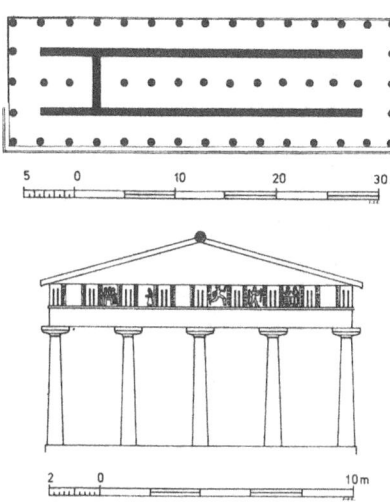

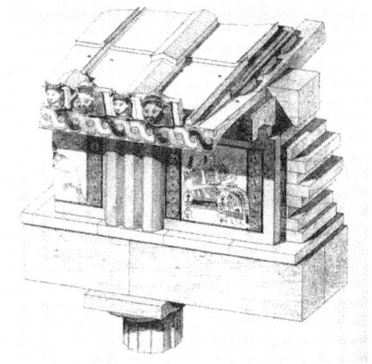

Tempio di Apollo a Thermon, trabeazione e copertura

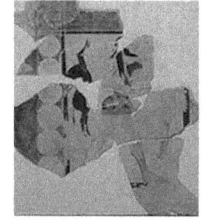
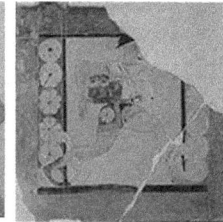

Tempio di Apollo a Thermon, pianta e ipotesi di ricostruzione della facciata (Coulton, 1984))

Tempio di Apollo a Thermon, metope in terracotta policroma

TEMPIO DI ARTEMIDE A CORFU' (590-580 a.C)

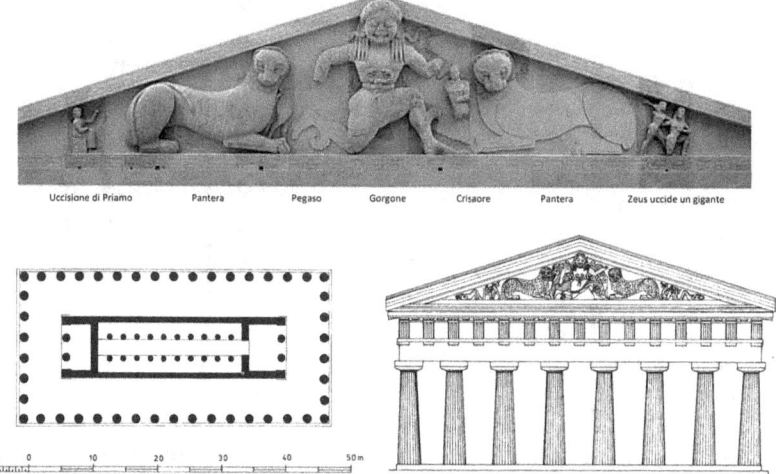

Tempio di Artemide a Corfù, pianta e ipotesi di ricostruzione della facciata

LE PROPOPORZIONI GENERALI IN PIANTA

Inizi VI sec.	Seconda metà VI sec.	Metà V sec.	Seconda metà IV sec.
Tempio di Apollo a Siracusa	Tempio di Apollo a Delfi	Tempio di Zeus a Olimpia	Tempio di Zeus a Nemea

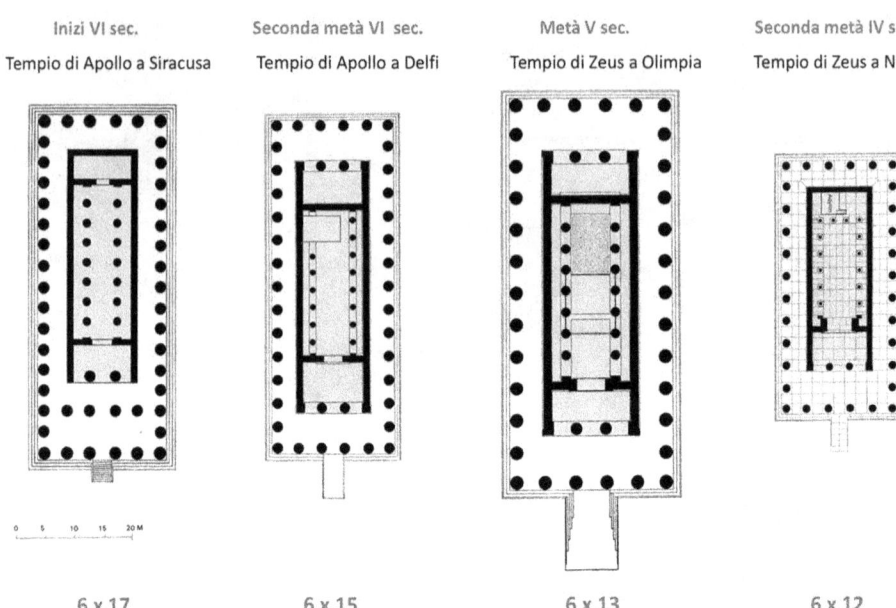

6 x 17   6 x 15   6 x 13   6 x 12

RAPPORTO FRA PERISTASI E NUCLEO CENTRALE

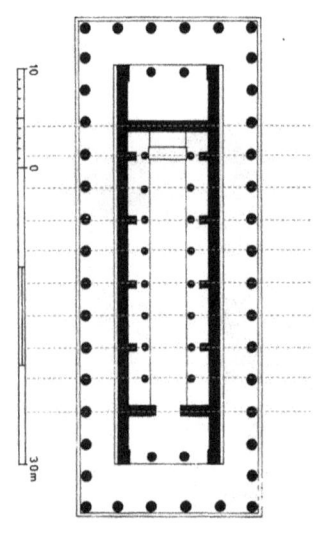

Tempio di Hera a Olimpia
Struttura legno e mattoni crudi

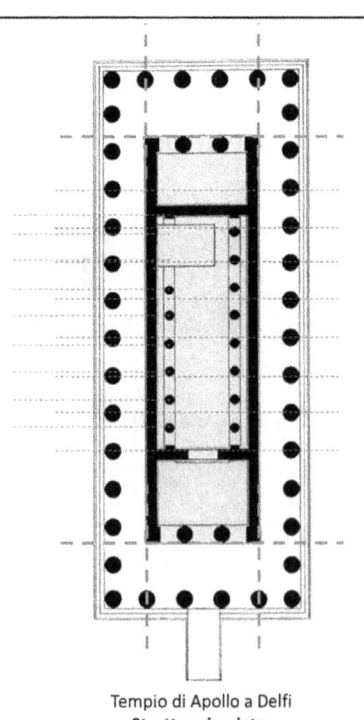

Tempio di Apollo a Delfi
Struttura in pietra

ORGANIZZAZIONE DEL NUCLEO CENTRALE

CONTINUITA' DEL TIPO CON OPISTODOMO DALL'ETA' ARCAICA A QUELLA TARDOCLASSICA NELLA GRECIA CONTINENTALE

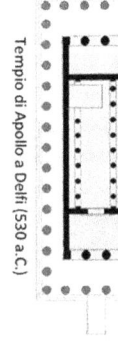
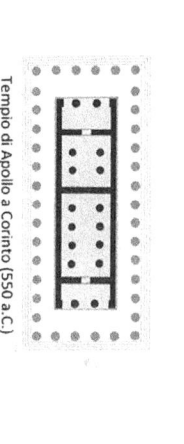

- Tempio di Apollo a Corinto (550 a.C.)
- Tempio di Apollo a Delfi (530 a.C.)
- Tempio di Zeus a Olimpia (470 a.C.)
- Tempio di Atena Alea a Tegea (350 a.C.)

DIFFUSIONE DEL TIPO CON ADYTON IN ETA' ARCAICA NELLE COLONIE OCCIDENTALI

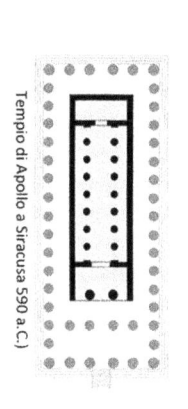
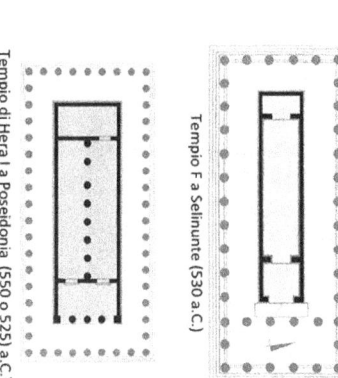

- Tempio di Apollo a Siracusa 590 a.C.
- Tempio C a Selinunte (550 a.C.)
- Tempio F a Selinunte (530 a.C.)
- Tempio di Hera I a Poseidonia (550 o 525) a.C.)

I TEMPLI DI ETA' CLASSICA IN OCCIDENTE

L'ADOZIONE DEL MODELLO DELLA MADREPATRIA IN OCCIDENTE DOPO il 480 a.C.

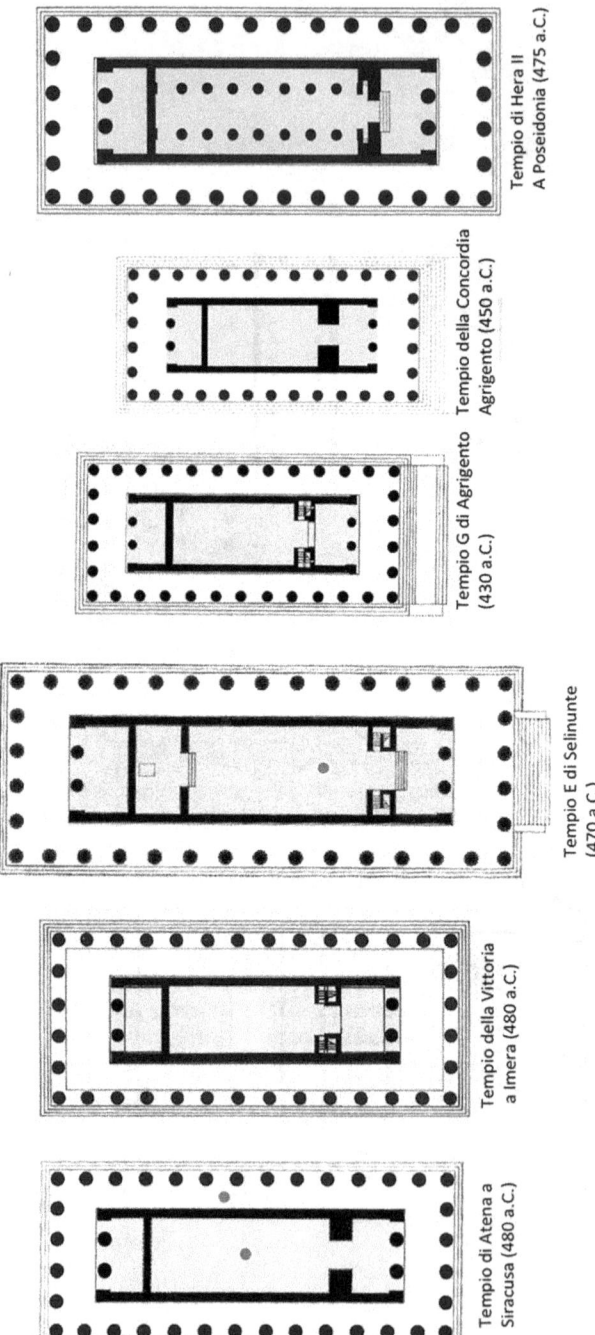

Tempio di Hera II A Poseidonia (475 a.C.)

Tempio della Concordia Agrigento (450 a.C.)

Tempio G di Agrigento (430 a.C.)

Tempio E di Selinunte (470 a.C.)

Tempio della Vittoria a Imera (480 a.C.)

Tempio di Atena a Siracusa (480 a.C.)

I TEMPLI DI ETA' CLASSICA IN OCCIDENTE

Tempio della Concordia ad Agrigento.
In alto vista dall'interno della cella, e fronte d'ingresso.
In basso dal basso verso le due "finestre delle apparizioni"

Tempio della Concordia .
Una delle due torri scalari ai lati dell'ingresso alla cella.

I TEMPLI DI ETA' CLASSICA IN OCCIDENTE

Tempio E di Selinunte (470 a.C.)

Tempio di Atena a Siracusa (480 a.C.)

IL "VESTIBOLO" ANTERIORE

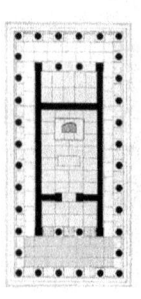

Tempio di Nemesis a
Ramnunte (430-20 a.C.)

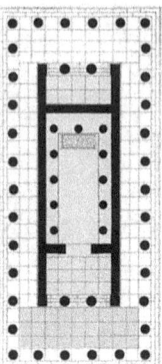

Tempio di Efesto ad
Atene (460-20 a.C.)

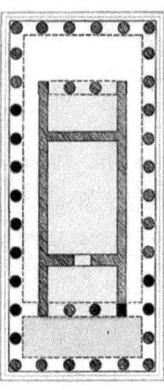

Tempio di Poseidone a
Sounion (440 a.C.)

Tempio di Efesto ad Atene, vista del
pronao e dell'angolo della cella dal "basso

LA DISPOSIZIONE INTERNA DELLE COLONNE   *CELLA CON FILA CENTRALE DI COLONNE*

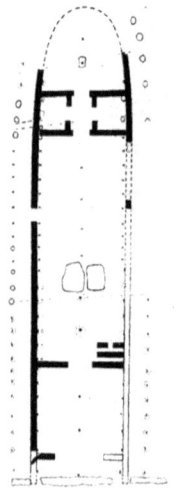

Edificio di Lefkandi

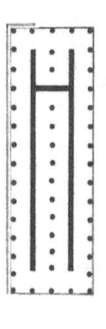

Tempio di Apollo a Thermon
Seconda metà VII sec. a.C.

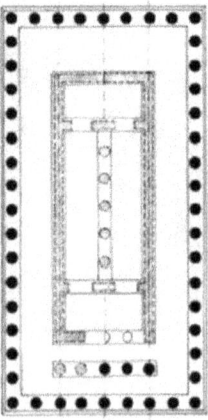

Tempio B di Metaponto
Metà VI sec. a.C.

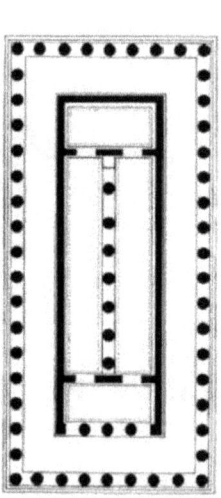

Tempio di Hera I a Poseidonia
Metà VI sec. a.C.

LA DISPOSIZIONE INTERNA DELLE COLONNE

CELLA CON DUE FILE DI COLONNE

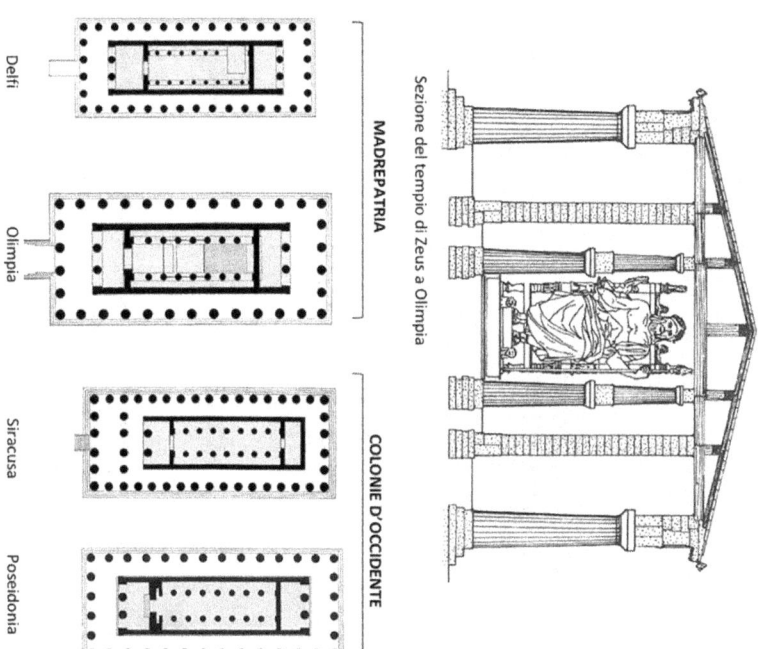

Sezione del tempio di Zeus a Olimpia

Templi con doppia fila di colonne interne su due ordini:
- Delfi — MADREPATRIA
- Olimpia — MADREPATRIA
- Siracusa — COLONIE D'OCCIDENTE
- Poseidonia — COLONIE D'OCCIDENTE

Interno della cella del tempio di Hera II, con doppio ordine di colonne interne

241

Il TEMA DELLO SPAZIO INTERNO IN ETA' Tardo-classica

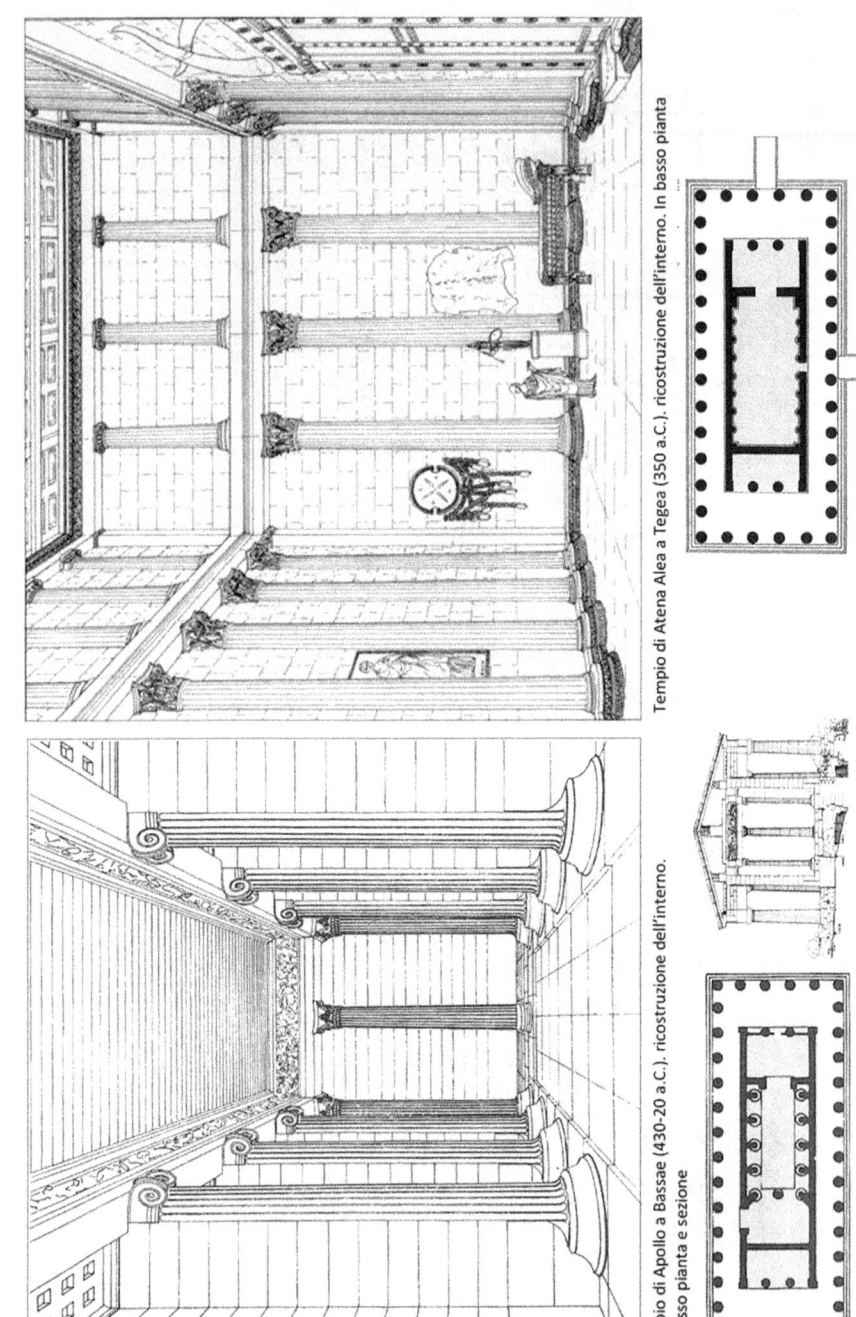

Tempio di Apollo a Bassae (430-20 a.C.), ricostruzione dell'interno. In basso pianta e sezione

Tempio di Atena Alea a Tegea (350 a.C.), ricostruzione dell'interno. In basso pianta

Il TEMA DELLO SPAZIO INTERNO IN ETA' Tardo-classica

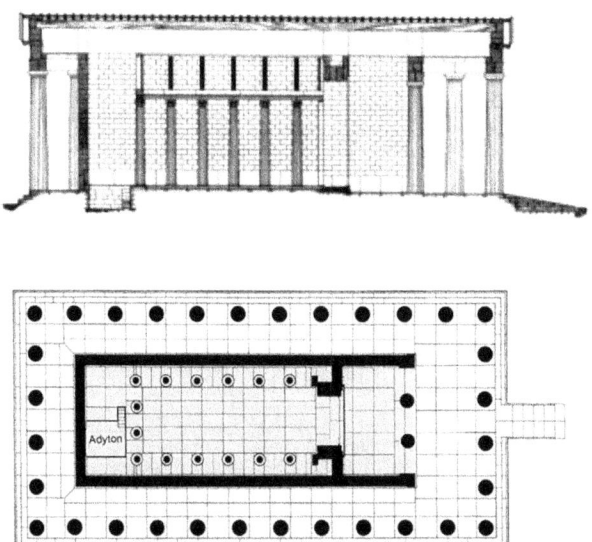

Tempio di Zeus a Nemea seconda metà del IV secolo

I TEMPLI COLOSSALI DELLA SICILIA

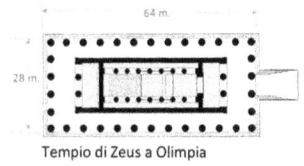

Tempio di Zeus a Olimpia

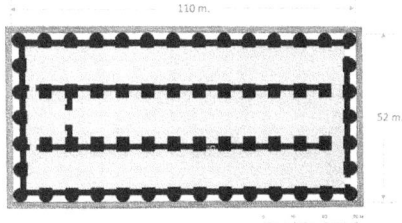

Tempio di Zeus Olimpio ad Agrigento.
In alto pianta. In basso ricostruzione dell'esterno e dell'interno

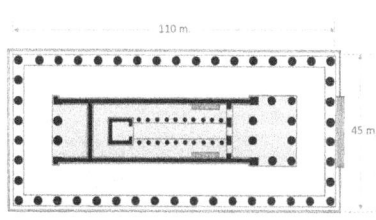

Tempio di Apollo (Tempio G) di Selinunte

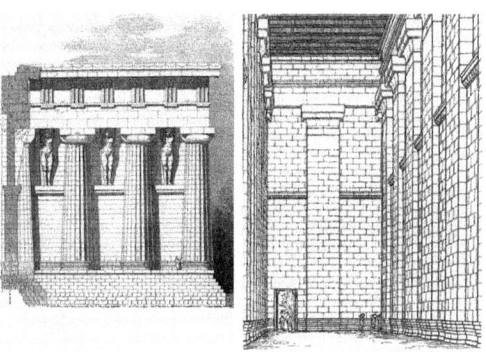

EVOLUZIONE DI FORME E PROPORZIONI DELL'ORDINE DORICO

Proporzioni della colonna dorica dall'età arcaica al tardo ellenismo

Altezza relativa delle colonne a parità di diametro

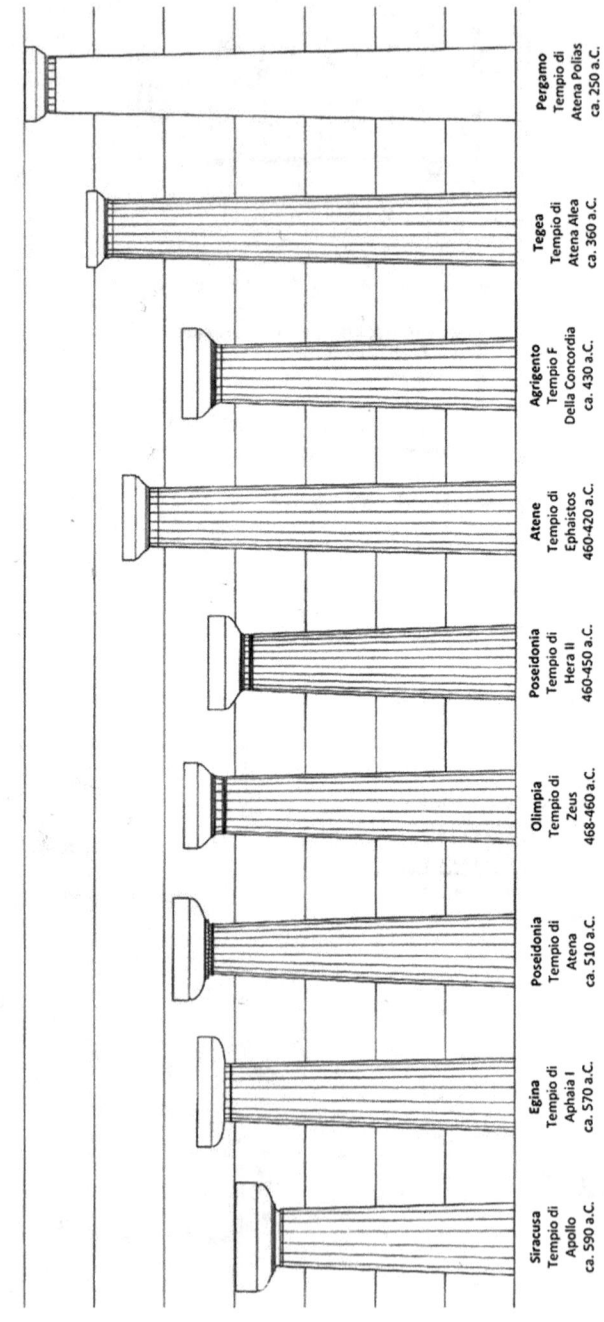

EVOLUZIONE DI FORME E PROPORZIONI DELL'ORDINE DORICO

Evoluzione del profilo del capitello dorico

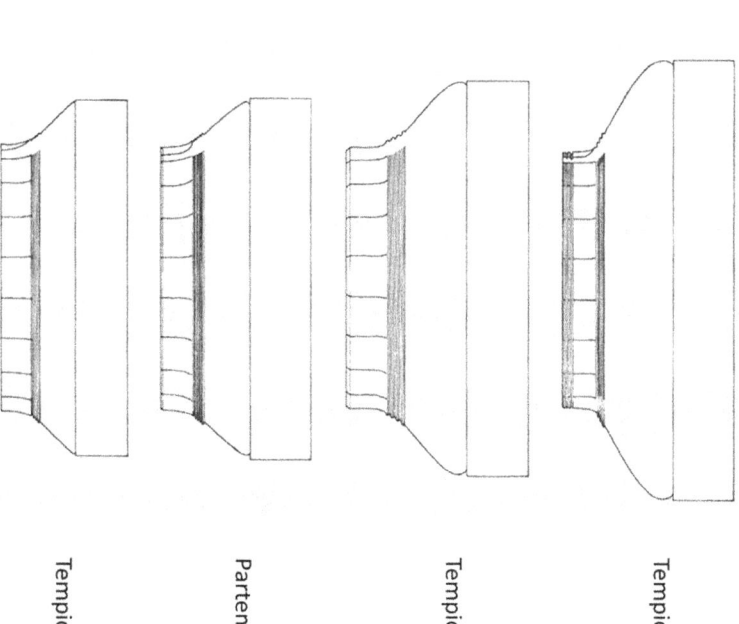

Tempio di Atena Alea a Tegea (360 a.C.)

Partenone (447-440a.C.)

Tempio di Zeus a Olimpia (ca. 470-60 a.C.)

Tempio di Apollo a Corinto (ca. 540 a.C.)

EVOLUZIONE DI FORME E PROPORZIONI DELL'ORDINE DORICO

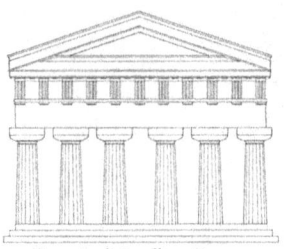

Tempio di Apollo a Siracusa
h/d =3,6   h/ht =1,9

Tempio di Zeus a Olimpia
h/d =4,7   h/ht =2,9

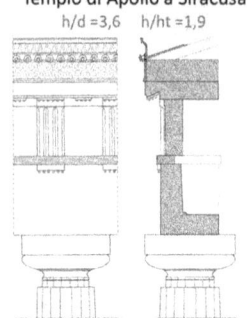

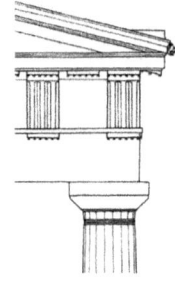 

Tabella riassuntiva

	h/d	h/ht
Siracusa	3,6	1,9
Olimpia	4,7	2,9
Atene	5,5	3,4
Tegea	5,7	4,7

Partenone
h/ d =5,5   h/ht =3,4

Tempio di Atena Alea a Tega
h/d = 5,7   h/ht= 4,7

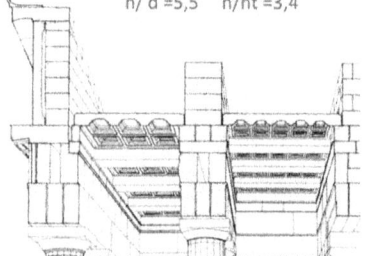

h/d = rapporto fra altezza e diametro della colonna all'imoscapo ; h/ht = rapporto fra altezza della colonna e altezza della trabeazione

EVOLUZIONE DI FORME E PROPORZIONI DELL'ORDINE DORICO

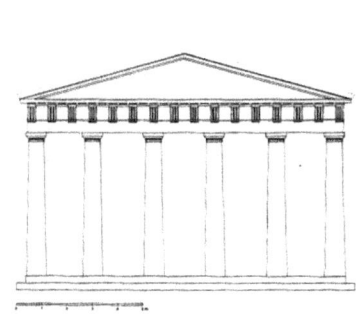

Tempio di Atena Polias a Pergamo, prospetto meridionale

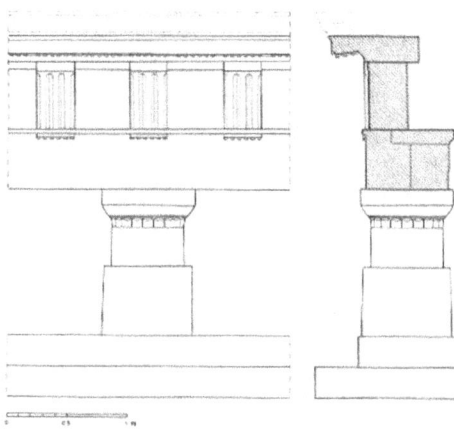

Tempio di Atena Polias a Pergamo, prospetto e sezione dell'ordine

LA DODECAPOLI IONICA

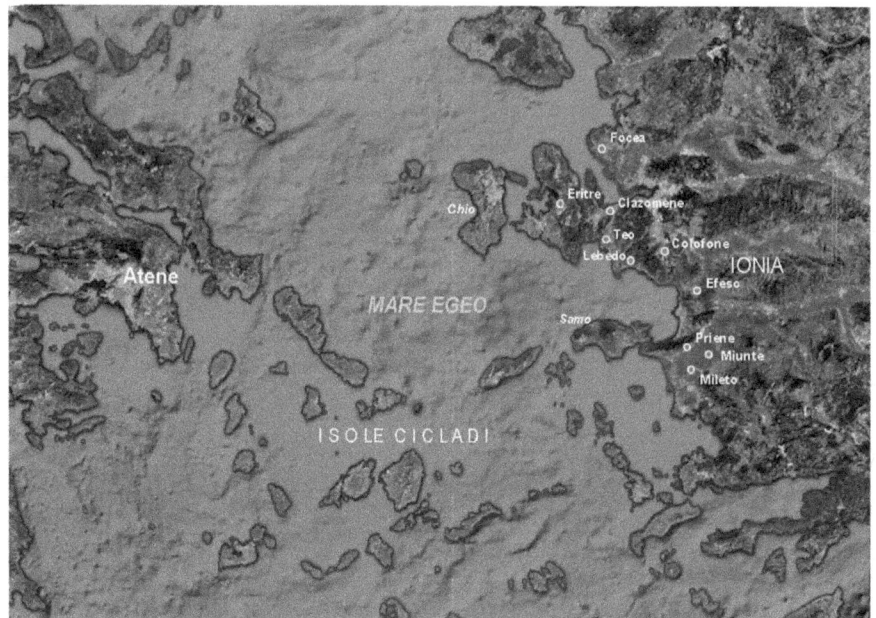

EVOLUZIONE DI FORME E PROPORZIONI DELL'ORDINE IONICO

CAPITELLO A VOLUTE

CAPITELLO A FOGLIE

Delfi
Colonna dei Nassi
ca. 575 a.C.

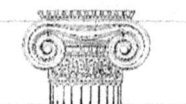

Atene, Acropoli
Tempio di
Atena Nike
427-425 a.C.

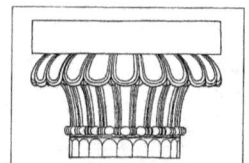

Delfi, capitello a foglie ricadenti del Te
di Massalia

Naxos
Tempio di Dionisos
ca. 575 a.C.

Atene, Acropoli
Eretteo
421-407 a.C.

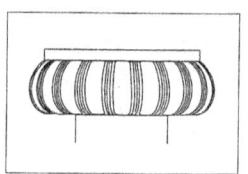

Delos, capitello votivo a corona di foglie

Samos
Tempio di Hera IV
ca. 575 a.C.

Priene
Tempio di
Atena Polias
350-330 a.C.

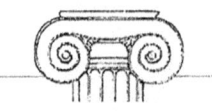

Delfi
Portico degli Ateniesi
secondo quarto
del V sec. a.C.

Didyma
Tempio di
Apollo Naiskos
ca. 300 a.C.

Trabeazione con con fregio figurato

Trabeazione con sottocornice a dentelli

Tempio di Apollo a Dydima, seconda metà VI secolo a.c.

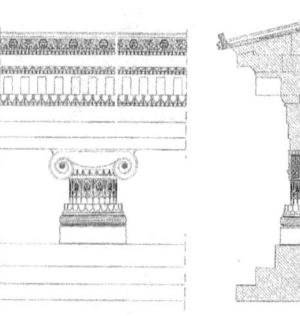

Tempio di Masarà a Locri (Prima metà del V secolo a.C.

I TEMPLI COLOSSALI DELLA IONIA

Tempio di Hera a Samo

Inizio costruzione (575 a.C.) — 52 x 105 m.
570 / 560 / 550 / 540 / 530

Crollo e inizio ricostruzione (530 a.C.) — 54 x 110 m.
330 → Incompiuto
300

Tempio di Artemide a Efeso

Inizio costruzione (560 a.C.) — 55 x 115 m.

Distrutto da un incendio (336 a.C.)
Ricostruzione dal 330 a.C. — 65 x 125 m.

Completamento ca. 250 a.C.
Incendio e distruzione 263 d.C.

Tempio di Apollo a Mileto (Didyma)

Inizio costruzione (550 a.C.) — 40 x 85 m.

Distrutto dai Persiani (494 a.C.)

Ricostruzione a partire dal 300 a.C. — Incompiuto

249

I TEMPLI COLOSSALI DELLA IONIA

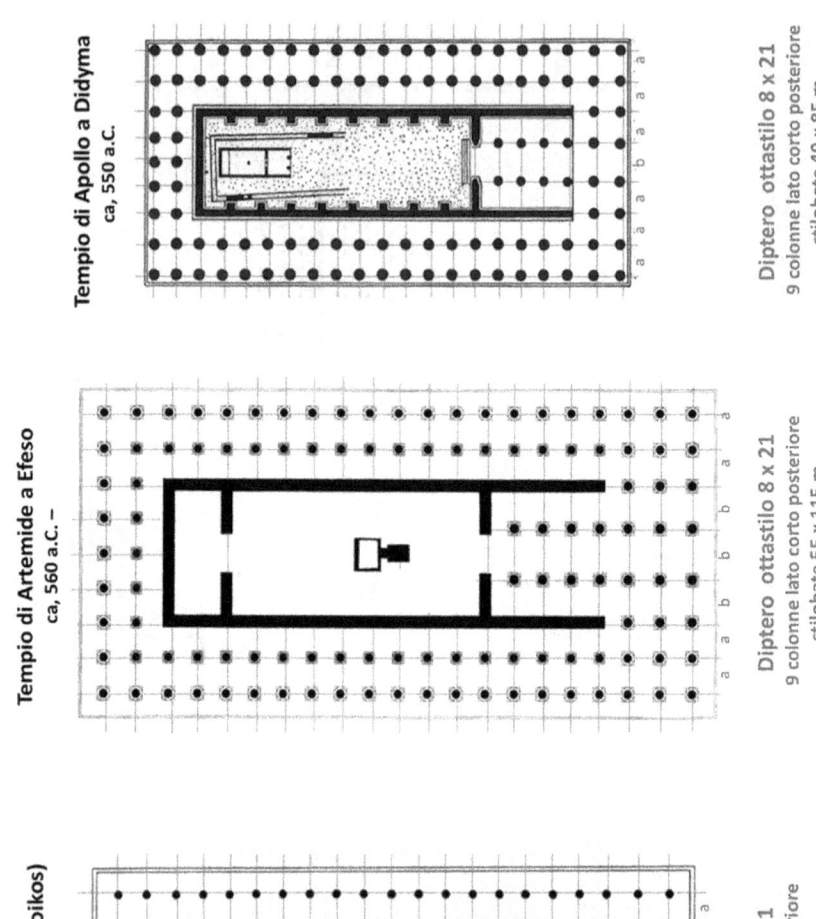

Tempio di Apollo a Didyma
ca, 550 a.C.

Diptero ottastilo 8 x 21
9 colonne lato corto posteriore
stilobate 40 x 85 m

Tempio di Artemide a Efeso
ca, 560 a.C. –

Diptero ottastilo 8 x 21
9 colonne lato corto posteriore
stilobate 55 x 115 m

Tempio di Hera a Samo (Rhoikos)
ca, 575 a.C. –

Diptero ottastilo 8 x 21
10 colonne lato corto posteriore
stilobate 52 x 105 m.

IL SECONDO TEMPIO DI ARTEMIDE A EFESO

Restituzione ipotetica dell'ordine sui lati lunghi in due varianti
(da Rocco 2003)

Restituzione ipotetica dell'ordine in facciata in due varianti
(da Rocco 2003)

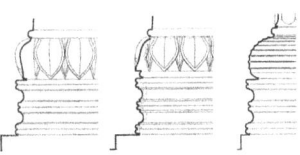

Tipi diverse di basi del prospetto occidentale

Base circolare e dado di colonna scolpiti

IL SECONDO TEMPIO DI ARTEMIDE A EFESO

Modello del secondo tempio di Artemide di Efeso

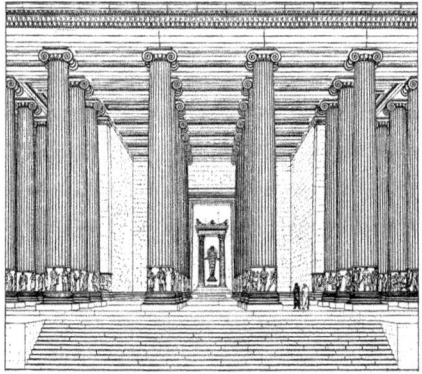

In alto e a destra, nuovo Artemision di Efeso, Ricotruzioni da F. Krischen

IL SECONDO TEMPIO DI APOLLO A DIDIMA

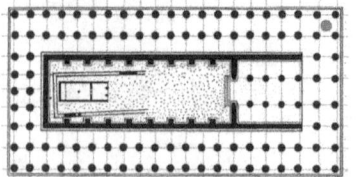

Vista dall'alto

Vista frontale

LO IONICO ATTICO

Stoa degli Ateniesi a Delfi (ca. 470 a.C.)

Tempio di Atena a Capo Sounion (ca. 450 a.C.)

In alto. Delfi, Stoa degli Ateniesi, contro il muro poligonale di sostegno del tempio di Apollo (da Amandry 1953)
In basso a sin. Colonna ionica del portico degli Ateniesi; a destra base e restituzione del capitello protoattico (da Rocco 2003)

Atena a Capo Sounion. In alto prospetto in basso capitello ionico (da Rocco 2003)

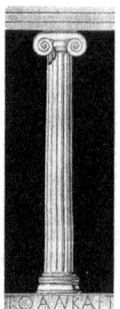
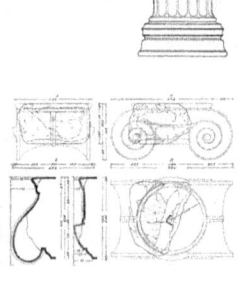

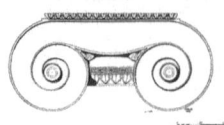

LO IONICO ATTICO

Ordine ionico dei Propilei di Mnesicle (437-432)

Ordine ionico del Tempietto di Atena Nike (427-424)

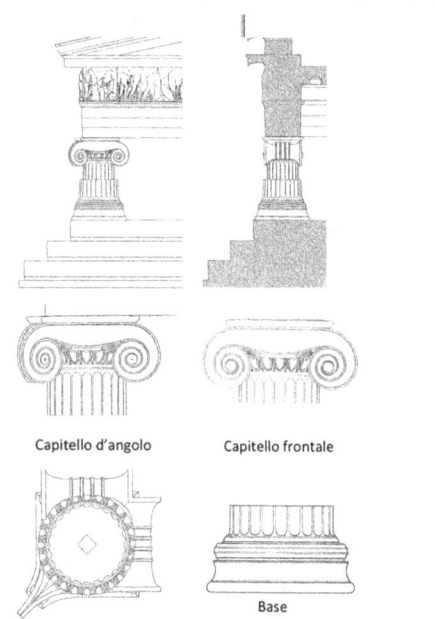

Capitello d'angolo   Capitello frontale

Base

LO IONICO ATTICO

Ordine ionico dell'Eretteo (421-405)

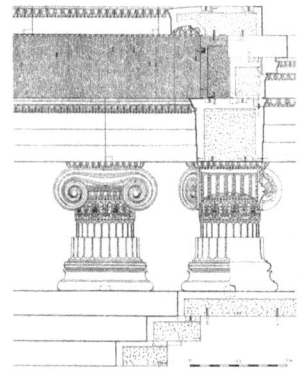

Ordine ionico del portico orientale (da Rocco 2003)

Ordine della loggia delle Cariatidi (da Rocco 2003)

Semicolonne ioniche sulla facciata occidentale

IL TEMPIO DI ATENA POLIAS A PRIENE

Maglia quadrata di 6 x 6 piedi

Angolo del tempio di Atena Polias verso l'altare (da Schede 1934))

Ordine del tempio di Atena Polias

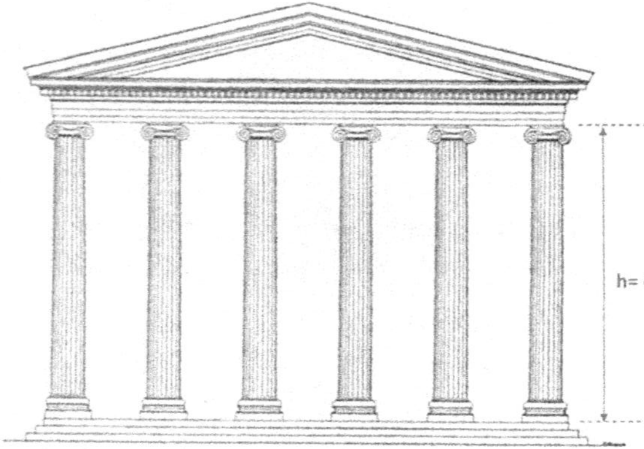

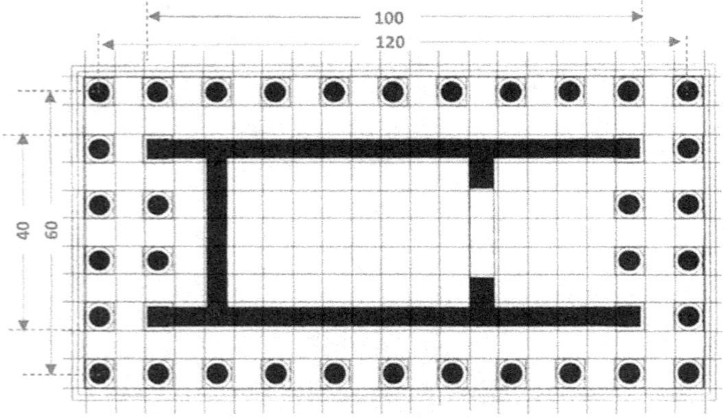

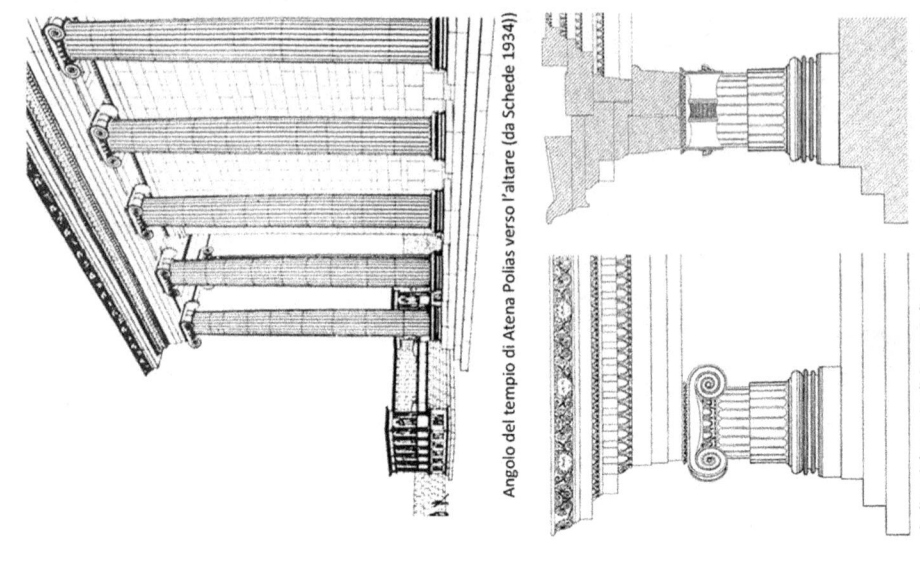

IL TEMPIO DI ZEUS A OLIMPIA

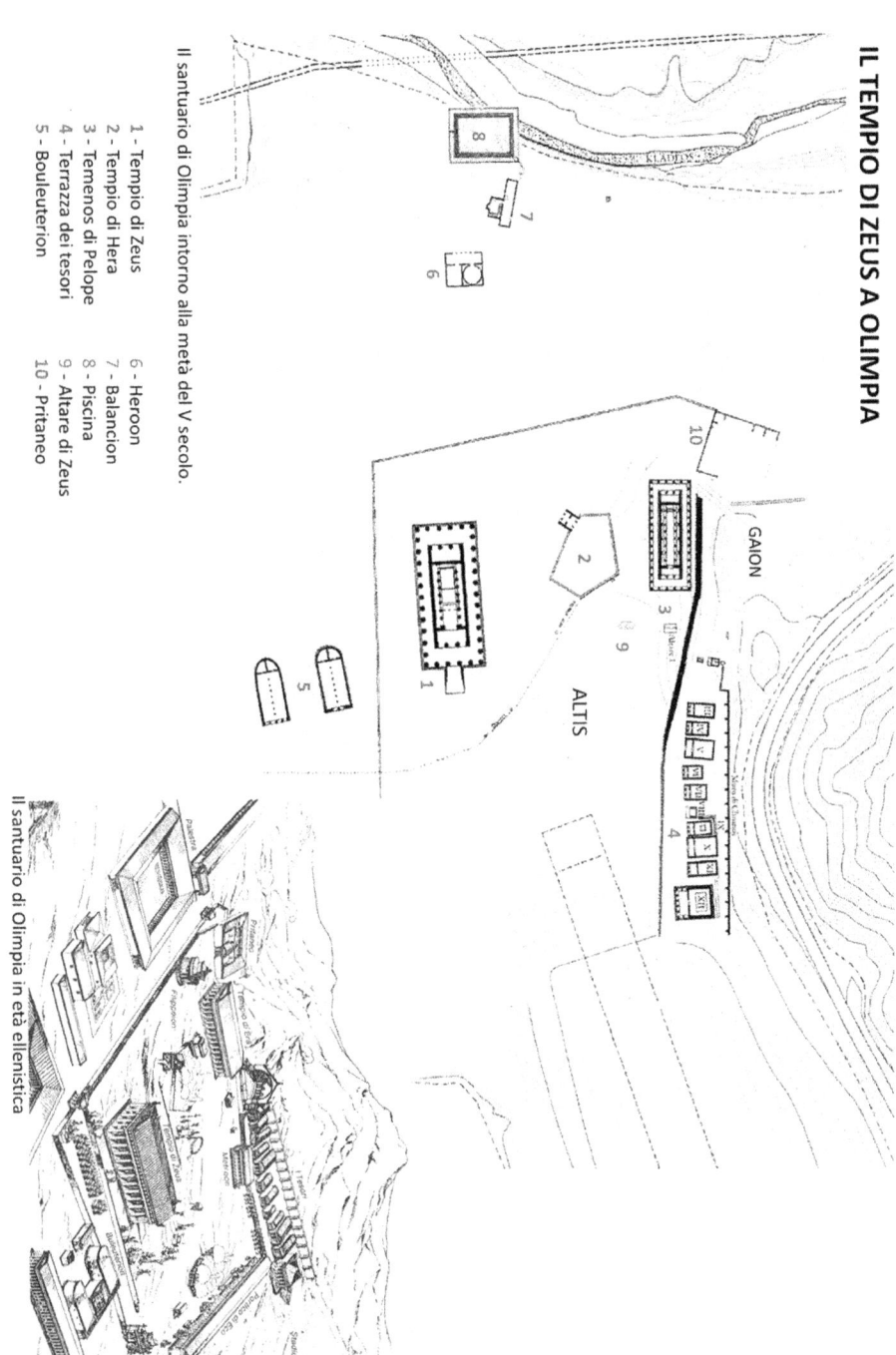

Il santuario di Olimpia intorno alla metà del V secolo.

1 - Tempio di Zeus
2 - Tempio di Hera
3 - Temenos di Pelope
4 - Terrazza dei tesori
5 - Bouleuterion
6 - Heroon
7 - Balancion
8 - Piscina
9 - Altare di Zeus
10 - Pritaneo

Il santuario di Olimpia in età ellenistica

IL TEMPIO DI ZEUS A OLIMPIA

1 - base della statua di Zeus
2 – bacino per l'olio
3 - rampa

Pianta

Prospetto

a = 16 piedi dorici = 5,22 m.

IL TEMPIO DI ZEUS A OLIMPIA

Olimpia, anastilosi di una colonna

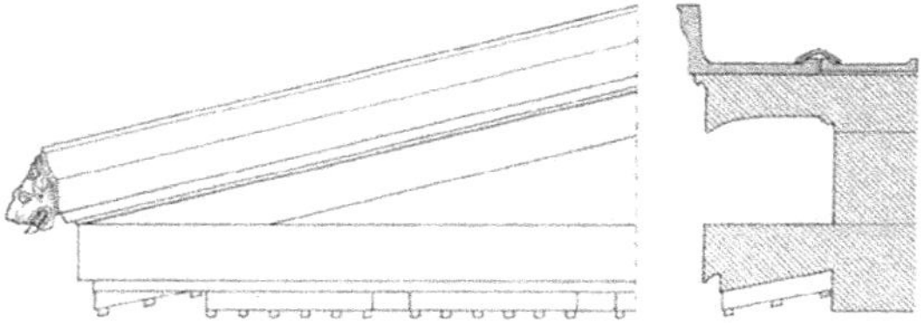

Prospetto e sezione parziale del frontone

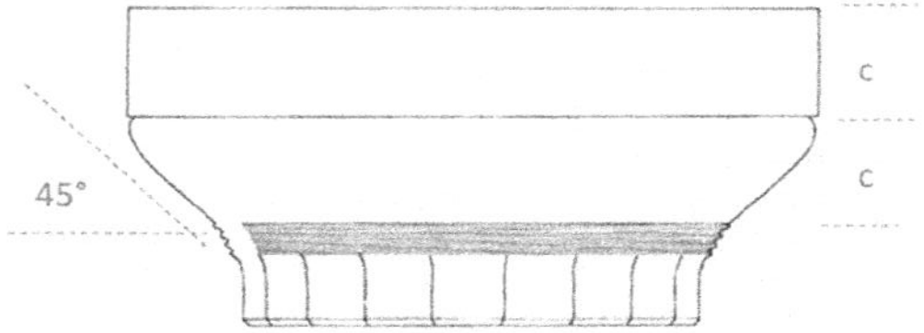

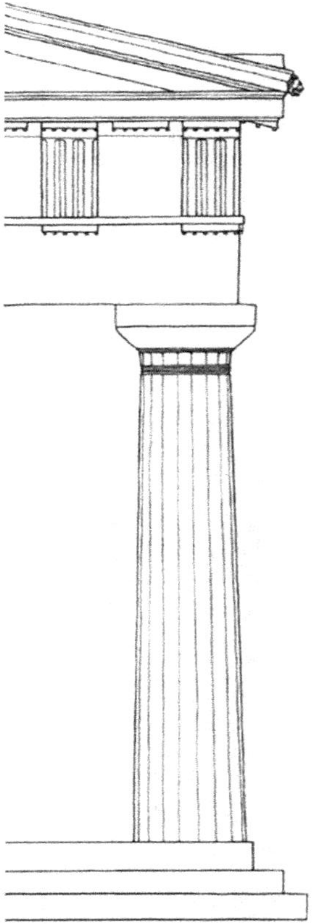

Prospetto e sezione di una sima con doccione a protome leonina

Olimpia, L'ordine dorico

IL TEMPIO DI ZEUS A OLIMPIA

Prospetto orientale

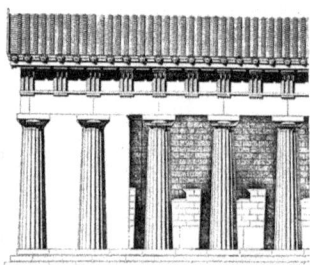

Particolare prospetto laterale

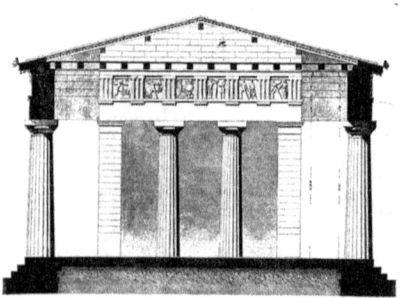

Sezione sul pronao

Sezione sulla cella

POSEIDONIA

A platea nord
B platea centrale
C platea sud

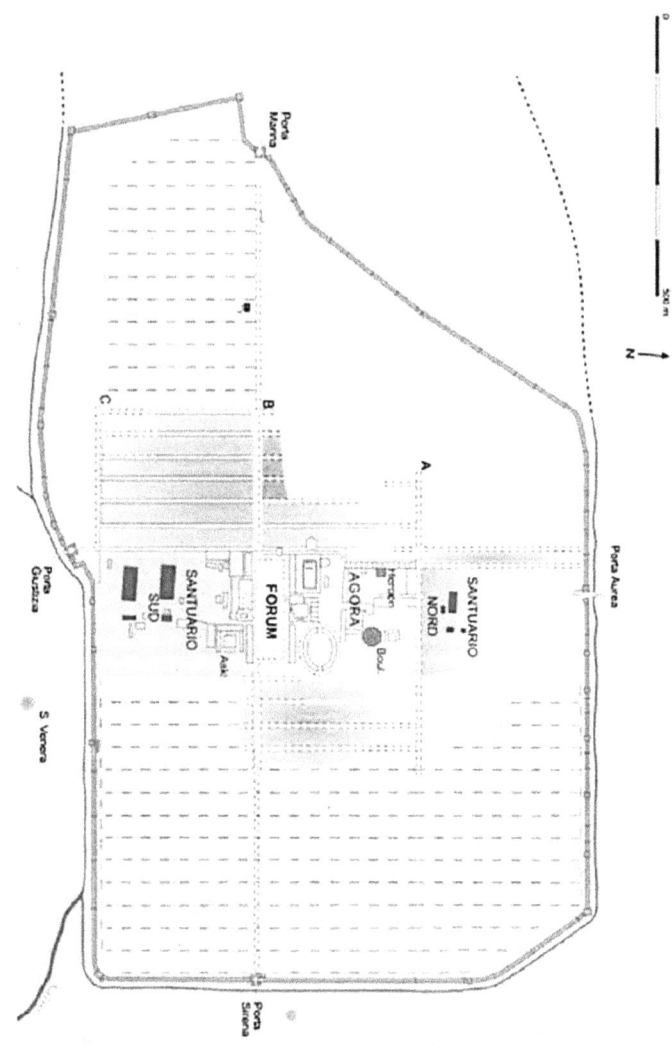

I TEMPLI DI POSEIDONIA

Tempio di Era I (Basilica)   Tempio di Era II (Nettuno)   Tempio di Atena (Cerere)

POSEIDONIA

Tempio di Era I   Tempio di Era II   Tempio di Atena

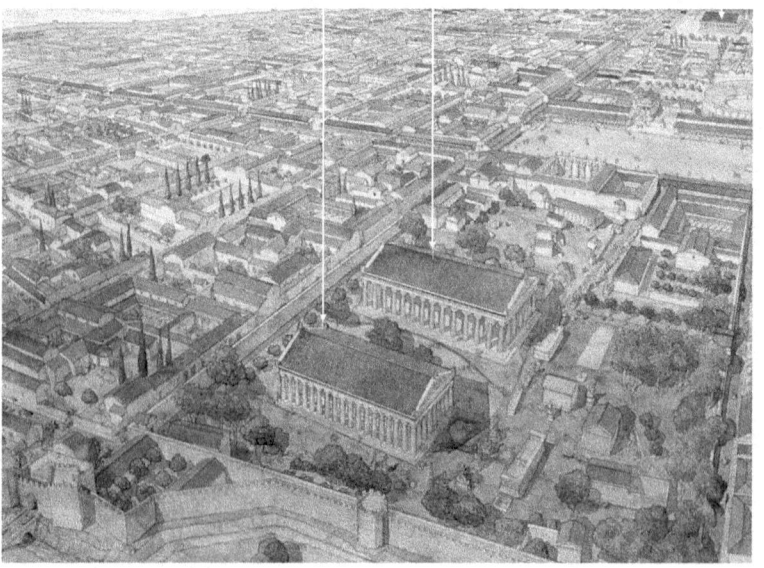

POSEIDONIA - TEMPIO DI HERA I -

PRECEDENTI

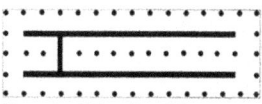
Tempio di Apollo a Thermon

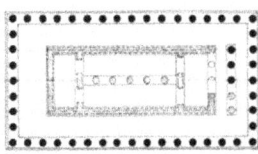
Tempio B di Metaponto

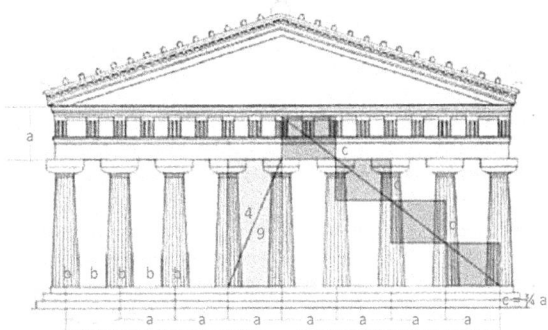
Rapporti proporzionali in facciata

Tempio di Era I, Stato attuale

POSEIDONIA - TEMPIO DI HERA I - FASI PROGETTUALI

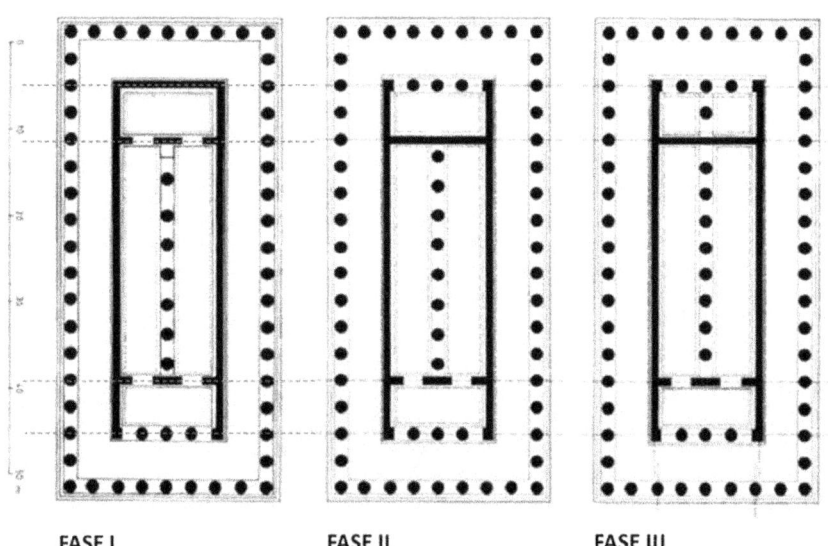

FASE I   FASE II   FASE III

POSEIDONIA - TEMPIO DI HERA I -

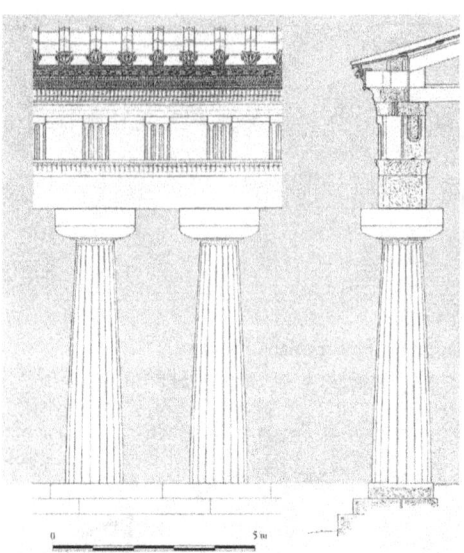

L'ordine del tempio di Era I

Vista dell'angolo nord-occidentale

POSEIDONIA - TEMPIO DI HERA I -

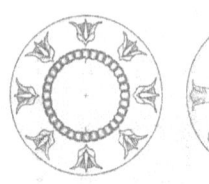 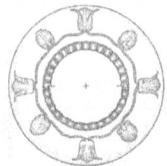

Decorazione degli echini del fronte ovest

Ricostruzione dell'angolo con le terrecotte architettoniche

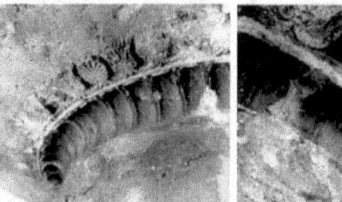

Decorazione dei capitelli della cella

POSEIDONIA - TEMPIO DI ATENA

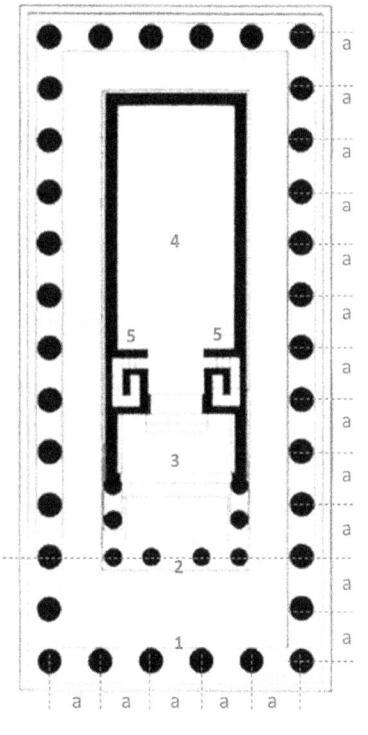

1 – peristilio dorico
2 – pronao ionico
3 – vestibolo
4 – cella
5 – scale

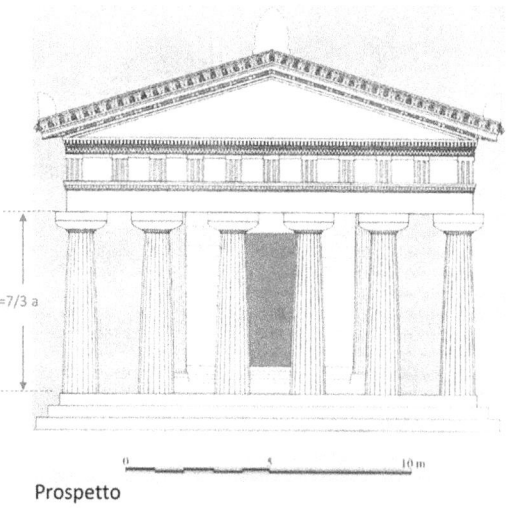

Prospetto

Pianta

POSEIDONIA - TEMPIO DI ATENA

cornicione a cassetta

POSEIDONIA - TEMPIO DI ATENA

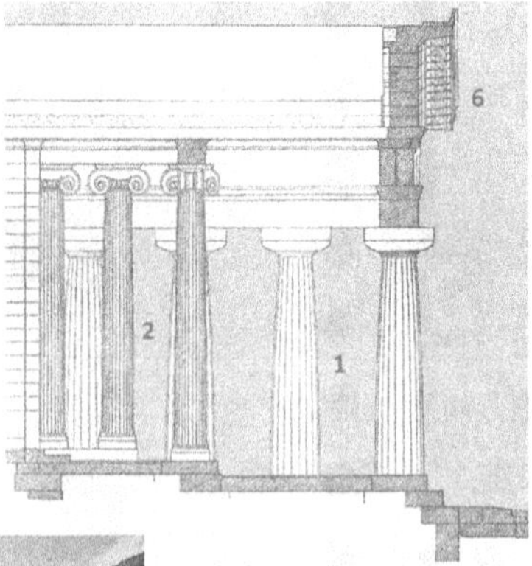

1 – peristilio dorico
2 – pronao ionico
3 – vestibolo
4 – cella
5 – scale
6 – cornicione a cassetta

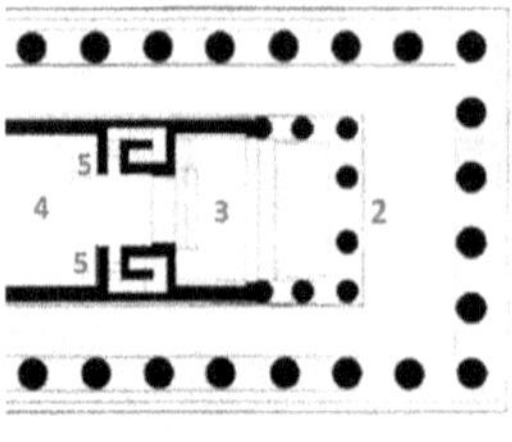

POSEIDONIA - TEMPIO DI ERA II

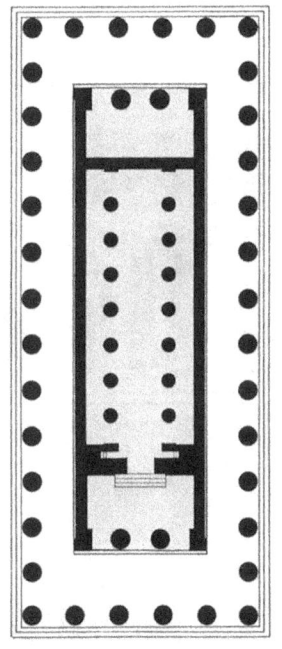

Prospetto

Pianta

POSEIDONIA - TEMPIO DI ERA II

Angolo nord-occidentale | Vista dall'ingresso della cella verso l'interno

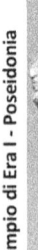
Tempio di Era I - Poseidonia

Tempio della Concordia - Agrigento

L'ACROPOLI DI ATENE NEL CONTESTO DELL'ATTICA

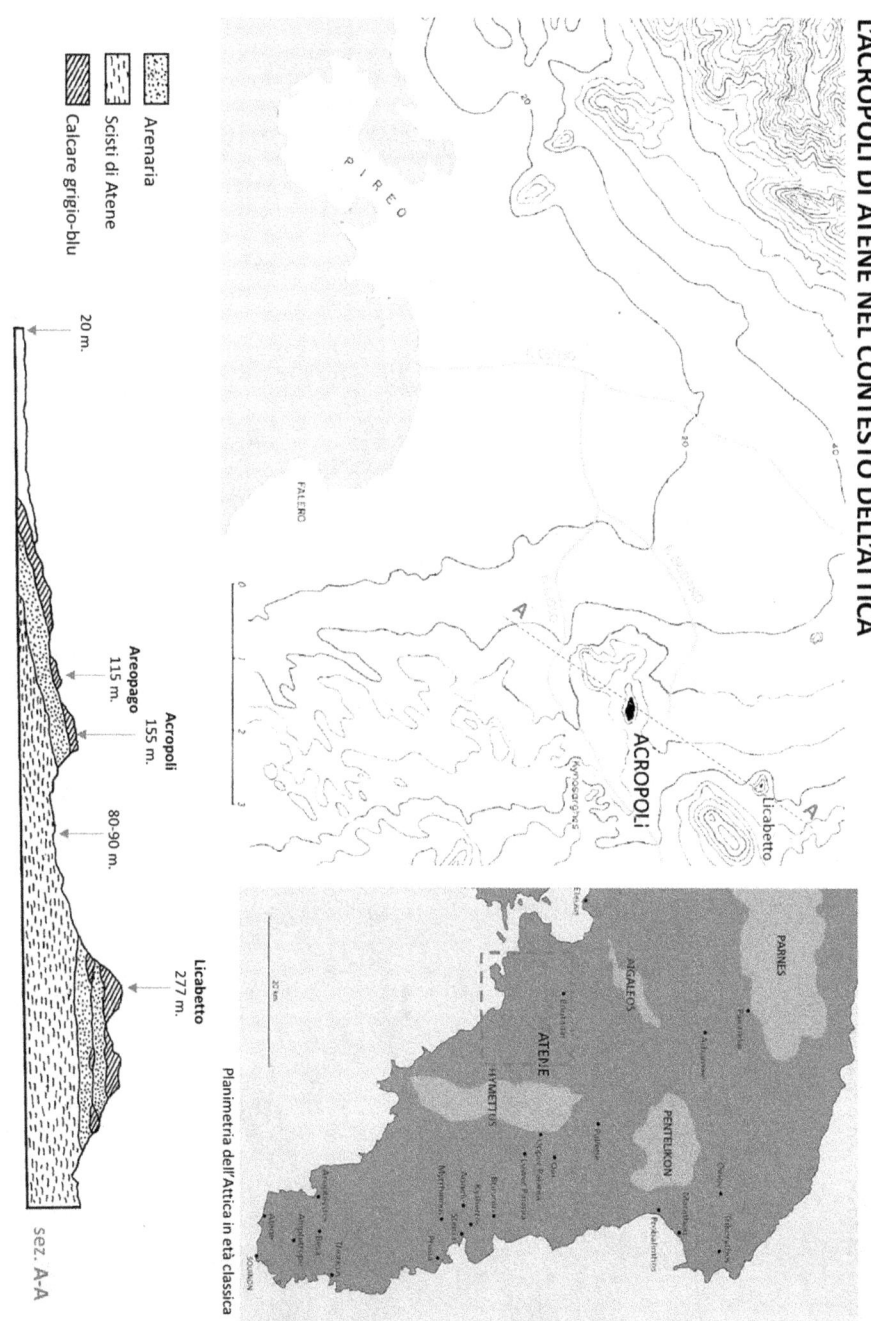

- Arenaria
- Scisti di Atene
- Calcare grigio-blu

Areopago 115 m.
Acropoli 155 m.
80-90 m.
Licabetto 277 m.

sez. A-A

Planimetria dell'Attica in età classica

L'ACROPOLI FRA IL XV e IL XIII secolo a.C.

Area occupata dal palazzo miceneo

1 palazzo
2 bastione
3 ingresso

Ricostruzione ipotetica (www.ancientathens3d.com)

L'ACROPOLI DI ATENE - FINE DEL VI sec. a. C.

1 - Propilei prepersiani
2 - Bastione miceneo e santuario di Atena Nike
3 - Edificio B
4 - Cisterna
5 - Santuario di Artemis Brauronia
6 - Edificio Aa
7 - Edificio C
8 - Hecatompedon di Pisistrato
9 - Sacello e altare di Atena ergane
10 - Tempio di Atena Polias
11 - Kekropion
12 - Edificio A
13 - Grande Altare
14 - Santuario di Zeus Poleios
15 - Santuario di Pandione
16 - Fontana

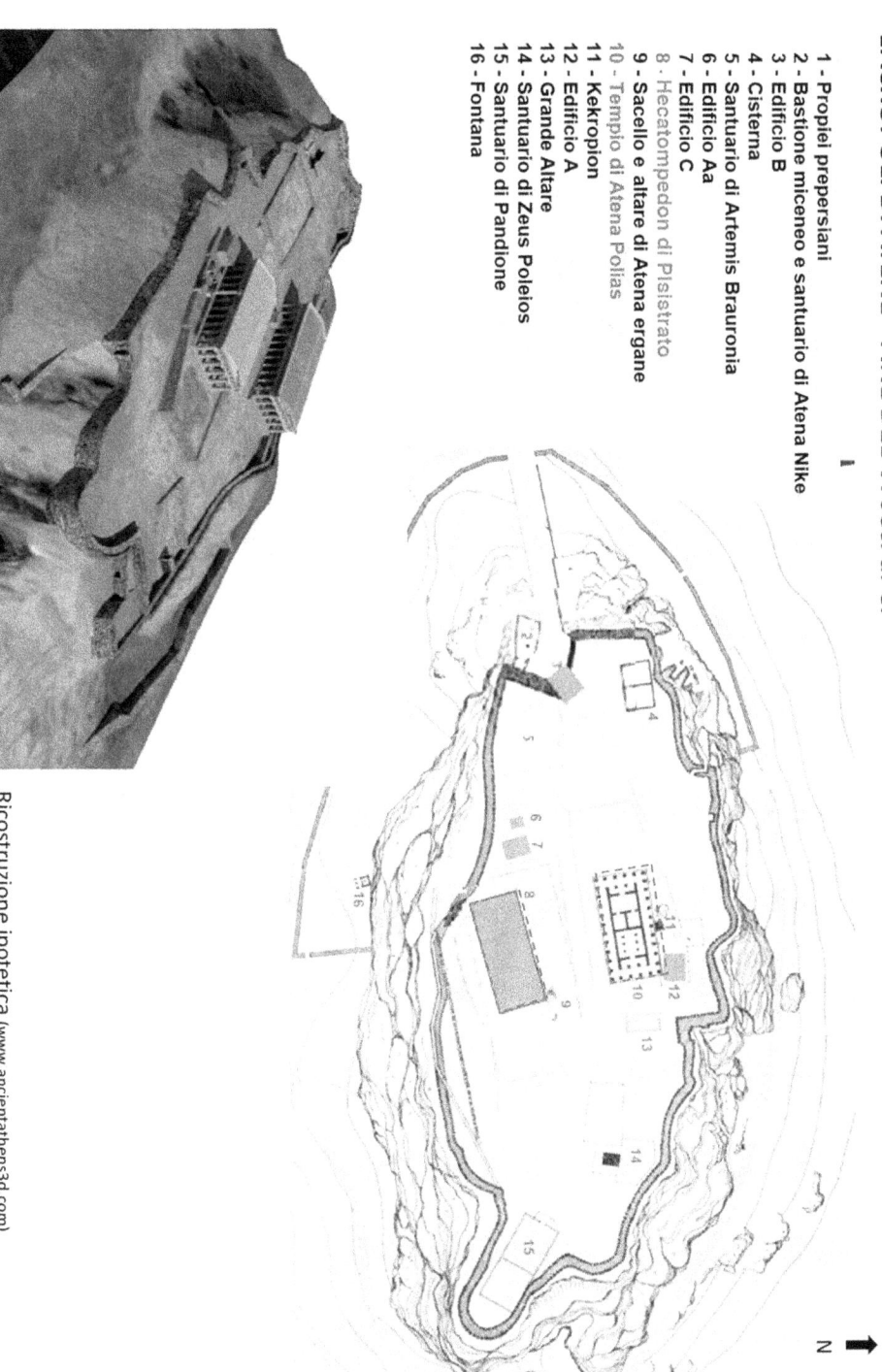

Ricostruzione ipotetica (www.ancientathens3d.com)

IL TEMPIO DI ATENA POLIAS

Facciata

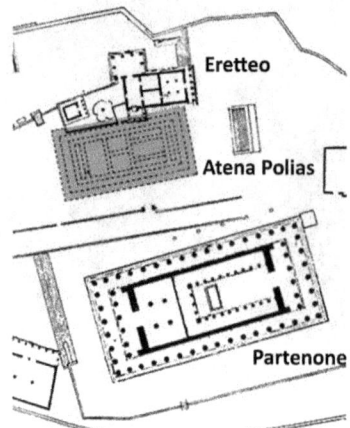
La localizzazione del tempio di Atena Polias fra l'Eretto a nord e il Partenone a sud

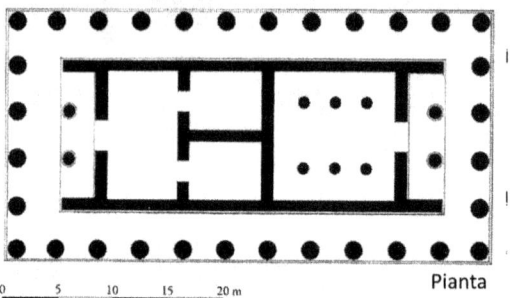
Pianta

IL TEMPIO DI ZEUS OLIMPIO

I resti del tempio di Zeus Olimpio sullo sfondo dell'Acropoli

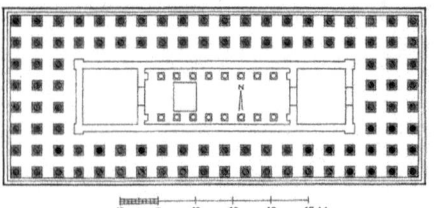
Pianta del tempio di Zeus Olimpio

Atene nel V secolo

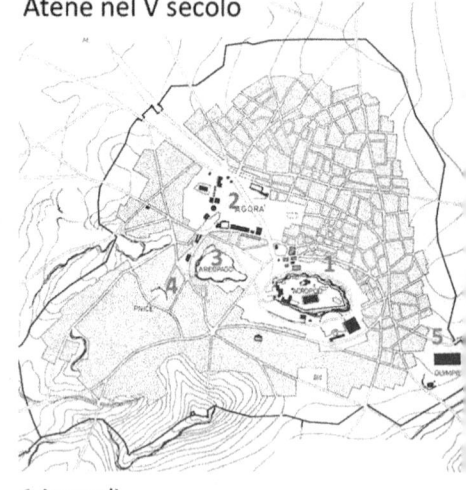

1 Acropoli
2 Agorà
3 Aeropago
4 Pnice
5 Tempio di Zeus Olimipio

IL PRE-PARTENONE

Fondazione del Partenone costruita per il pre-Partenone

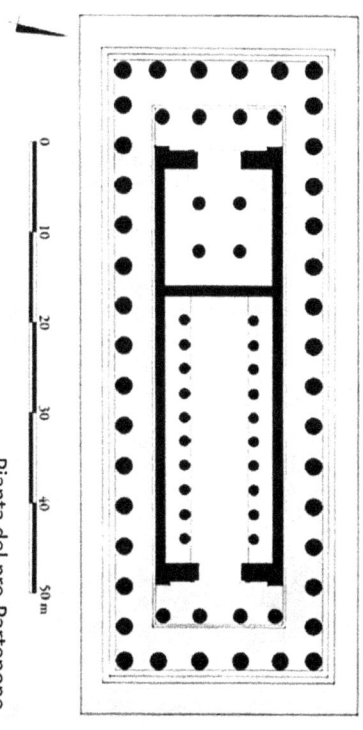

Pianta del pre-Partenone

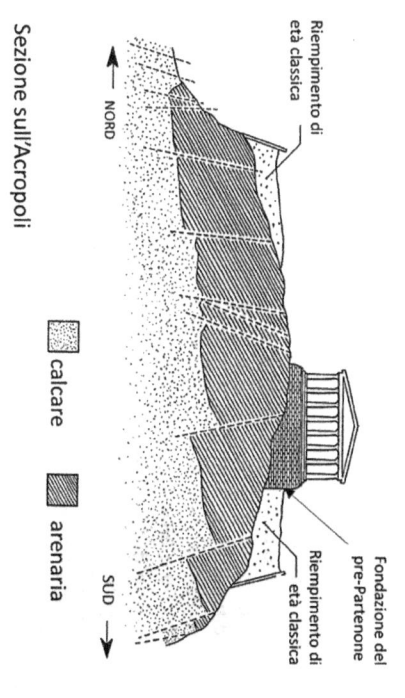

Sezione sull'Acropoli

L'ACROPOLI DI ATENE nel 480 a.C. (prima della invasione persiana)

1 - Propilei prepersiani
2 - Bastione miceneo e santuario di Atena Nike
3 - Edificio B
4 - Cisterna
5 - Santuario di Artemis Brauronia
6 - Edificio Aa
7 - Edificio C
8 - pre-Partenone
9 - Sacello e altare di Atena ergane
10 - Tempio di Atena Polias
11 - Kekropion
12 - Edificio A
13 - Grande Altare
14 - Santuario di Zeus Poleios
15 - Santuario di Pandione
16 - Fontana

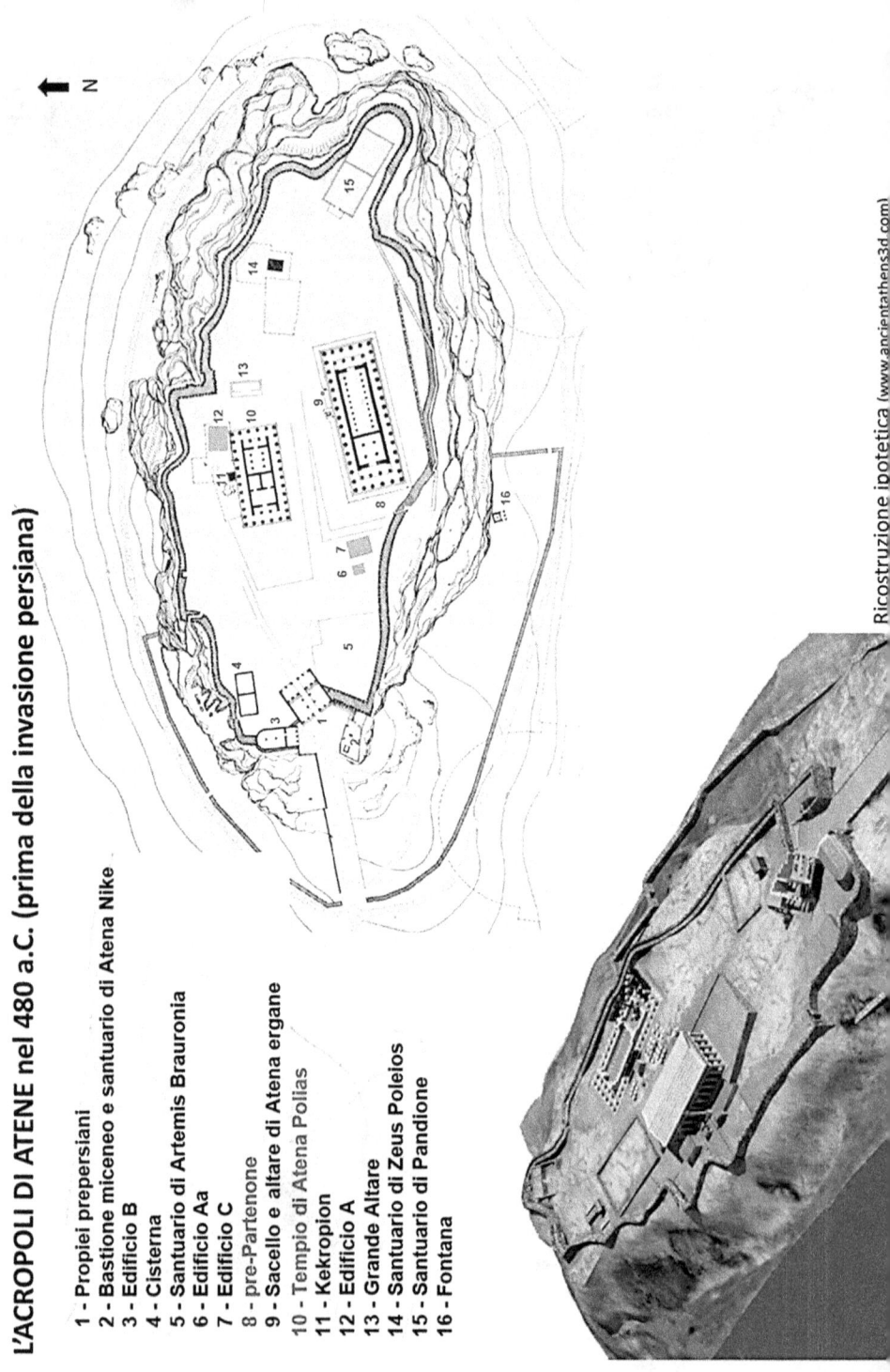

Ricostruzione ipotetica (www.ancientathens3d.com)

IL MURO DI CIMONE

Mura nord nell'Acropoli con elementi della trabeazione del tempio di Atena Polias   **Muro di Cimone**

Vista dell'Acropoli da sud-ovest

---

1 Porto di Kàntharos   2 Porto di Zea   3 Porto di Munichìa

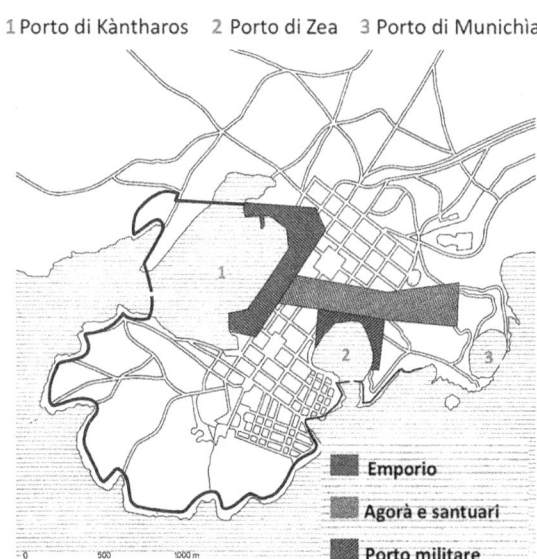

- Emporio
- Agorà e santuari
- Porto militare

pianta attuale del Pireo con zone funzionali ippodamee

- AREE COMMERCIALI
- AREA CIVILE
- AREE RELIGIOSE

Ippodamo da Mileto, pianta di Mileto

Pianta di Atene e del Pireo collegati dalle lunghe mura

1 – Porto di Kantharos   2 - Porto di Zea   3 Porto di Mounychia

L'ACROPOLI DI ATENE ALLA FINE DEL V secolo a.C.

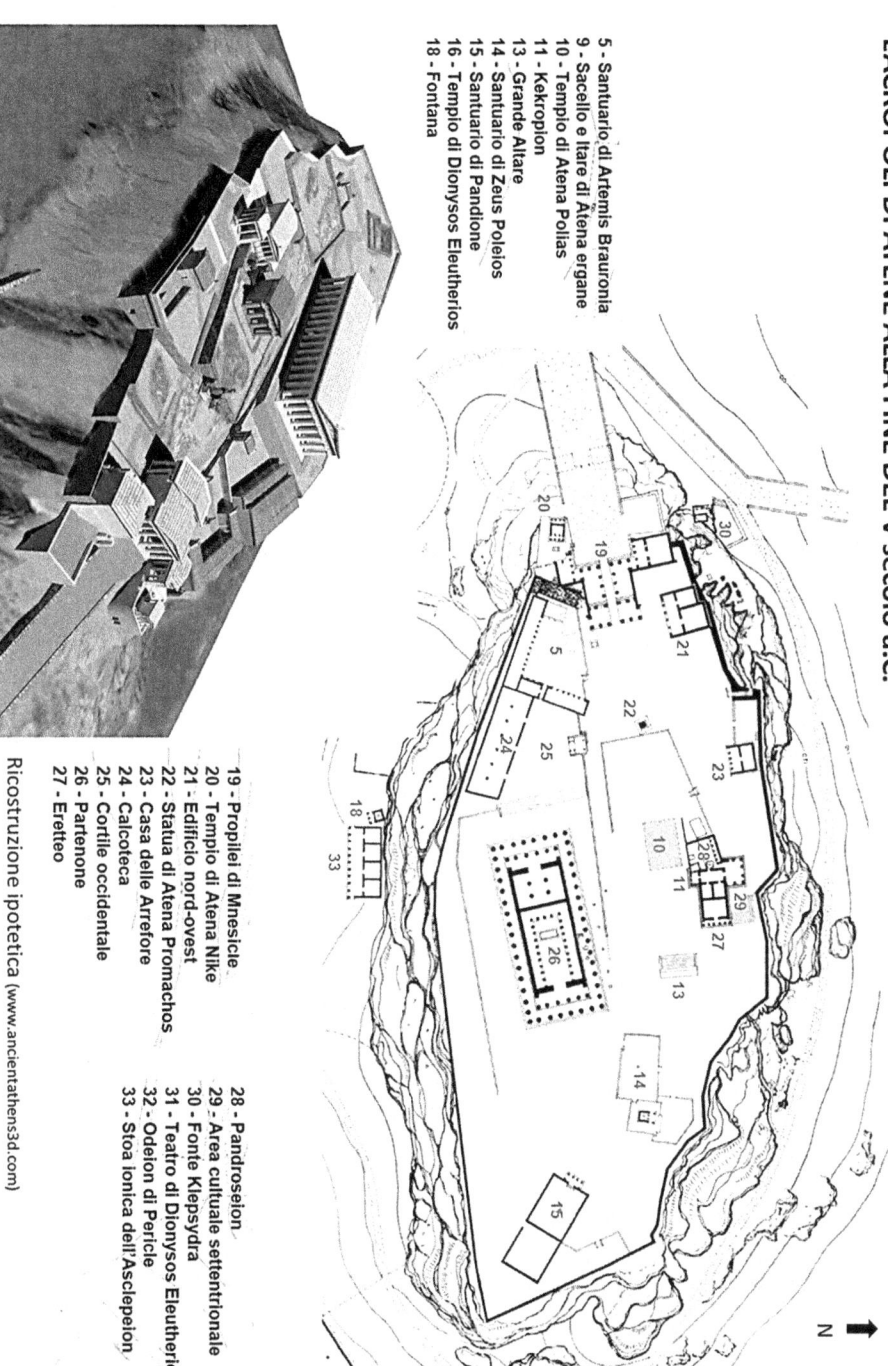

5 - Santuario di Artemis Brauronia
9 - Sacello e Itare di Atena ergane
10 - Tempio di Atena Pollas
11 - Kekroplon
13 - Grande Altare
14 - Santuario di Zeus Poleios
15 - Santuario di Pandione
16 - Tempio di Dionysos Eleutherios
18 - Fontana

19 - Propilei di Mnesicle
20 - Tempio di Atena Nike
21 - Edificio nord-ovest
22 - Statua di Atena Promachos
23 - Casa delle Arrefore
24 - Calcoteca
25 - Cortile occidentale
26 - Partenone
27 - Eretteo
28 - Pandroseion
29 - Area cultuale settentrionale
30 - Fonte Klepsydra
31 - Teatro di Dionysos Eleutherios
32 - Odeion di Pericle
33 - Stoa ionica dell'Asclepeion

Ricostruzione ipotetica (www.ancientathens3d.com)

IL PARTENONE

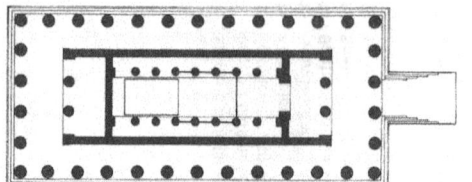

Tempio di Zeus a Olimpia, pianta

a/b = 4/9

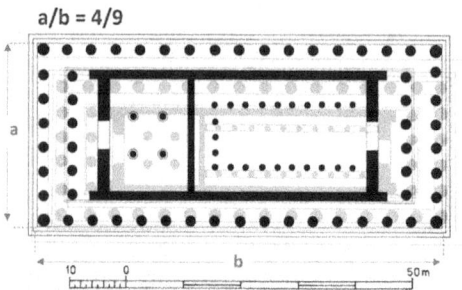

Tempio di Zeus a Olimpia, sezione

Partenone, sezione

Partenone, pianta ;
in grigio chiaro la pianta del pre-Partenone

IL PARTENONE

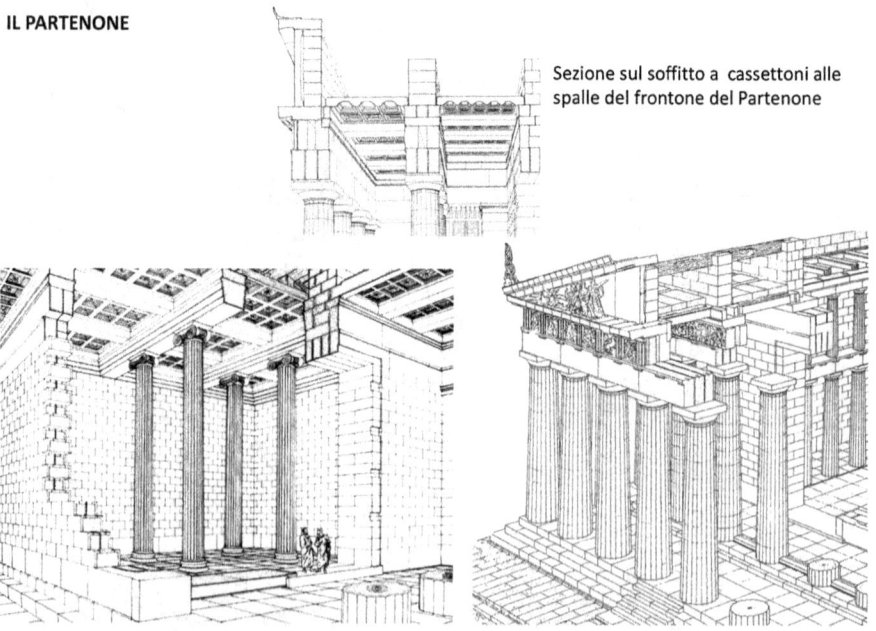

Sezione sul soffitto a cassettoni alle spalle del frontone del Partenone

Ricostruzione della cella ovest

Ricostruzione del pronao

IL PARTENONE

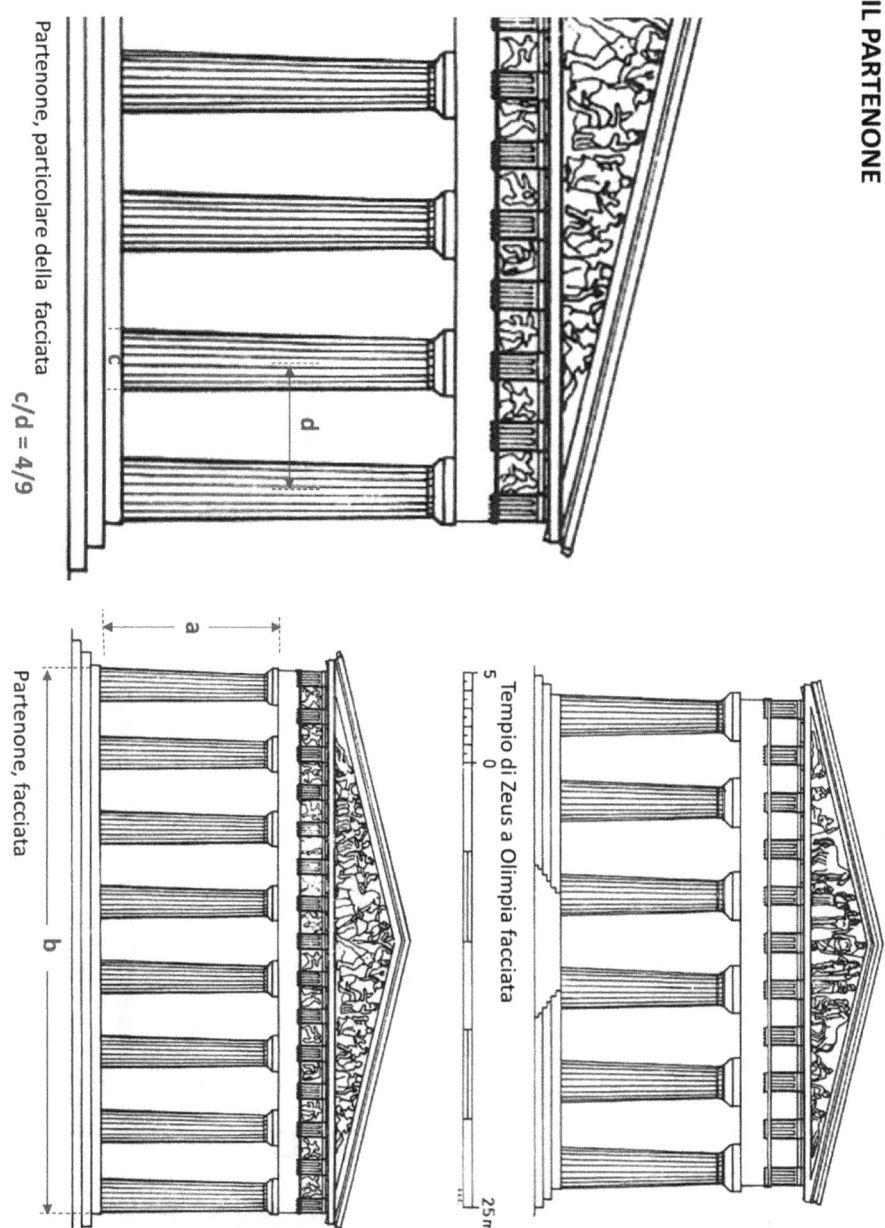

Partenone, particolare della facciata c/d = 4/9

Partenone, facciata

Tempio di Zeus a Olimpia facciata

IL PARTENONE

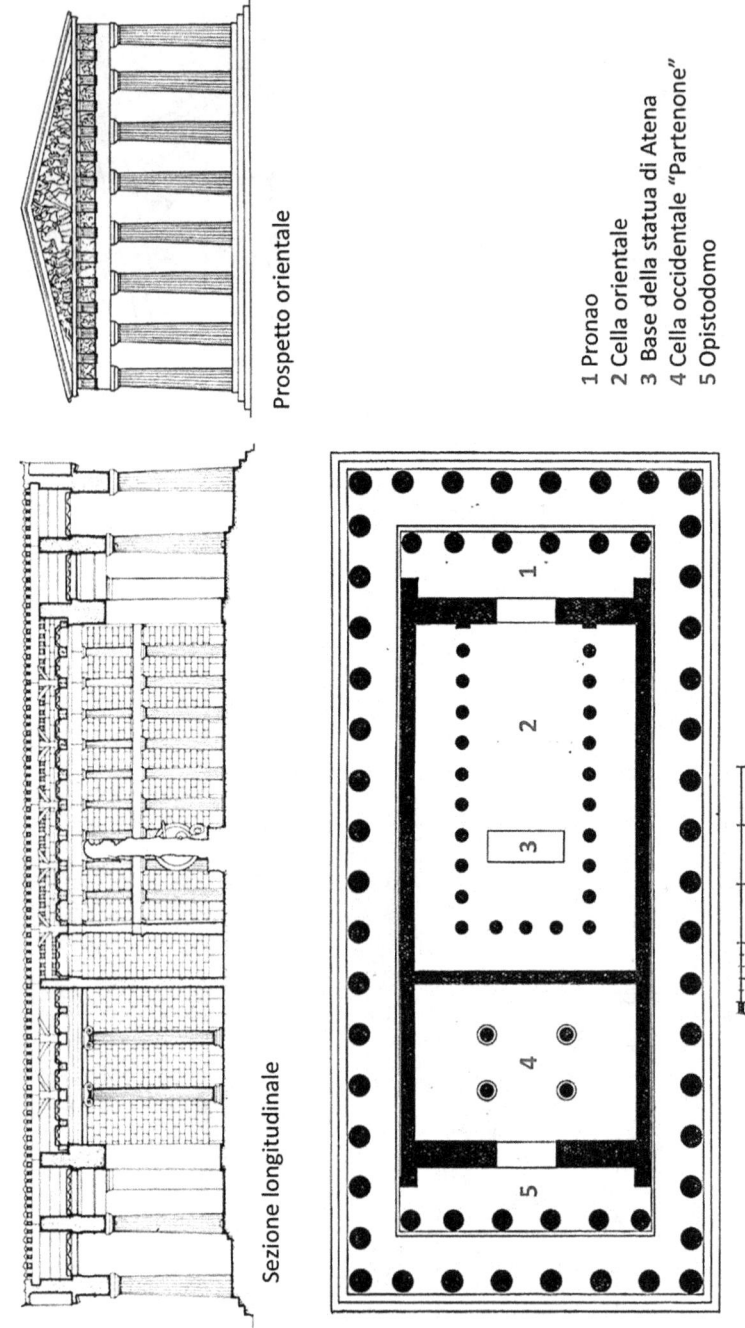

Prospetto orientale

Sezione longitudinale

Pianta

1 Pronao
2 Cella orientale
3 Base della statua di Atena
4 Cella occidentale "Partenone"
5 Opistodomo

IL PARTENONE

Ricostruzioni della cella est

CURVATURA DELLO STILOBATE

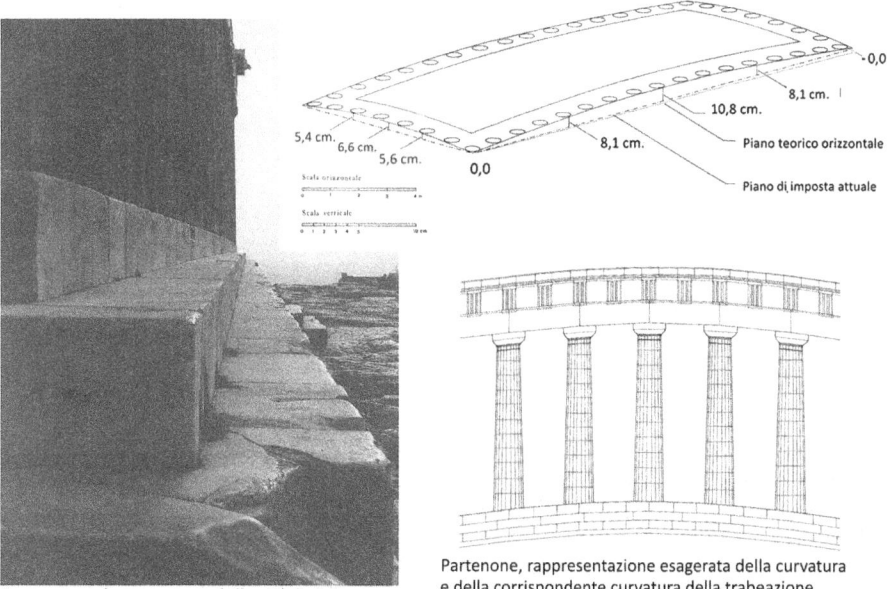

Partenone, la curvatura dello stilobate

Partenone, rappresentazione esagerata della curvatura e della corrispondente curvatura della trabeazione

ENTASI

Colonna del Partenone

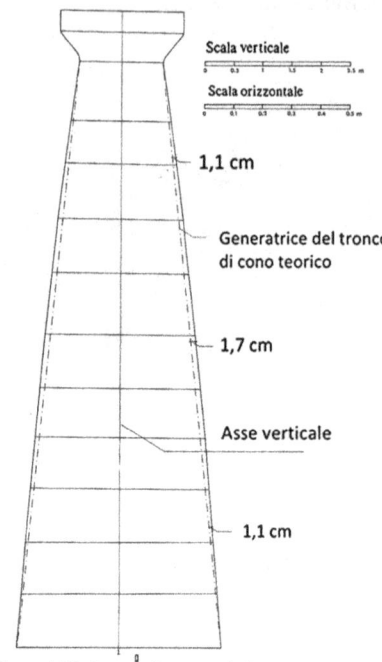

Scala verticale

Scala orizzontale

1,1 cm

Generatrice del tronco di cono teorico

1,7 cm

Asse verticale

1,1 cm

Colonna del Partenone. Rappresentazione esagerata dell'entasi e della rastremazione.

INSPESSIMENTO DELLA COLONNA D'ANGOLO

INCLINAZIONE DELLE COLONNE

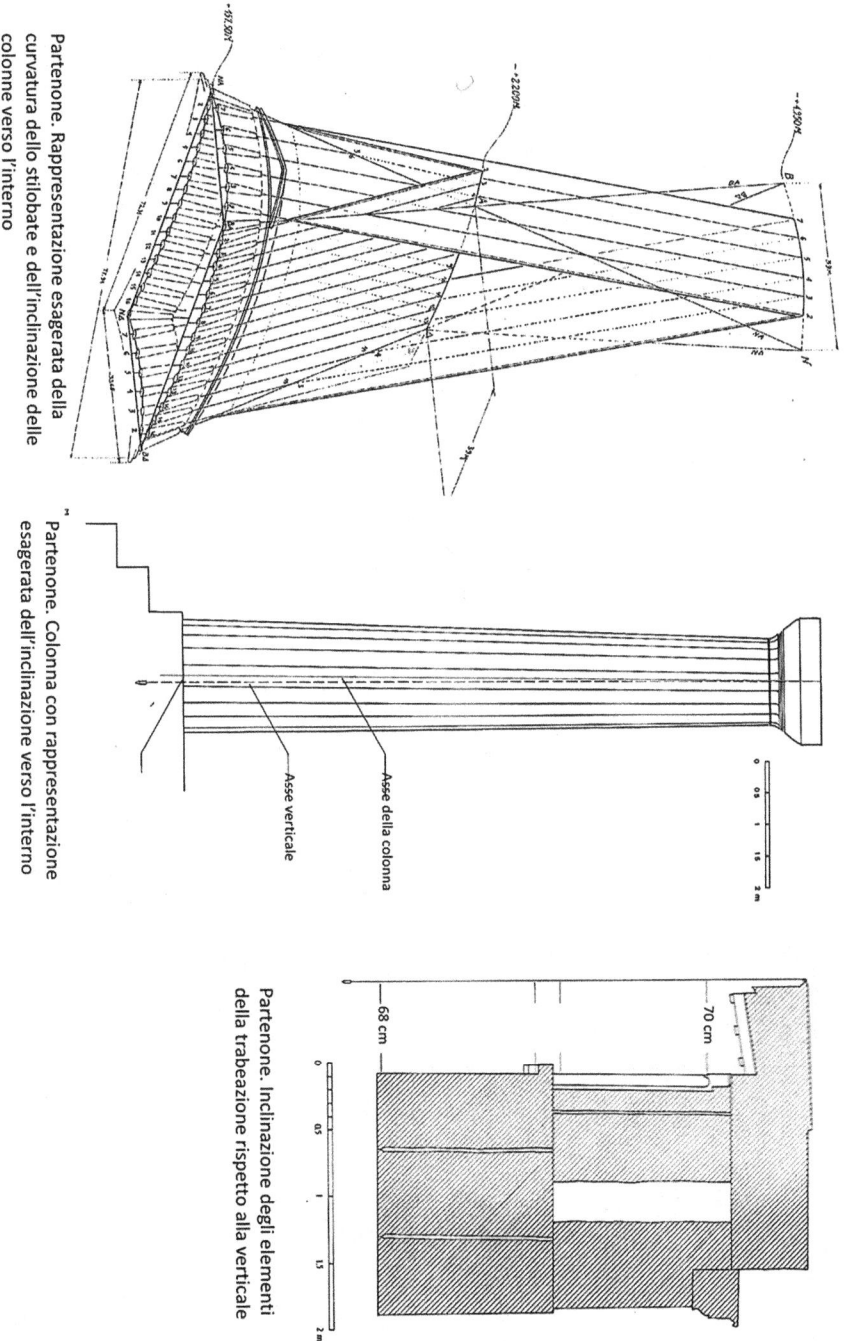

Partenone. Rappresentazione esagerata della curvatura dello stilobate e dell'inclinazione delle colonne verso l'interno

Partenone. Colonna con rappresentazione esagerata dell'inclinazione verso l'interno

Partenone. Inclinazione degli elementi della trabeazione rispetto alla verticale

IL PARTENONE – IL FREGIO

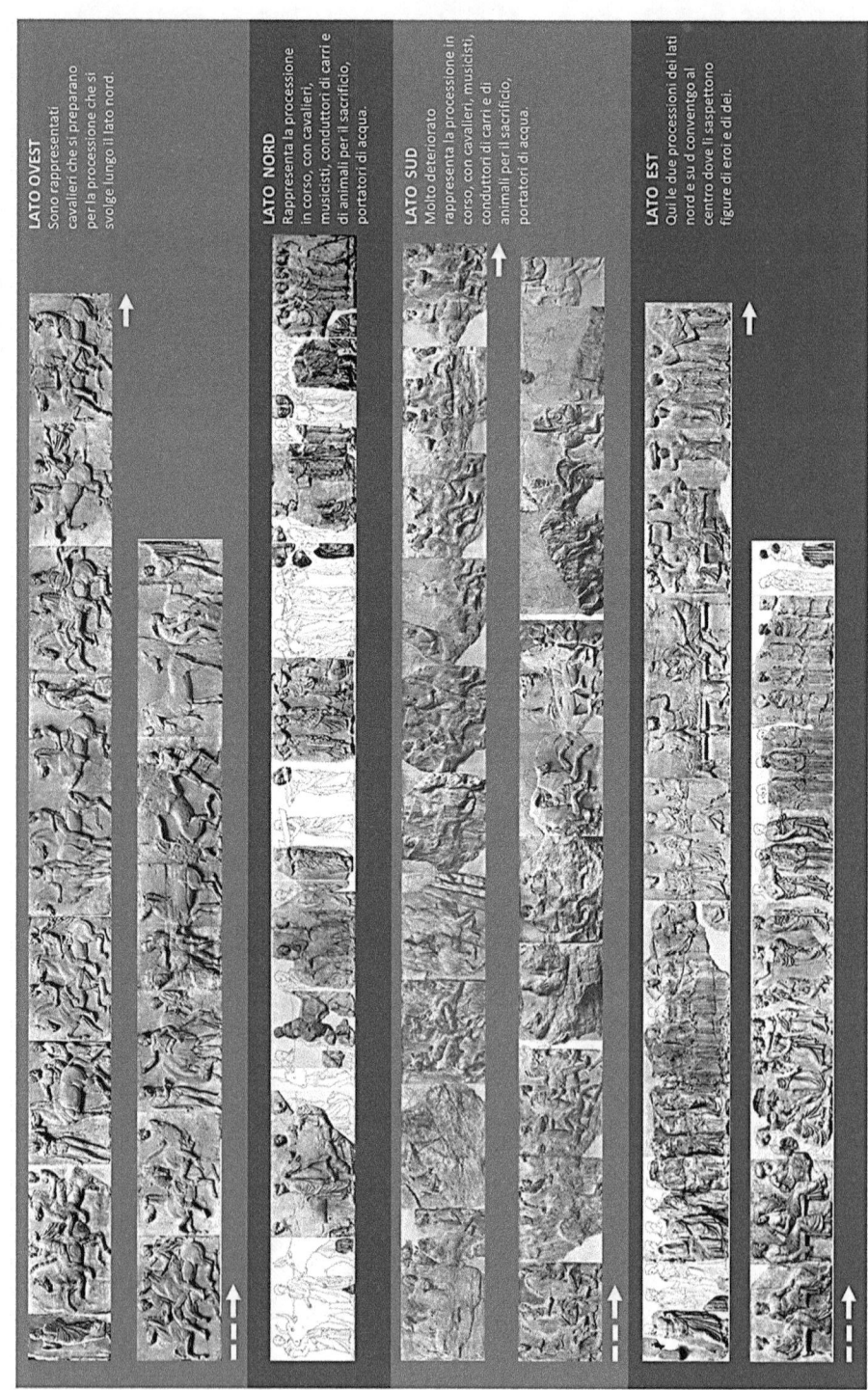

IL PARTENONE – LE METOPE

Guerra di Troia
NORD

Gigantomachia
OVEST

Amazzonomachia
EST

SUD
Centauromachia

IL PARTENONE

Tempio della Concordia – Agrigento (450-440 a.C.)

Partenone (447-437)

IL PARTENONE

Vista del Partenone da sud-est

I PROPILEI

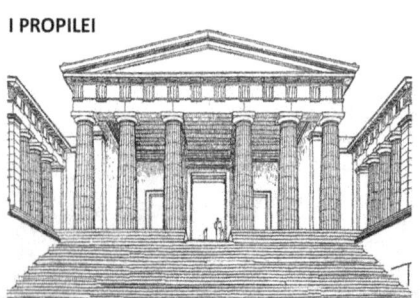

In alto e in basso, ricostruzione del fronte ovest dei Propilei

Il fronte est dei Propilei

Vista sull'Acropoli dal portico est dei Propilei

L'AREA D'INGRESSO ALL'ACROPOLI

1 - Propilei pisitratidi
2 - Bastione miceneo
3 - Altare di Atena Nike
4 – Pre-Propilei
5 – Naiskos di Atena Nike
6 – Edificio B
7 - Cisterna

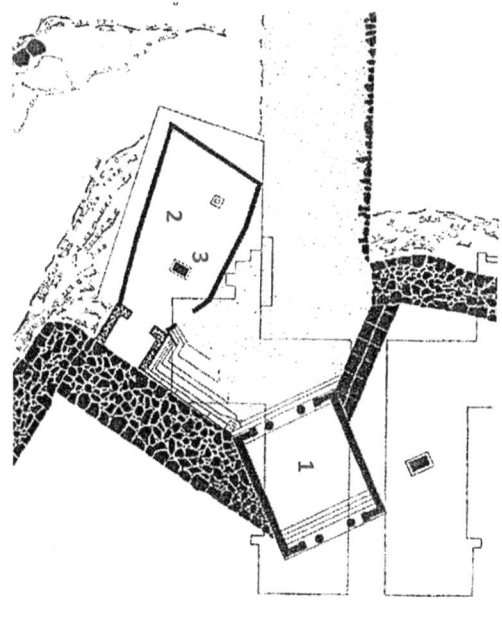

L'area d'ingresso all'Acropoli ini età pisistratide (prima del 510 a.C.)

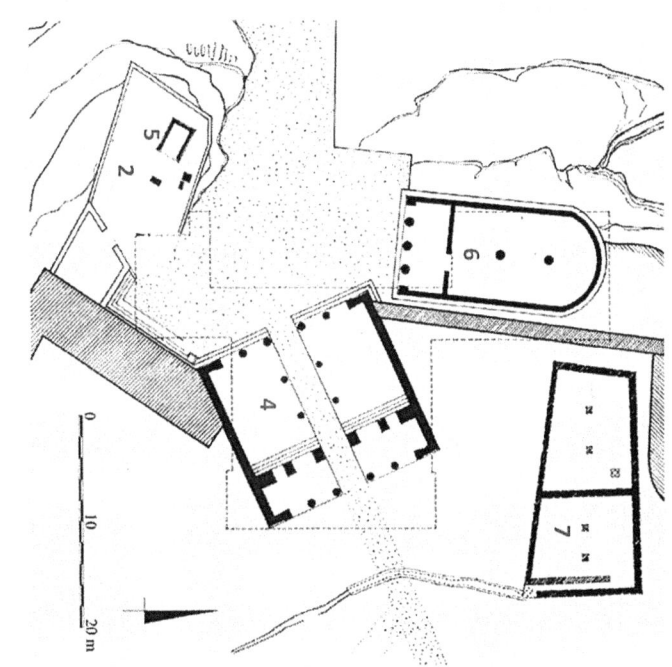

L'area d'ingresso fra il 490 e il 480 a.C.

I PROPILEI

Propilei, sezione

Propilei, ricostruzione

Propilei, prospetto verso ovest

1 – Pinacoteca
2 – Bastione di Atena Nike
3 - Ali non realizzate

Propilei, pianta

I PROPILEI

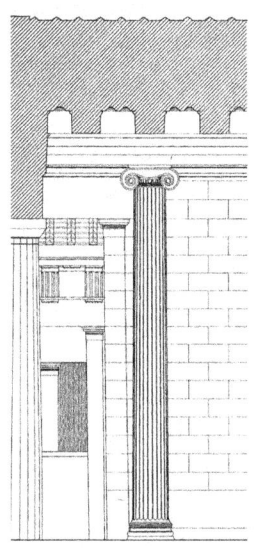

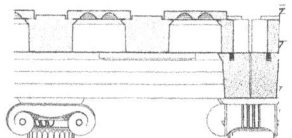

L'architrave ioniche rafforzato da barre metalliche nella faccia superiore

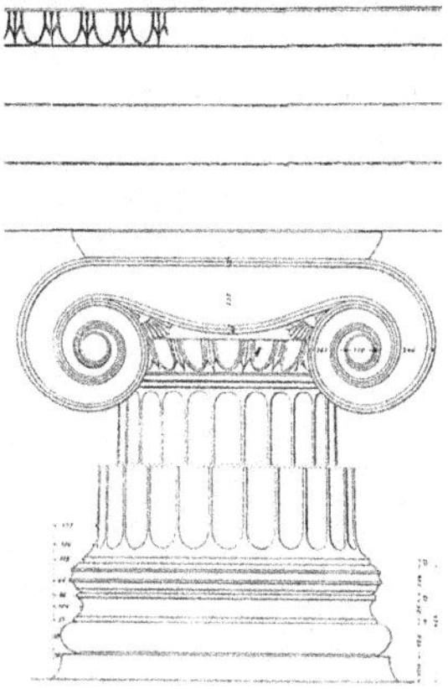

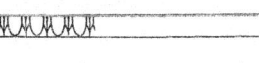

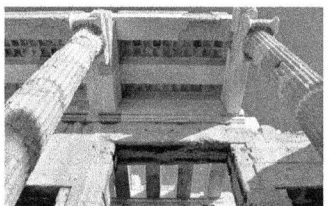

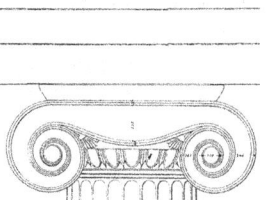

Propilei, l 'ordine ionico-attico

Propilei, il soffitto cassettonato

Propilei, vista verso la rampa centrale

IL TEMPIETTO DI ATENA NIKE

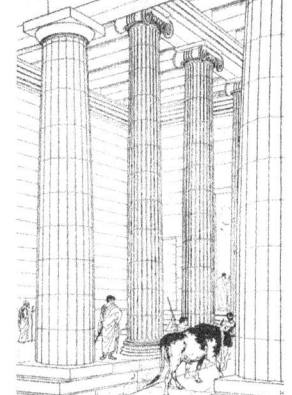

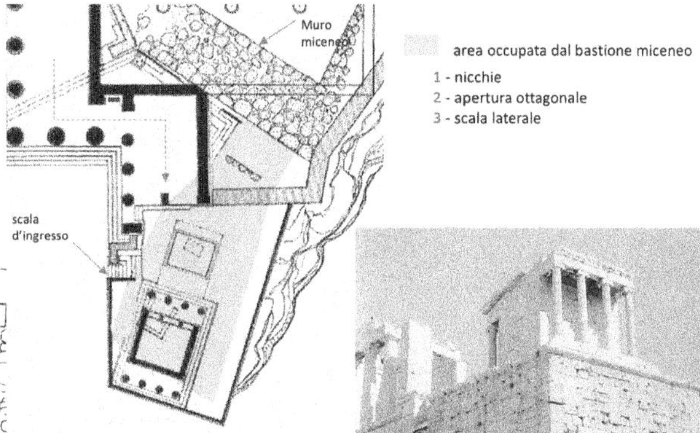

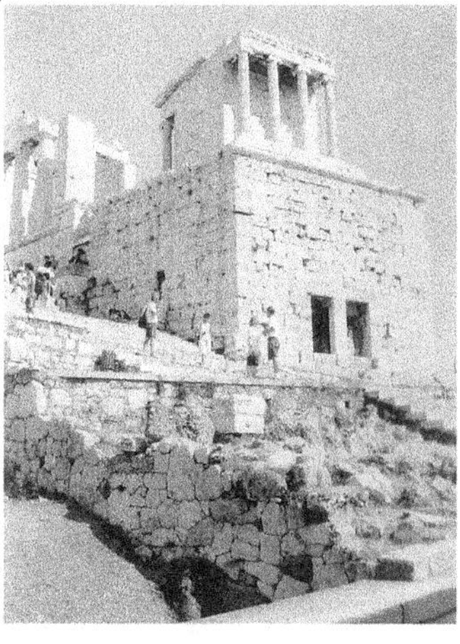

Muro miceneo
scala d'ingresso
area occupata dal bastione miceneo
1 - nicchie
2 - apertura ottagonale
3 - scala laterale

apertura ottagonale
Nicchie nel nuovo bastione
Nicchie nel bastione miceneo

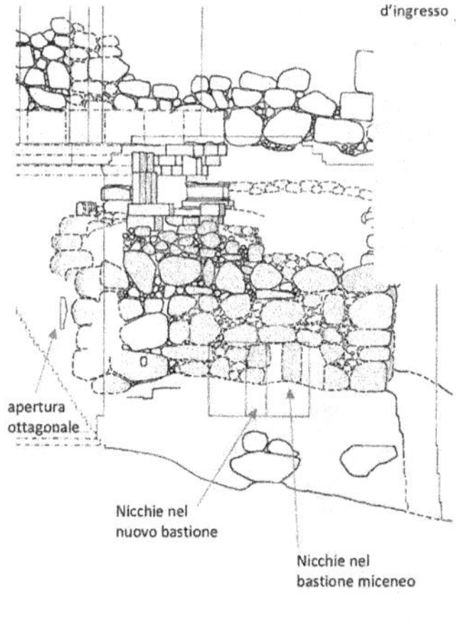

IL TEMPIETTO DI ATENA NIKE

Tempietto di Atena Nike, pianta

Tempietto di Atena Nike, vista laterale

Tempio sull'Ilisso, pianta e prospetto

Tempietto di Atena Nike, prospetto

IL TEMPIETTO DI ATENA NIKE

Tempietto di Atena Nike, dopo i recenti restauri

Tempietto di Atena Nike, ipotesi ricostruttiva

IL TEMPIETTO DI ATENA NIKE

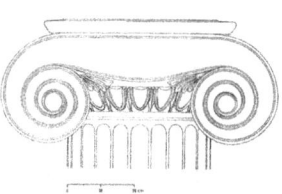

Tempietto di Atena Nike, capitello frontale

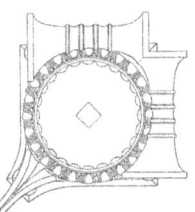

Tempietto di Atena Nike, in alto capitello d'angolo, in basso base

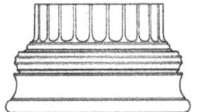

Tempietto di Atena Nike, vista dal basso

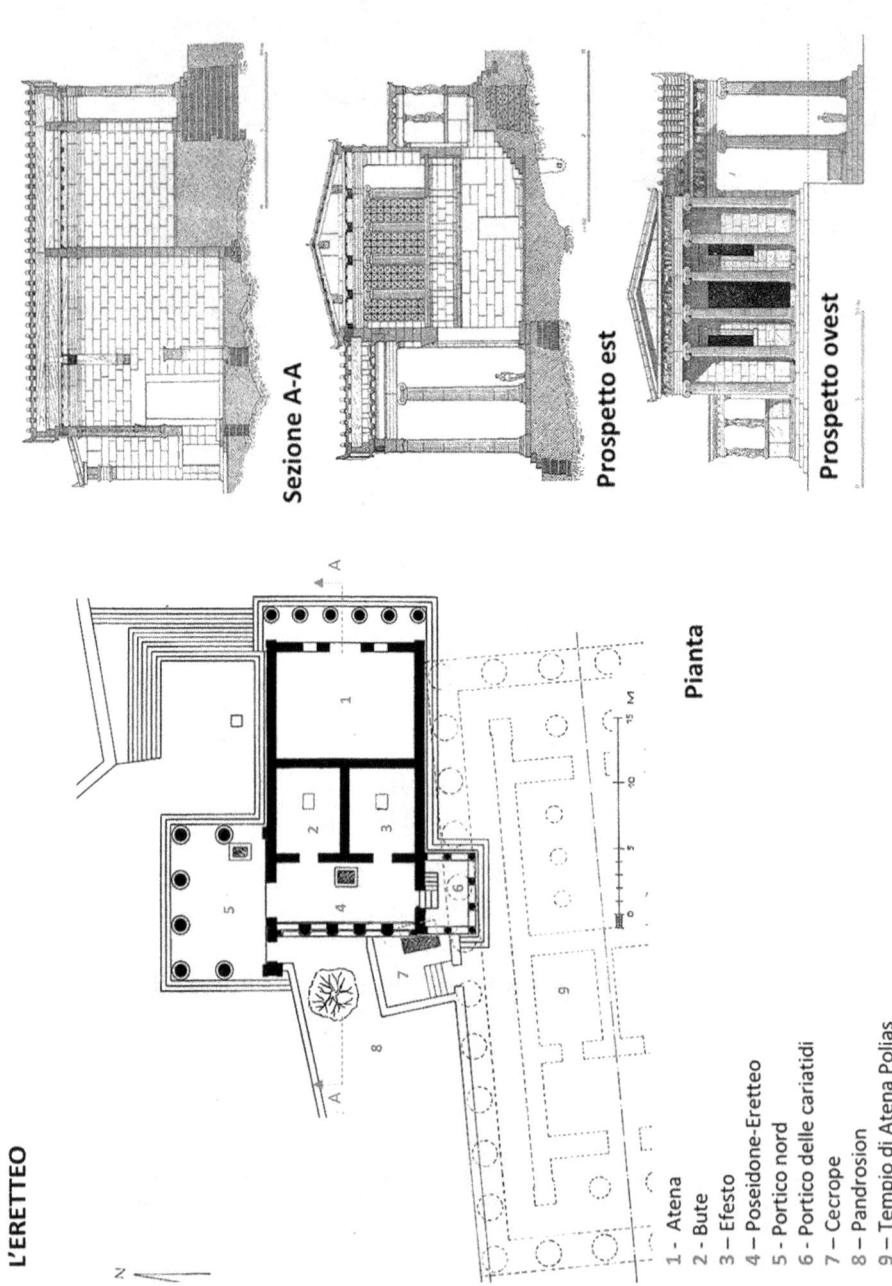

L'ERETTEO

Vista da nord-est (ricostruzione)

Vista da nord (ricostruzione)

Vista da sud-ovest (ricostruzione)

Vista da sud-est (ricostruzione)

Il portico orientale

L'ERETTEO

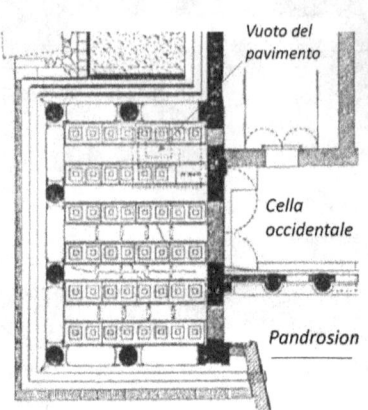

Pianta del portico nord
con disegno del cassettonato

Portico nord. In alto
stato attuale, in
basso ricostruzione

L'ERETTEO

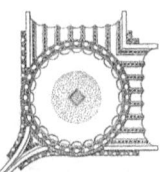

Capitello del portico
settentrionale

Terminazione del muro sud del corpo principale

Particolare del portico settentrionale

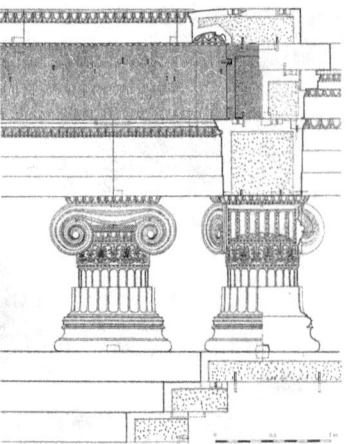

Ordine del portico orientale

L'ERETTEO

Loggia delle cariatidi, spaccato prospettico

Loggia delle cariatidi

Originale della seconda Kore

Cariatidi del tesoro di Sifnos a Delfi (ricostruzione)

L'ACROPOLI DI ATENE

Foto aerea dell'Acropoli da ovest

1 - Partenone   2 – Propilei   3 - Tempietto di Atena Nike   4 - Eretteo

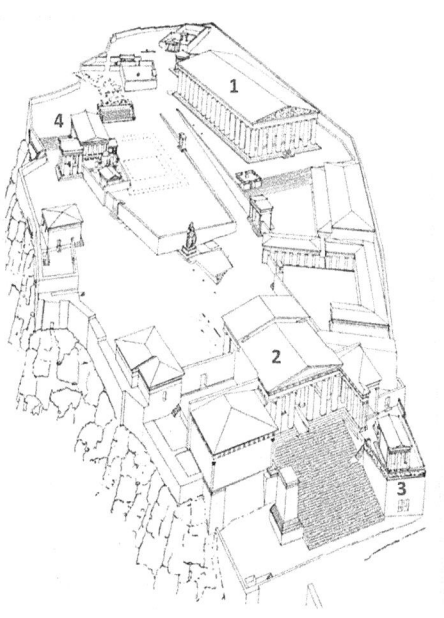

Ricostruzione dell'Acropoli in età romana

LA CITTA' DELLA MADREPATRIA GRECA

Pianta di Atene nel V secolo

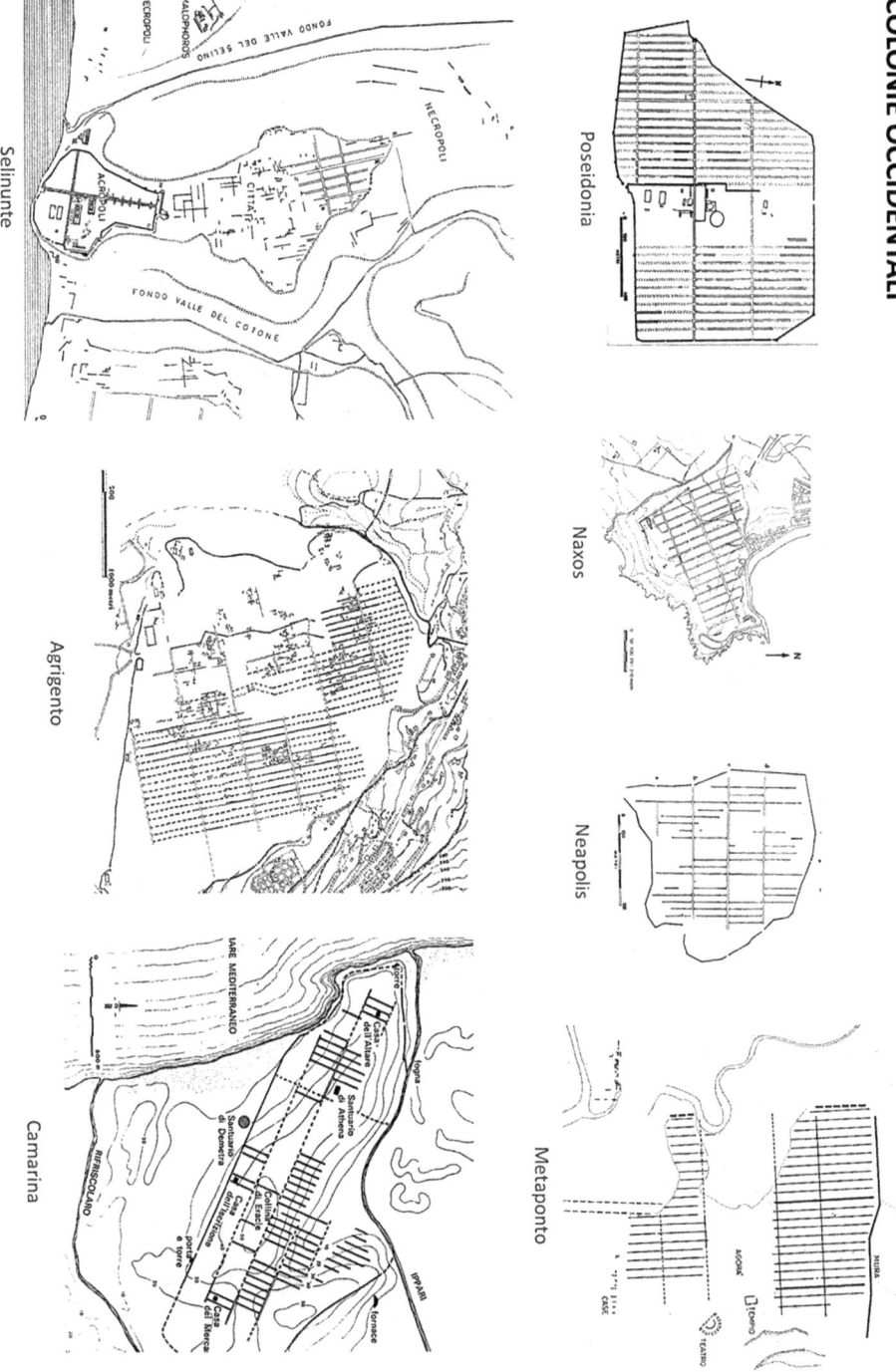

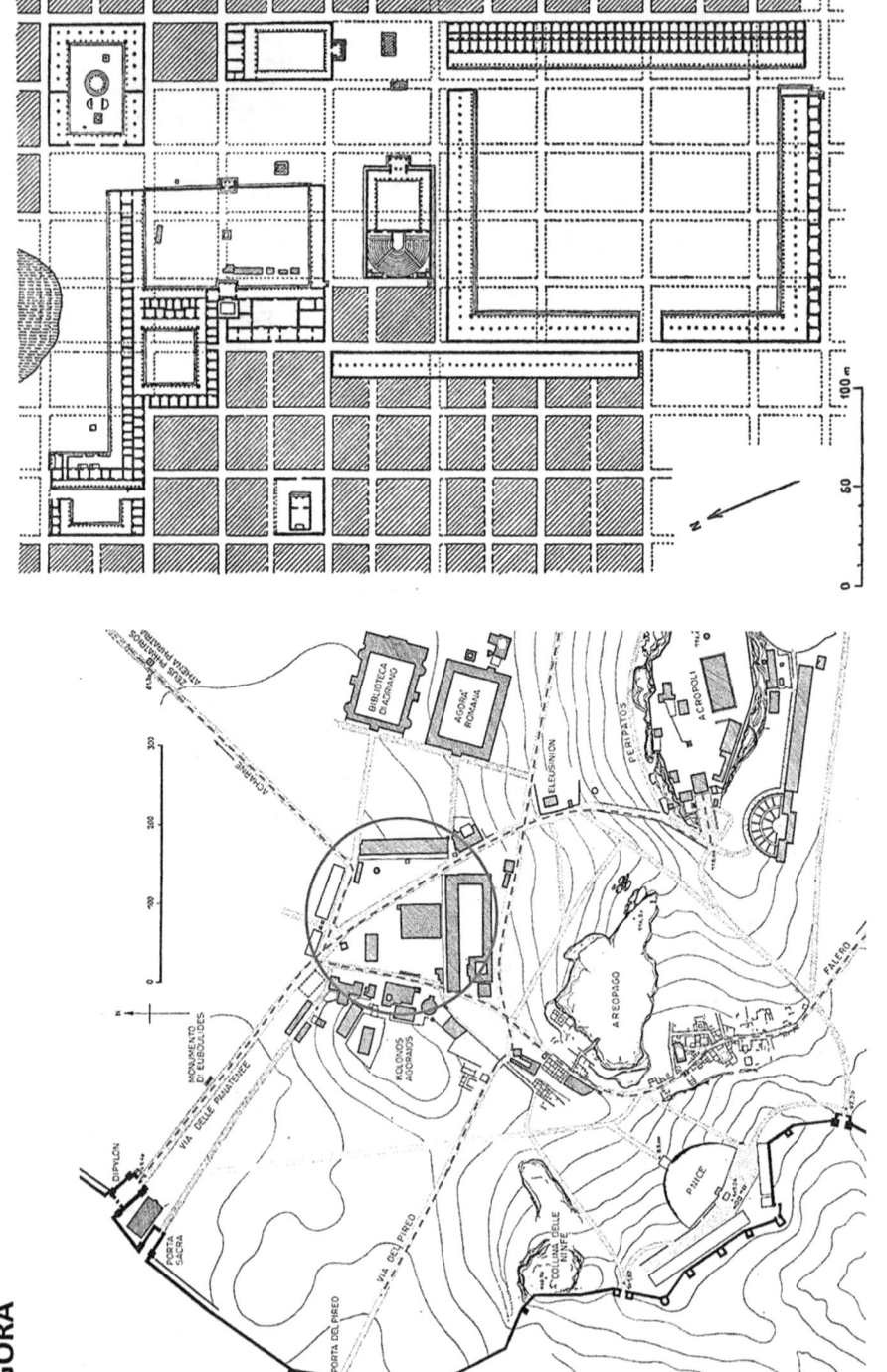

Mileto, L'impianto degli spazi e degli edifici pubblici all'interno della griglia urbana

AGORA

Atene, la pianta irregolare dell'agorà in un'area pianeggiante all'incrocio di importanti strade che convergono in città

LA STOÀ

Ricostruzione ipotetica della stoa sud in legno dell'Heraion di Samo (VII sec. a.C.)

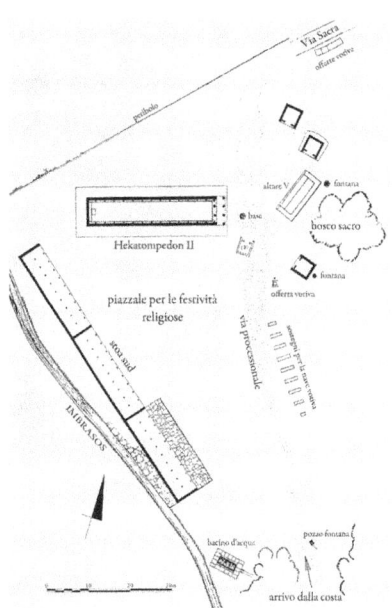

Santuario di Hera a Samo, planimetria al VII sec. a.C.

LA STOÀ

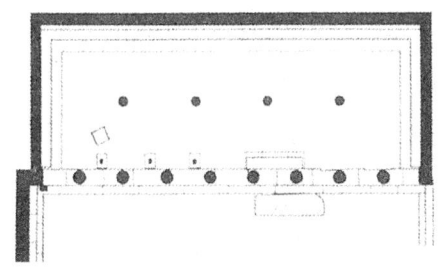

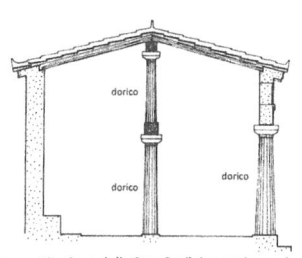

Atene, restituzione della Stoa Basileios, sezione
La fila centrale di sostegni è costituita da un doppio ordine di colonne doriche

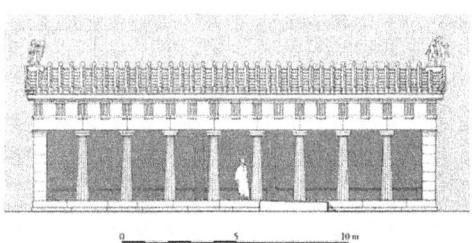

Atene, restituzione della Stoa Basileios (VI sec. A.C.); in alto pianta, in basso prospetto

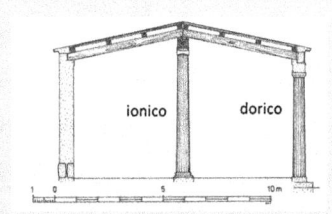

Stoa nel santuario di Oropos (370-360 a.C.), sezione trasversale.

LA STOÀ

Stoa a del santuario di Atena Polias, Pergamo (prima metà II sec. a.C.)- Ricostruzione dell'accesso al santuario, nel Pergamonmuseum di Berlino

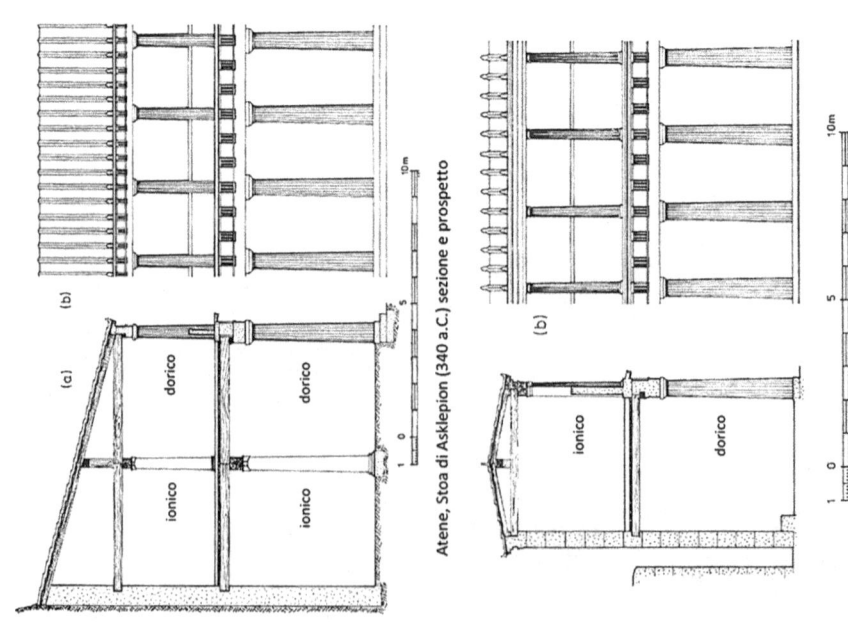

Atene, Stoa di Asklepion (340 a.C.) sezione e prospetto

Stoa a Perachora (300 a.C.) sezione e prospetto

EKKLESIASTERION

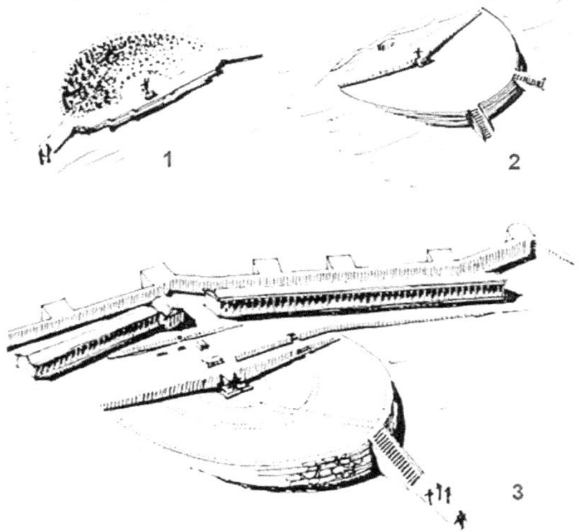

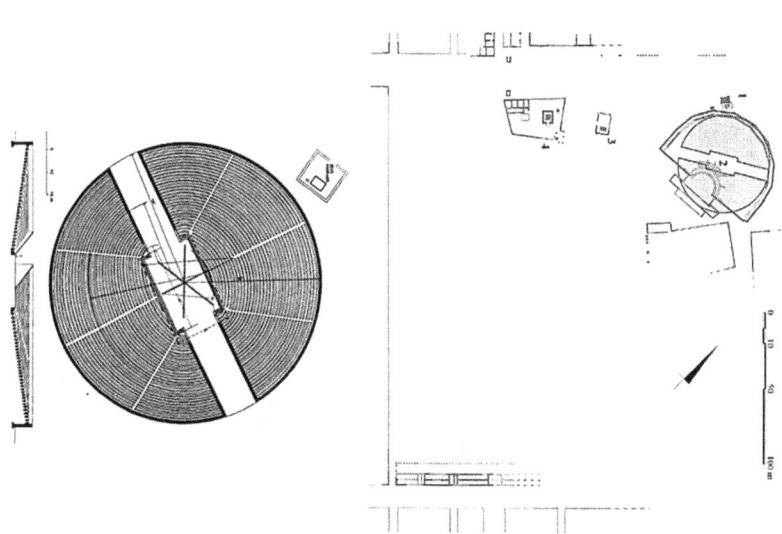

Atene, Ekklesiasterion della Pnice in alto le tre fasi in basso veduta attuale

Metaponto, Ekklesiasterion, in alto pianta dell'agorà nella fse di sviluppo finale; in basso pianta e sezione dell'ekklesiasterion

BOULEUTÈRION di ATENE

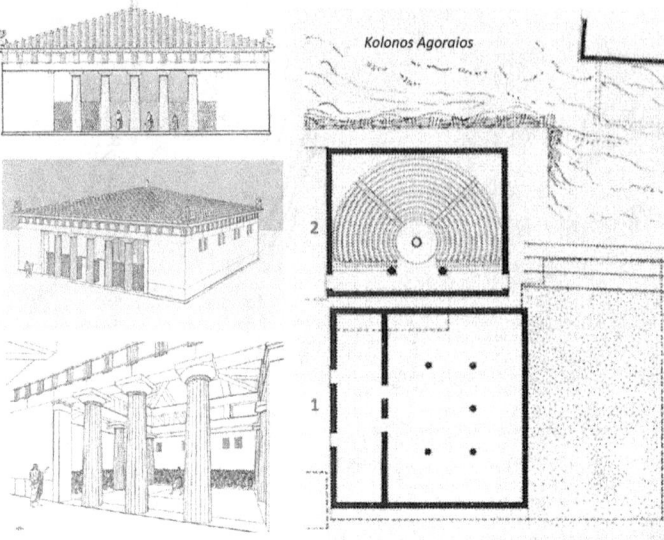

1 - Bouleuterion dell'inizio del V secolo, con sedili in legno su tre lati rettilinei

2 - Bouleuterion della fine del V secolo con sedili in pietra scavati del pendio della collina, con andamento semicircolare

Atene, ricostruzione del primo Bouleuterion

BOULEUTÈRION di MILETO E DI PRIENE

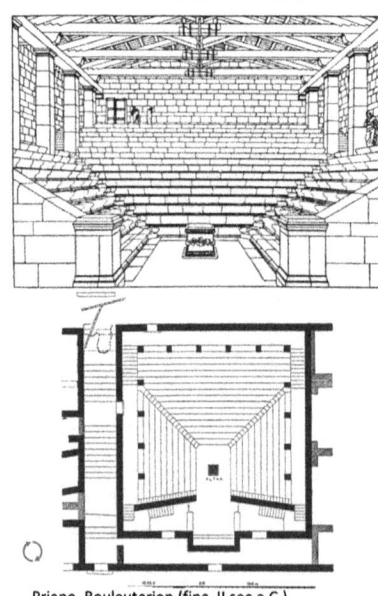

Priene, Bouleuterion (fine II sec a.C.) pianta e ricostruzione interno

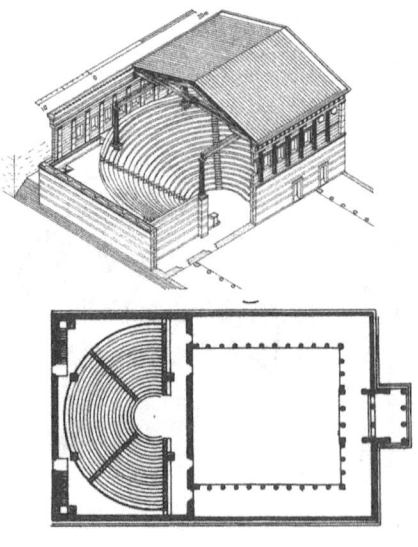

Mileto, Bouleuterion (175 a.C.) ricostruzione pianta e spaccato

SKIAS

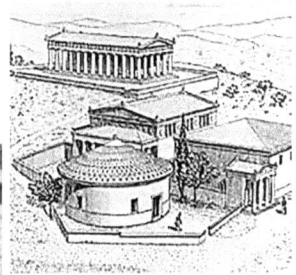

Atene, Skias, in basso ricostruzione dell'esterno nel contesto e in alto dell'interno

---

IL TEATRO DI EPIDAURO

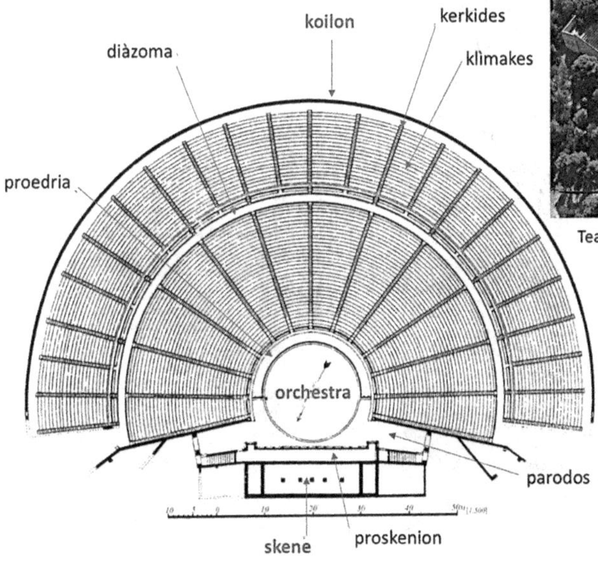

Teatro di Epidauro, vista aerea

IL TEATRO DI DIONISO AD ATENE

1 – Odeion di Erode Attico
2 – Stoa di Eumene II
3 - Monumento di Nicia
4 – Teatro di Dioniso
5 – Santuario di Dioniso Eleuthereo
6 – Santuario di Asclepio
7 – Stoa di Asclepio

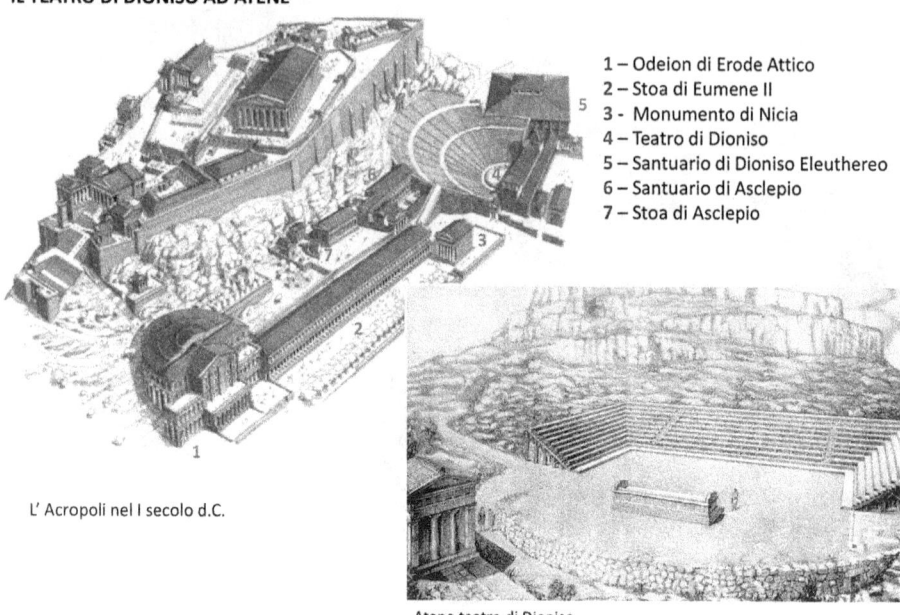

L' Acropoli nel I secolo d.C.

Atene teatro di Dioniso
ricostruzione della fase con gradinate rettilinee in legno

IL TEATRO DI PRIENE

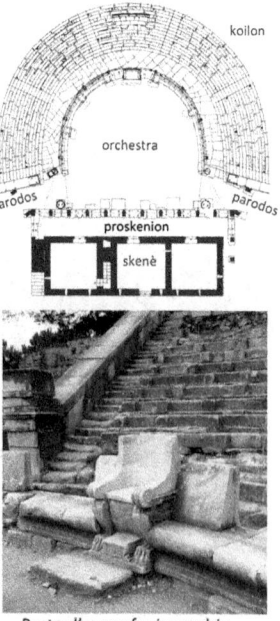

Posto d'onore fra i proedria

LA CASA URBANA IN ETA' ARCAICA – Atene VI-V sec. a.C.

strada
corte
corte
strada
corte
corte

AGORA'
AREOPAGO

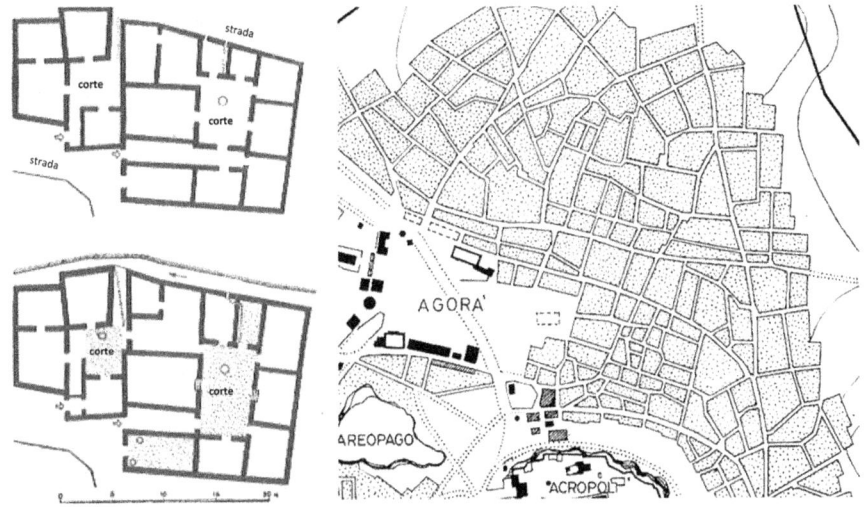

Atene case del V secolo. In alto fase I, in basso fase II

LA CASA A PASTAS – Olinto, V sec. a.C.

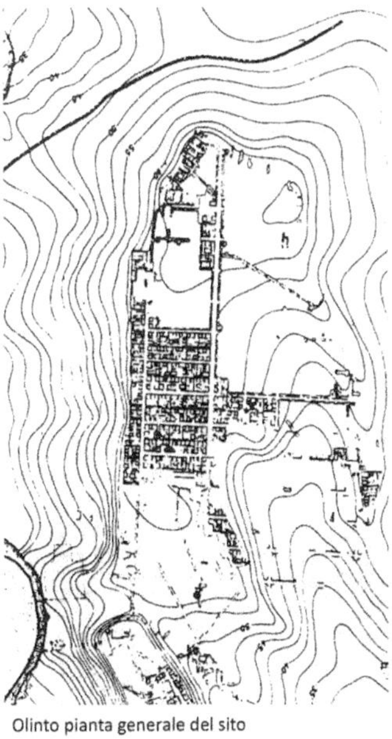

Olinto pianta generale del sito

RUE
AVENUE

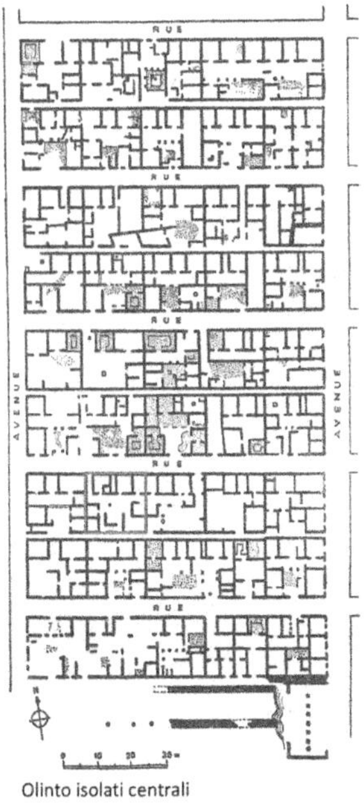

Olinto isolati centrali

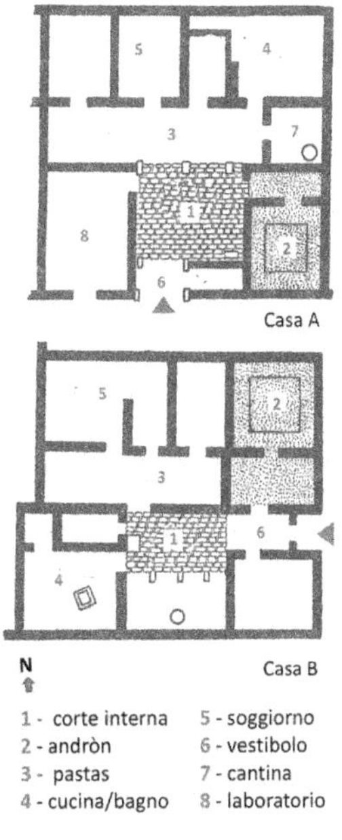

Casa A
Casa B
N
1 - corte interna
2 - andròn
3 - pastas
4 - cucina/bagno
5 - soggiorno
6 - vestibolo
7 - cantina
8 - laboratorio

LA CASA A MEGARON CON PROSTAS – Colofone e Priene, IV sec. a.C.

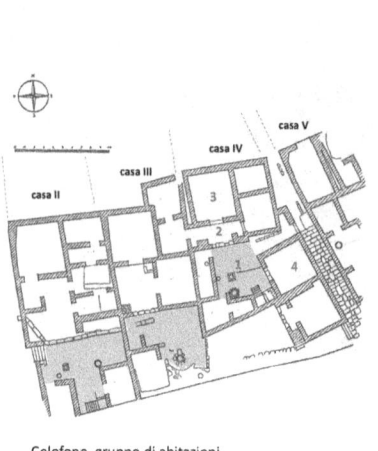

Colofone, gruppo di abitazioni

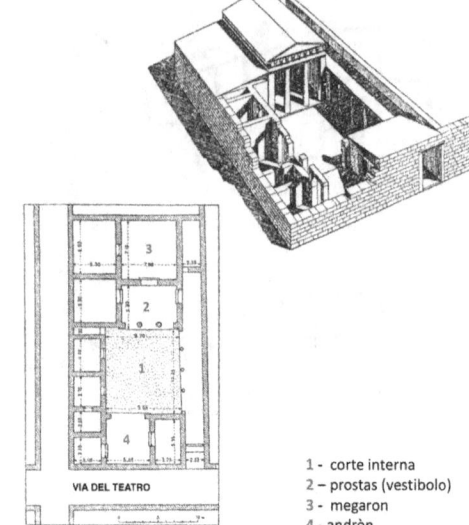

Priene, abitazione a *prostas* con *megaron*

1 - corte interna
2 – prostas (vestibolo)
3 - megaron
4 - andròn

LA CASA PERISTILIO – Delos III - II sec. a.C.

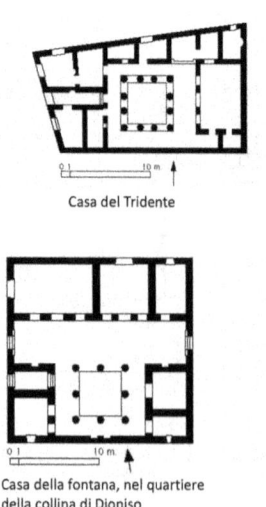

Casa del Tridente

Casa della fontana, nel quartiere della collina di Dioniso

Casa del lago

Casa delle maschere

LA CASA PERISTILIO – Delos III - II sec. a.C.

Dioniso a cavallo di una pantera, mosaico. Delos, *Casa delle maschere*

Decorazione con finta muratura isodomica. Delos, *Casa di Hermes*

L'AGORÀ di ATENE

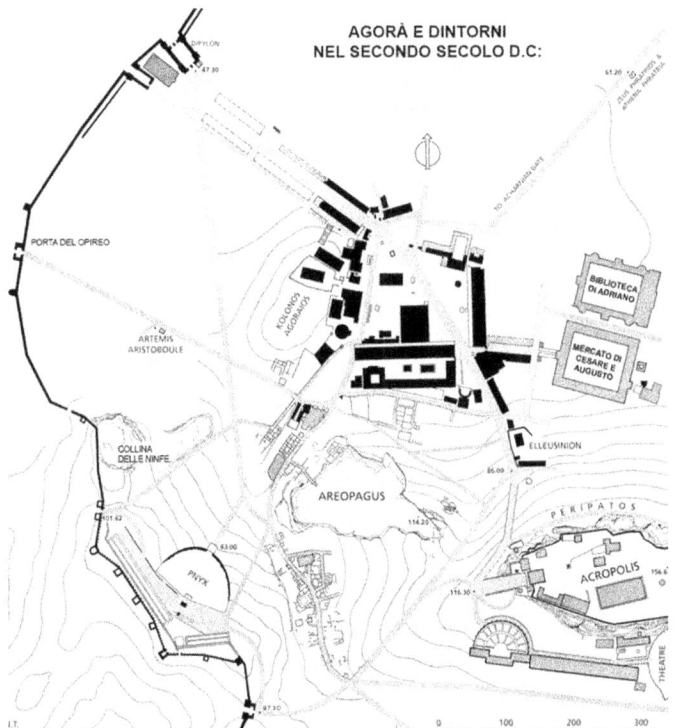

AGORÀ E DINTORNI NEL SECONDO SECOLO D.C:

305

L'AGORA' DI ATENE

seconda metà VI secolo a.C.

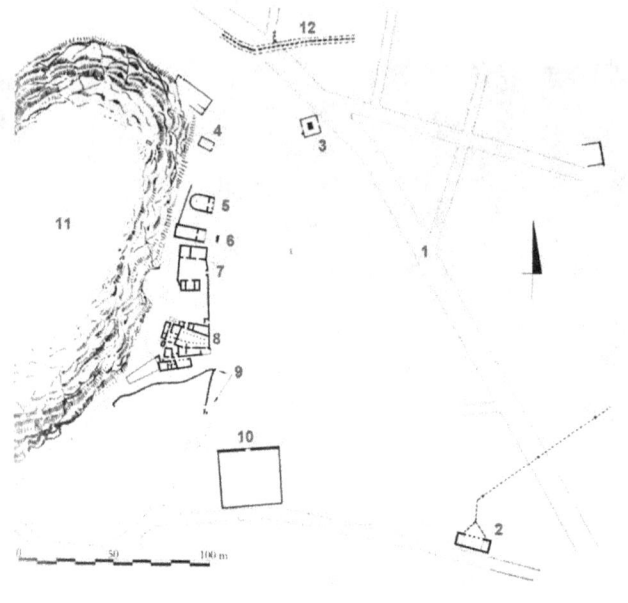

1 - Via Sacra
2 - fontana di sud-ovest
3 - altare dei Dodici Dei
4 - santuario di Zeus
5 - tempio di Apollo
6 - tempio di Meter
7 - edificio C
8 - edificio F
9 - cippi di confine dell'agorà
10 - peribolo quadrangolare
11 - collina di Kolonos Agoraios
12 - fiume Eridano

fine V secolo a.C.

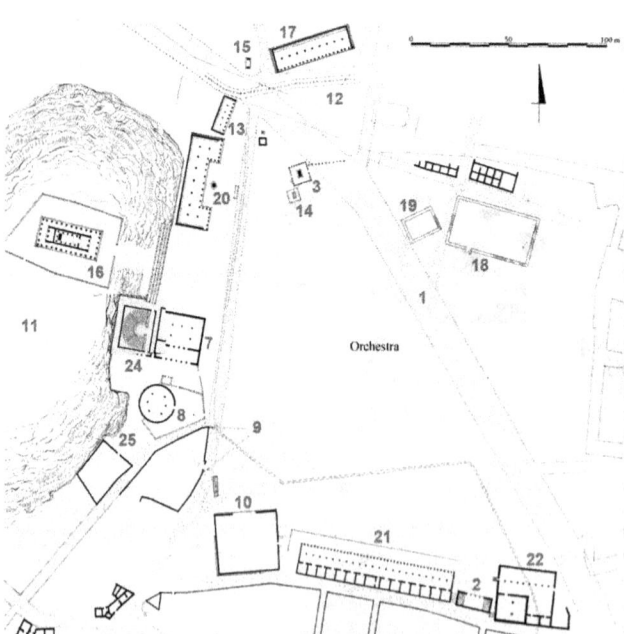

1 - Via Sacra
2 - fontana di sud-ovest
3 - altare dei Dodici Dei
7 - bouleuterion tardoarcaico
8 - tholos
9 - cippi di confine dell'agorà
10 - peribolo quadrangolare
11 - collina di Kolonos Agoraios
13 - stoa Basileios
14 - Eschara
15 - altare di Afrodite
16 - tempio di Athena ed Ephaistos
17 - stoa Poikile (?)
18 - Edificio A
19 - Edificio B
20 - stoa di Zeus Eleutherios
21 - stoa sud I
22 - Zecca
24 - bouleuterion classico
25 - Strategion

L'AGORÀ di ATENE

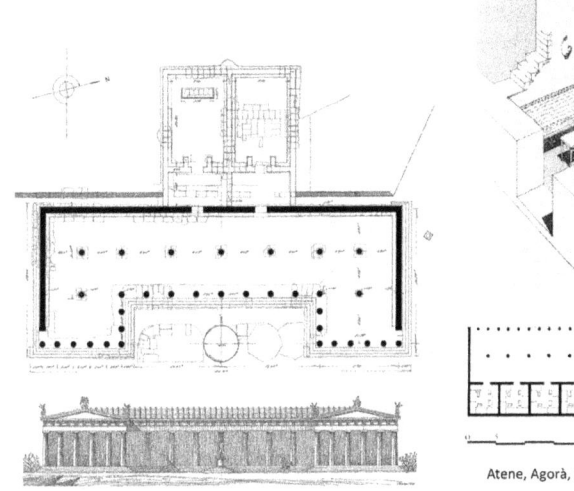

Atene, Agorà, Stoa di Zeus Eleutheriosa

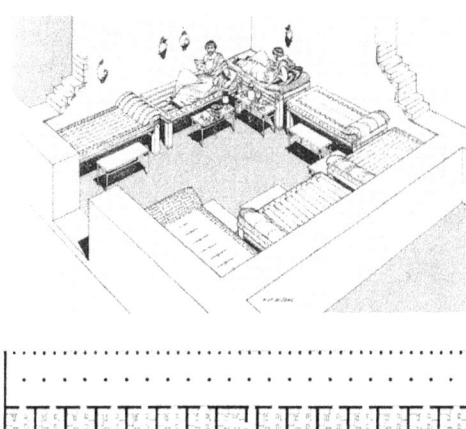

Atene, Agorà, stoa Sud, pianta e in alto ricostruzione interna

ATENE STOA DI ATTALO II

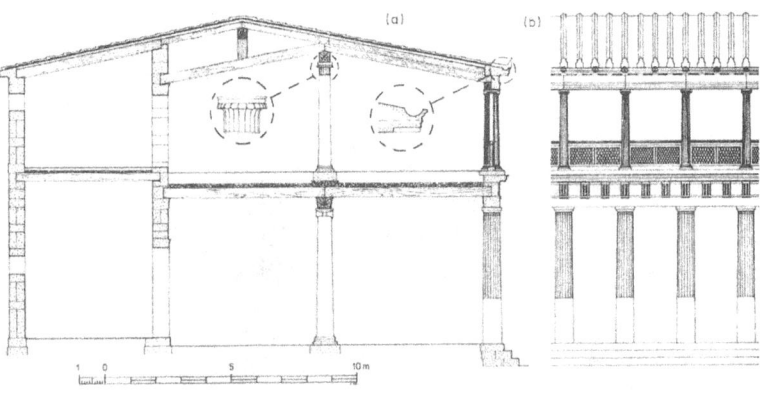

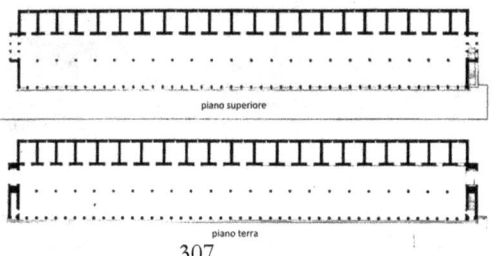

L'AGORA' DI ATENE

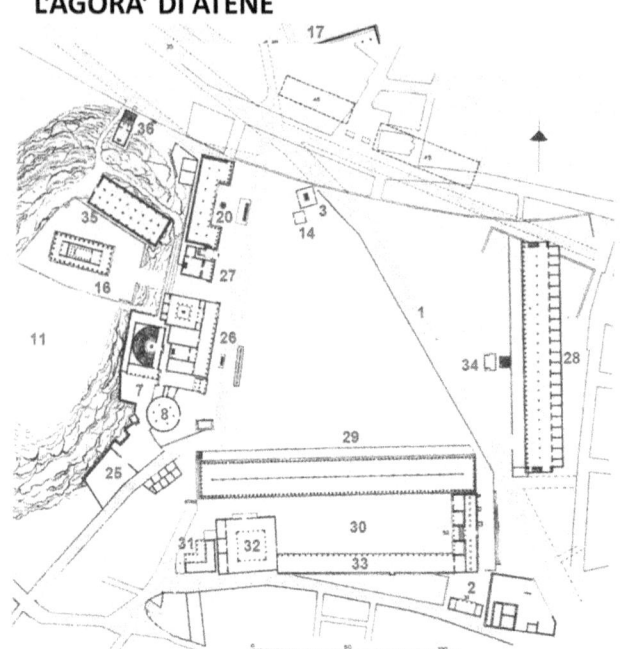

1 - Via Sacra
2 - Fontana di sud-ovest
3 - Altare dei Dodici Dei
7 - Bouleuterion tardoarcaico
8 - Tholos
11 - Collina di Kolonos Agoraios
16 - Tempio di Athena ed Ephaistos
20 - Stoa di Zeus Eleutherios
25 - Strategion
26 - Metroon
27 - Apollo Patroos
28 - Stoa di Attalo
29 - Stoa di mezzo
30 -Agora commerciale
31 - Fontana dus-ovest
32 - Eliaia
33- Stoa sud II
34 - Bema
35 - Edificio ellenistico
36 - Afrodite Ourania

II secolo a.C.

L'AGORA' DI ATENE

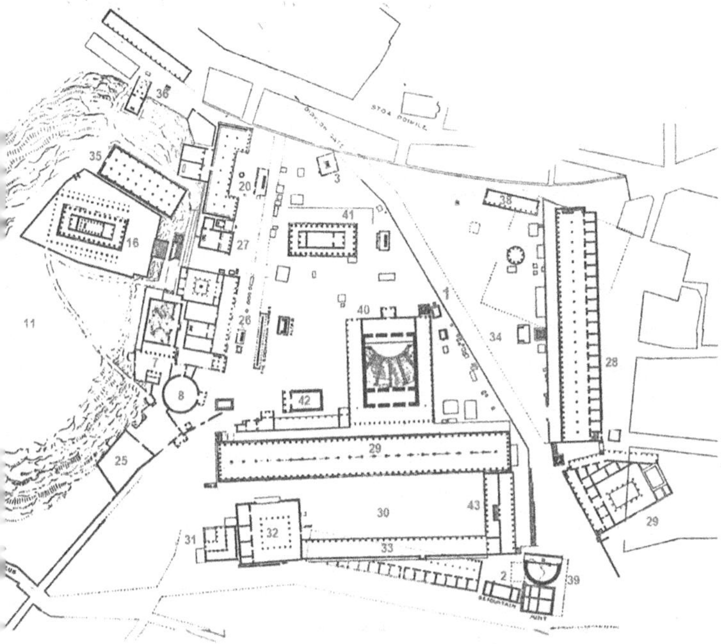

1 - Via Sacra
2 - Fontana di sud-ovest
3 - Altare dei Dodici Dei
7 - Bouleuterion tardoarcaico
8 - Tholos
11 - Collina di Kolonos Agoraios
16 - Tempio di Athena ed Ephaistos
20 - Stoa di Zeus Eleutherios
25 - Strategion
26 - Metroon
27 - Apollo Patroos
28 - Stoa di Attalo
29 - Stoa di mezzo
30 - Agora commerciale
31 - Fontana dus-ovest
32 - Eliaia
33 - Stoa sud II
34 - Bema
35 - Edificio ellenistico
36 - Afrodite Ourania
37 - Biblioteca di Pantainos
38 - Stoa Nord-est
39 - Ninfeo
40 - Odeion
41 - Tempio di Ares
42 - Tempio
43 - Stoa est

II secolo d.C.

ATENE STOA DI ATTALO II

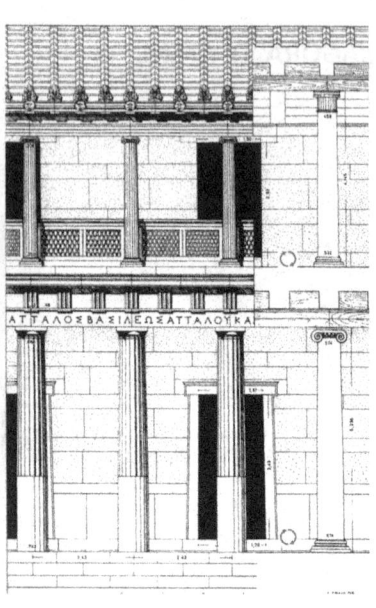

MILETO

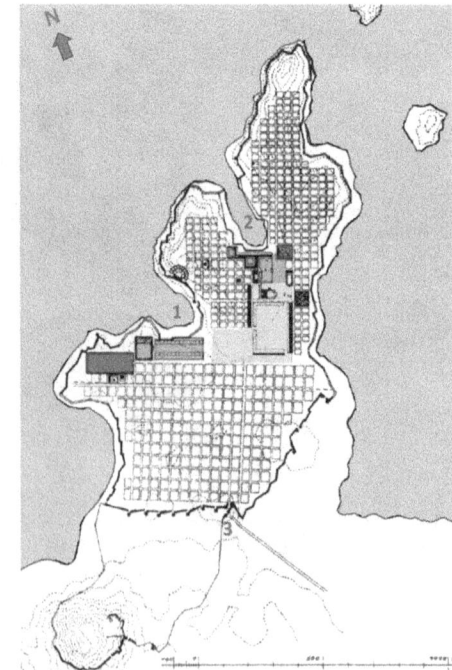

1 - Porto del Teatro
2 - Porto del Leone
3 - Porta Sacra

Area civile

Aree commerciali

Aree religiose

PRIENE

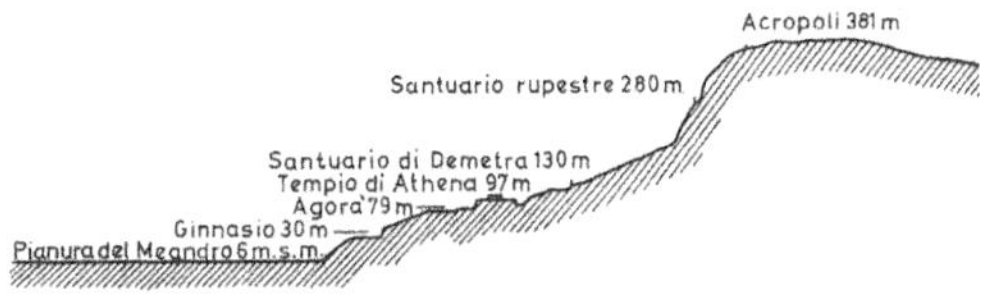

Priene sezione altimetrica della città

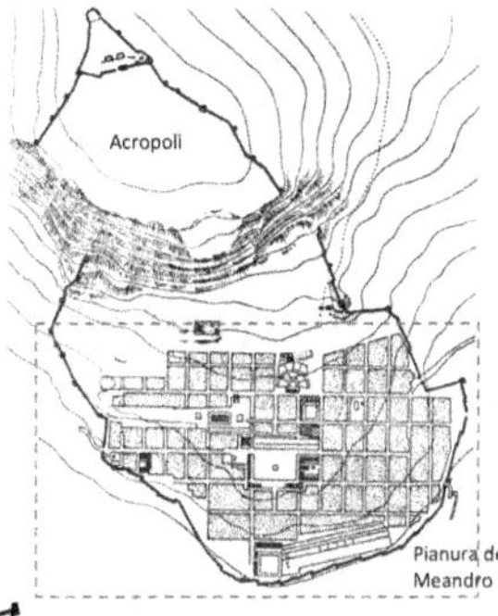

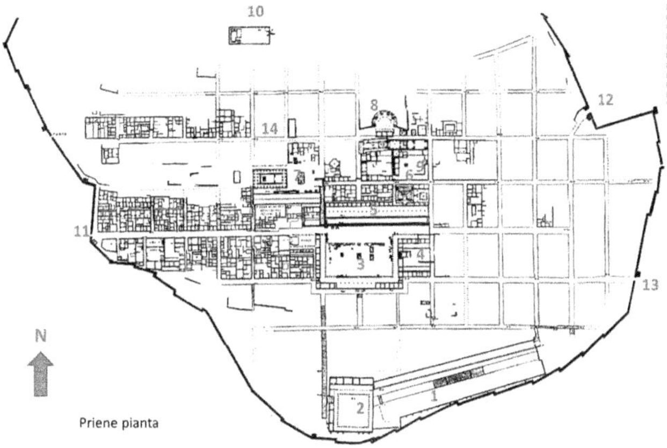

Priene pianta

1 - Stadio
2 - Ginnasio inferiore
3 - Agorà
4 - Santuario di Zeus e Asclepio
5 - Stoa
6 - Bouleuterion
7 - Santuario di Atena Polias
8 - Teatro
9 - Ginnasio superiore
10 - Santuario di Demetra
11 - Porta occidentale
12 - Porta orientale
13 - Porta della fonte
14 - Via del teatro

Priene, ricostruzione, vista a volo d'uccello

Particolare dell'area centrale

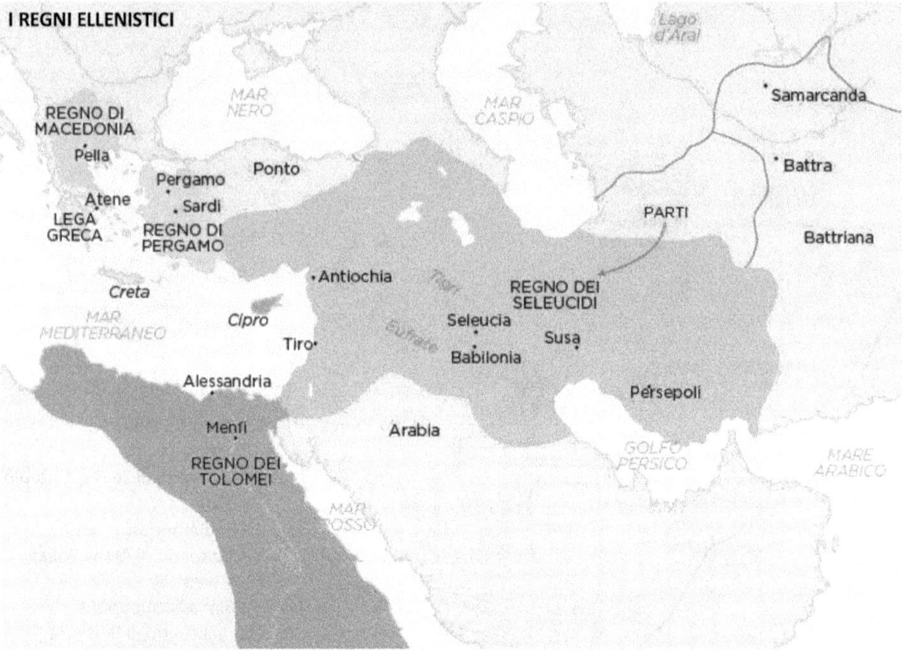

I REGNI ELLENISTICI

REGNO DI MACEDONIA
Pella
LEGA GRECA
Atene
Pergamo
Sardi
Ponto
REGNO DI PERGAMO
Creta
Cipro
Antiochia
Tiro
Seleucia
Babilonia
Susa
PARTI
REGNO DEI SELEUCIDI
Samarcanda
Battra
Battriana
Persepoli
Alessandria
Menfi
Arabia
REGNO DEI TOLOMEI

MAR NERO
MAR CASPIO
Lago d'Aral
MAR MEDITERRANEO
MAR ROSSO
GOLFO PERSICO
MARE ARABICO

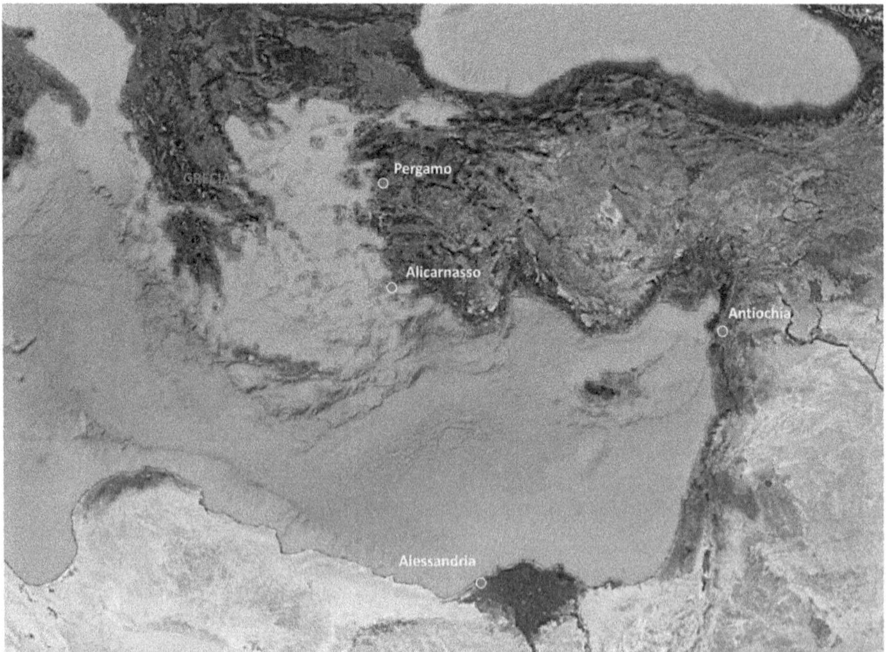

Grecia
Pergamo
Alicarnasso
Antiochia
Alessandria

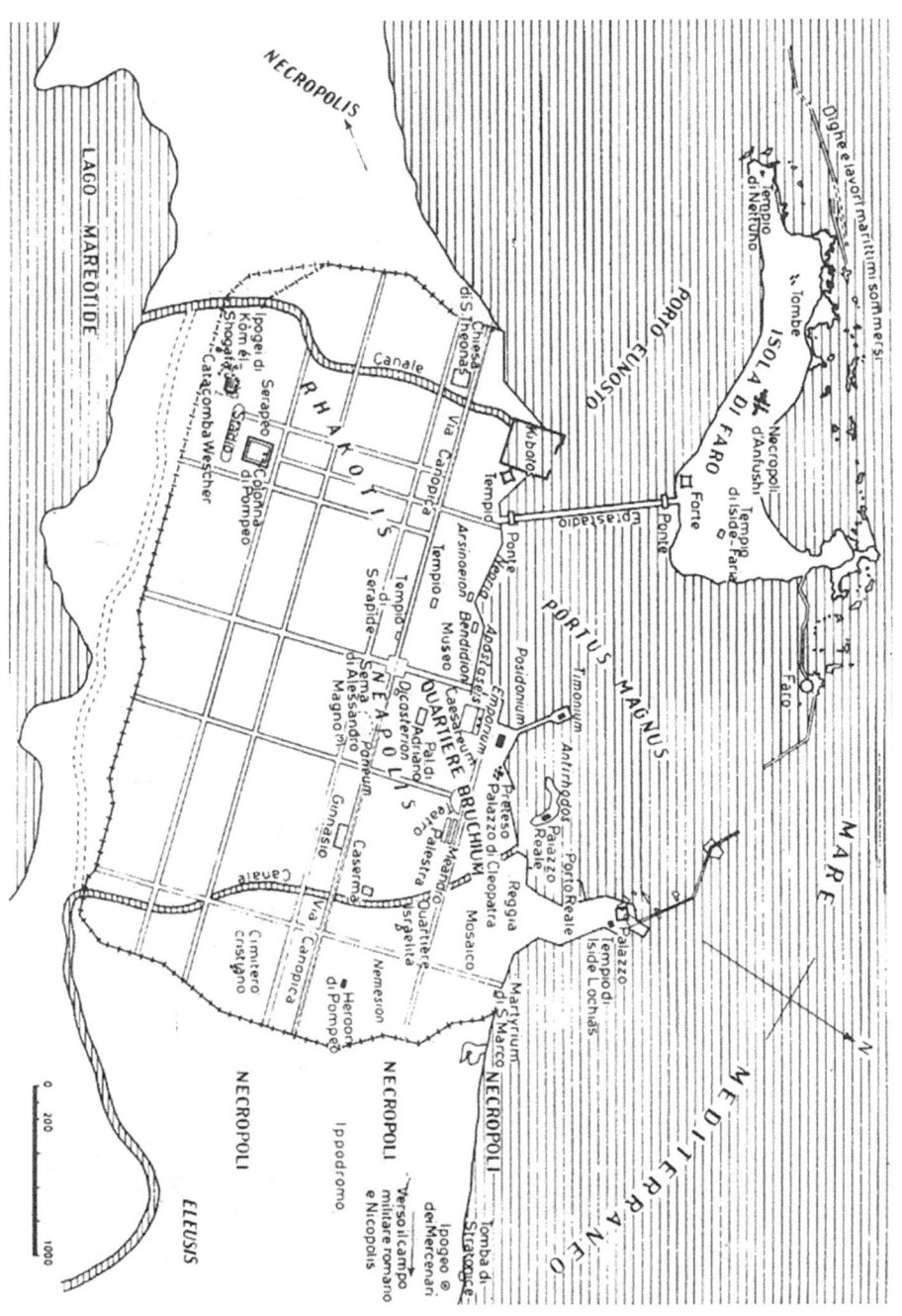

LA CITTÀ DI DINOCRATE SUL MONTE ATHOS

Disegno di Johann Bernhard Fischer Von Erlach 1721.

Incisione di Christophorus Lozanus, 1666

ALICARNASSO

1 – Mausoleo
2 – Portico di Apollo
3 – Tempio di Ares
4 – Tempio di Demetra
5 – Teatro
6 – Mura

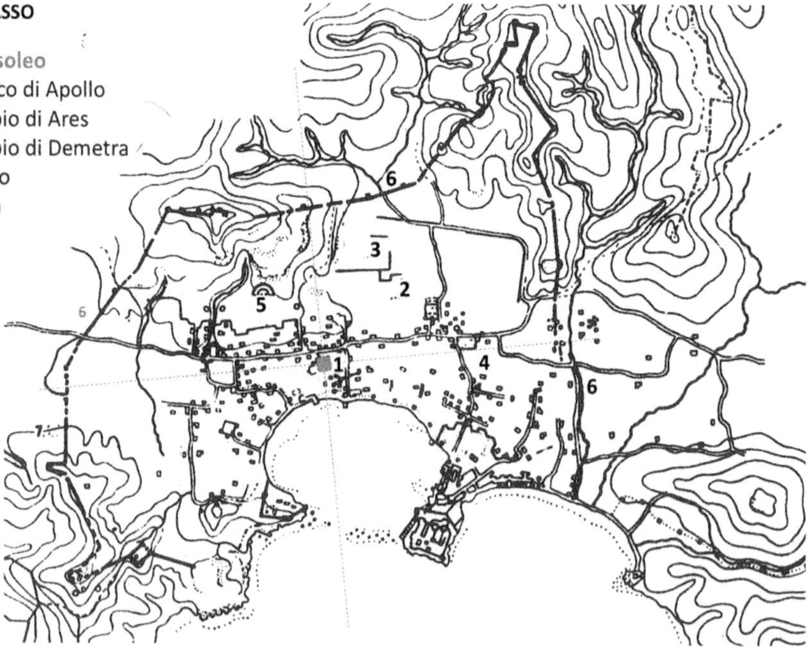

LA tomba di Ciro a Pasargadae

La tomba di Ciro il Grande (530 a.C. c.a.)

IL MAUSOLEO DI ALICARNASSO

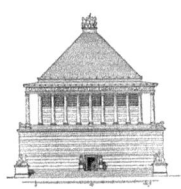 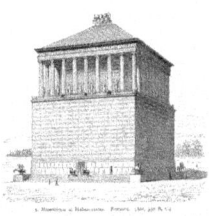  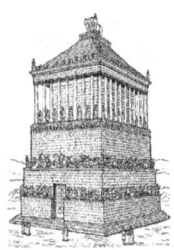

Ricostruzioni ipotetiche del Tomba di Mausolo ad Alicarnasso

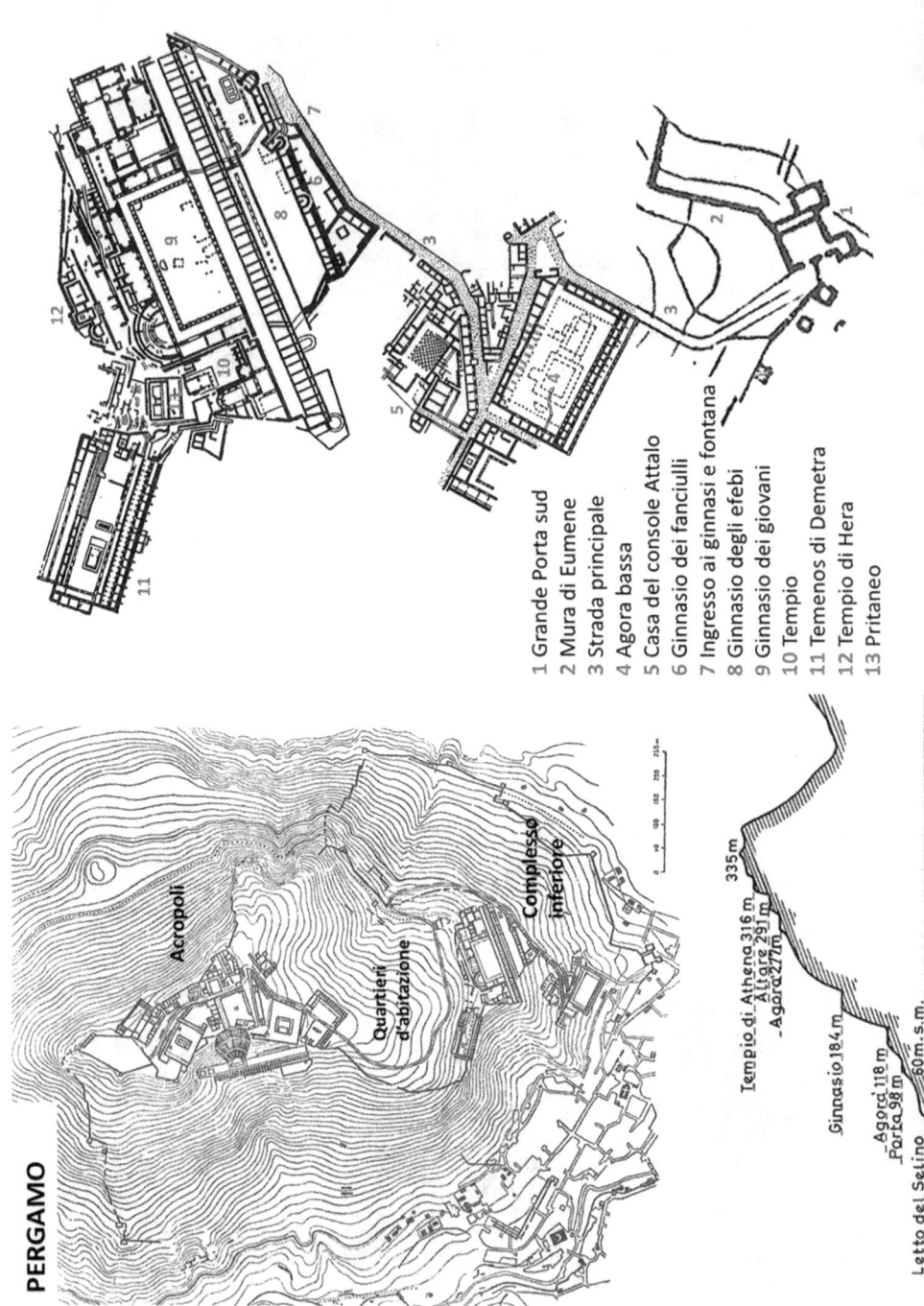

PERGAMO

1 Grande Porta sud
2 Mura di Eumene
3 Strada principale
4 Agora bassa
5 Casa del console Attalo
6 Ginnasio dei fanciulli
7 Ingresso ai ginnasi e fontana
8 Ginnasio degli efebi
9 Ginnasio dei giovani
10 Tempio
11 Temenos di Demetra
12 Tempio di Hera
13 Pritaneo

PERGAMO

1 Agora superiore
2 Tempio dell'agora
3 Grande altare
4 Heroon del culto dinastico
5 Stoa
6 Santuario di Atena
7 Tempio di Atena
8 Palazzo di Eumene
9 Teatro
10 Tempio di Dioniso
11 Terrazza del teatro
12 Tempio di Traiano
13 Palazzo di Attalo
14 Esedra di Attalo II
15 Tempio
16 Palazzo
17 Biblioteca
17 Terrazza dell'arsenale

PERGAMO

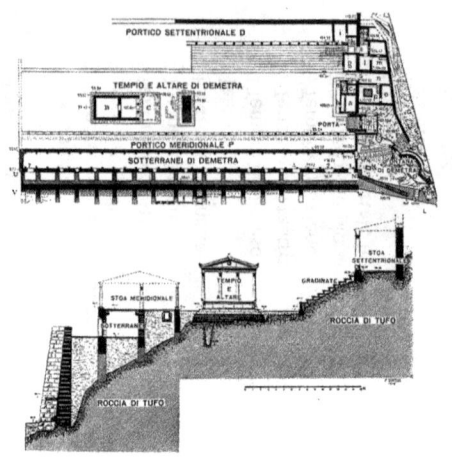

Pianta e sezione del santuario di Demetra

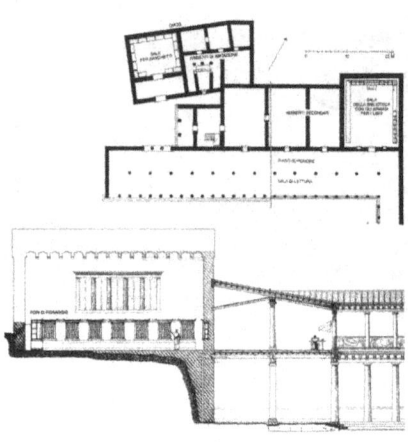

Pianta e sezione della biblioteca nel santuario di Atena

PERGAMO

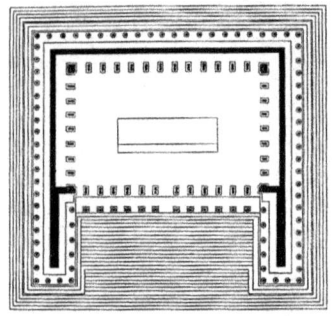

Altare di Zeus a Pergamo. Pianta

Altare di Zeus a Pergamo al Pergamonmuseum a Berlino.

Altare di Zeus a Pergamo. Pianta Plastico ricostruttivo

Riferimenti bibliografici

Barletta B.A., *The origins of the greek architectural orders*, New York, 2001.
Berve H., Gruben G., *I Templi Greci*, Firenze, 1962.
Coulton J.J., *Ancient Greek architects at work*, New York, 1991.
Glotz G., *La Città greca*, Torino, 1948.
Greco E., M. Torelli, *Storia dell'urbanistica. Il mondo Greco*, Bari, 1983.
Giuliano A., *Urbanistica delle città greche*, Milano, 1974.
Hall J. M., *Ethnic identity in Greek antiquity*, Cambridge, 2000.
Helmann M.-C., *L'architecture greque*, Paris, 2007.
Lippolis E., Liviadotti M., Rocco G., *Architettura Greca*, Milano, 2007.
Martin R., *Architettura Greca*, Milano 1980.
Martin R., *L'urbanisme dans la Grèce antique*, Paris.
Mertens J.J., *Città e monumenti dei Greci d'occidente*, Roma, 2006.
Morachiello P., *La città greca*, Bari, 2003.
Pesando F., *La casa dei Greci*, milano, 1989.
Pugliese Carratelli G., a cura di, *I Greci in Occidente*, Milano, 1996.
Rykwert J., *La colonna danzante. Sull'ordine in architettura*, Milano 2010.
Rocco G., *Guida alla lettura degli ordini architettonici. I. Il dorico*, Napoli, 1994.
Rocco G., *Guida alla lettura degli ordini architettonici. II. Lo ionico*, Napoli, 2003.
Scully V., *The earth the templeas and the gods*, New Haven, 1962.
Vernant J.-P., *Le origini del pensiero greco*, Roma, 1976.
Vernant J.-P., Introduzione a *L'Uomo greco*, Bari, 1991.
Vernant J.-P., *Mito e Società nell'antica Grecia*, Torino, 2007.
Vernant J.-P., *Mito e religione in Grecia antica*, Roma, 2009.

INDICE

L'ARCHITETTURA RELIGIOSA 5

INTRODUZIONE
- La polis 6
- Religiosità greca e cristiana 10

IL TEMPIO GRECO
- Il tempio, tipo dominante 13
- Caratteri tipologici 15
- Il rapporto con il contesto 22
- L'elaborazione formale 24
- Gli ordini architettonici 29
- Dal legno alla pietra. Il processo di litizzazione 37
- La dimensione metaforica 42
- Aspetti costruttivi 45
- La progettazione del tempio e le proporzioni 50
- Le "correzioni ottiche" 57
- La policromia 61
- Finanziamento e realizzazione 62

L'EVOLUZIONE DEL TEMPIO FRA VI E III SECOLO A.C.
- Evoluzione del tempio dorico 66
- Evoluzione del tempio ionico 78

CASI DI STUDIO
- Il tempio di Zeus a Olimpia 87
- I templi di Poseidonia 91
- L'Acropoli di Atene nel V sec. a.C. 102

LA CITTÀ E L'ARCHITETTURA CIVILE 131

LE CITTÀ GRECHE 132
- Le città della madrepatria 133

- Le città coloniali ... 134
- Ippodamo da Mileto ... 135

GLI SPAZI DELLA VITA CIVILE
- L'agorà ... 138
- La stoà ... 140
- Ekklesiaterion ... 143
- Bouleuterion ... 144
- Pritaneo ... 146
- Skias ... 146
- Teatro ... 147

GLI SPAZI DELLA VITA PRIVATA ... 152
- Olinto ... 154
- Colofone e Priene ... 156
- Delos ... 157

CASI DI STUDIO
- Evoluzione dell'agorà di Atene ... 159
- Mileto ... 163
- Priene ... 164

ARCHITETTURA E CITTÀ NELL'ELLENISMO ... 167

ASPETTI GENERALI DELL'ELLENISMO ... 168
LE CITTÀ ELLENISTICHE ... 172
- Alessandria ... 173
- Alicarnasso ... 175
- Pergamo ... 177

TAVOLE ... 205

BIBLIOGRAFIA ... 319

NOTE ... 268

www.ingramcontent.com/pod-product-compliance
Lightning Source LLC
Chambersburg PA
CBHW071237160426
43196CB00009B/1101